Allitera Verlag

edition monacensia
Herausgeber: Monacensia
Literaturarchiv und Bibliothek
Dr. Elisabeth Tworek

GERD HOLZHEIMER, geboren 1950 in München, studierte Germanistik, Geschichte, Politische Wissenschaften und Philosophie. Er promovierte und arbeitet als Lehrer, Literaturwissenschaftler und Autor für Funk, Fernsehen, Zeitungen und Zeitschriften. Er veröffentlichte Romane, essayistische Lexika und literaturwissenschaftliche Arbeiten.

Gerd Holzheimer

Trüffeljagd im 5 Seen Land

Eine kulturelle Spurensuche

Allitera Verlag

Weitere Informationen über den Verlag und sein Programm unter:
www.allitera.de

Dritte veränderte Auflage 2013
Allitera Verlag
Ein Verlag der Buch&media GmbH, München
© 2006 Buch&media GmbH, München
Umschlaggestaltung: Kay Fretwurst, Freienbrink
Printed in Germany · ISBN 978-3-86906-577-9

Inhalt

Der Landkreis Starnberg:
Ein Stück Prinzregententorte 7

Erste Runde
Drei Seen und der Heilige Berg 11
Herrsching 11
Kloster Andechs 14
Pilsensee 20
Troja am Wörthsee 23
Mystik auf dem Wörthsee 29
Steinebach 30

Zweite Runde
Unweit vom Heiligen Berg 35
Frieding 36
Widdersberg 39
Seefeld 41
Breitbrunn 41
Inning 42

Dritte Runde
Fast schon der Rest der Welt 44
Unering 44
Hochstadt 49
Weßling 54
Oberpfaffenhofen 57
Gilching 59

Vierte Runde
Was dazwischen liegt 66
Seewiesen 66
Aschering 68
Maising 68
Traubing 70
Machtlfing 71

Fünfte Runde
Kreuzweis 73
Krailling 74
Stockdorf 76
Unterbrunn 78
Oberbrunn 81
Hadorf oder Hausen 83
Gauting 84
Buchendorf 96
Der Todesmarsch durchs Würmtal 99

Sechste Runde
Starnberg, südlich von Kyoto 103
Rieden 104
Leutstetten 106
Starnberg 113

Siebte Runde
Starnberger See West 123
Pöcking 124
Possenhofen 130
Die Roseninsel 136
Feldafing 141
Garatshausen 146
Tutzing 147

Starnberger See Ost 152
Percha 155
Kempfenhausen 158
Berg 159
Aufkirchen 160
Aufhausen 166
Leoni 168
Rottmannshöhe 170
Bismarckturm 171
Biene Maja 174

Durch und hindurch
Oder: Land in Sicht 179

Der Landkreis Starnberg:
Ein Stück Prinzregententorte

Einen »Stapelstaat des Wissens« hat der Philosoph Georg Friedrich Wilhelm Hegel das Jena der Goethe-Zeit genannt, weil sich nirgendwo anders so viele Schriftsteller und Wissenschaftler der allerersten Kategorie auf so engem Raum versammelten. Das Jena und das Weimar dieser Zeit werden vermutlich einzigartig bleiben und sich in der Form nicht wiederholen, doch geht man mit offenen Augen durch die Gegend, in der man selber lebt, und man hat ein bisschen Glück mit seiner Gegend, dann gehen einem auch die Augen über.

Auf ein Dekret des Prinzregenten wurde der Landkreis Starnberg zum Landkreis Starnberg, und wie bei einer Prinzregententorte stapelt sich Kulturschicht auf Kulturschicht in diesem glücklichen Stückchen Erde. Was für eine enorme kulturelle Dichte der Starnberger Landkreis hat, das festzustellen, bedarf es keines Lokalpatriotismus.

Es ist kaum zu fassen, wer sich hier alles zu Wort, Bild und Ton gemeldet hat, und seit wie langer Zeit. Angefangen bei den Kelten, die sich aus ihren später so genannten Schanzen die kosmische Ordnung zurechtdeuten wollten, mit Kultschacht meist in der Nordost-Ecke – bis die Römer kreuzweise ihre schnurgeraden Straßen durch dieses heilige Land voller krummer Pfade gelegt haben und auch im jetzigen Landkreis Starnberg das Zwölf-Tafel-Gesetz gegolten hat. Ein Mann wie Marc Aurel hatte das Sagen, ein Philosoph auf dem Kaiserthron, so dass schon damals im Landkreis ein Werk wie Marc Aurels »Selbstbetrachtungen« in hohem Ansehen gestanden hätte, wenn es einer gelesen haben sollte.

Troja und Olympia finden sich, die Huosi, die Agilolfinger und die Karolinger, das föderale Stammesherzogtum und die Zentralisten einer Reichsidee, Schopenhauer, dem die Welt Wille und Vorstellung ist, in Tateinheit mit einem Schöpfungsmythos vom Tiger-Willi aus Steinebach am Wörthsee, der die Erschaffung der Welt noch einmal in neues Licht stellt. König Ludwig, der König, dem die Wirklichkeit nicht einmal als König ausreicht und der deshalb versucht, aus sich, aus seinem Leben und aus dem ganzen Bayern ein wagnerisches Gesamtkunstwerk, auch Märchen genannt, zu schaffen und seine kongeniale Cousine Sisi, Kaiserin von Österreich, in deren Nähe ihr Neffe Otto von Habsburg gelandet ist, nach langem Exil, der Sohn des letzten Kaisers von Österreich-Ungarn, des allerletzten Kaisers. Und auch Karl der Große, der erste deutsche Kaiser in der Nachfolge der römischen, leider nicht Goethe, aber wohl Thomas Mann, kaum Ludwig Thoma, aber Queri und Graf, Graf vor allem, Oskar Maria Graf; Ödön von Horváth und auf der anderen Seeseite die Biene Maja des Waldemar Bonsels, der Wirt Josef Bierbichler, dreimal zum besten deutschen Schauspieler gewählt, und wieder herüben auf dem Westufer Lothar-Günther Buchheim, Sammler, Verleger und Maler der Tropen von Feldafing, Johann Baptist Zimmermann und Leni Riefenstahl, die Mönche vom Heiligen Berge zu Andechs und die Flugzeugbauer Dornier. Sie alle treten in einen herrschaftsfreien Diskurs, wie Habermas sagen würde.

Immer gibt es Menschen, die über sich hinaus, aus ihrer eigenen Suppenschüssel hinausschauen wollen, sich selbst erheben, nicht aus Stolz und Eitelkeit, sondern um nicht die Träume zu verlieren im Alltag; man nennt solche Menschen gelegentlich Künstler. Man kann auch sagen, es sind Menschen, die Zeichen setzen: für sich, für andere, für alle, Lebenskünstler, Künstler des Lebens.

Der eine sprengt sich ein bisschen durch die Gegend, bald spektakulär, bald legal, von der Boulevardpresse gern als »Krater-Edi« bezeichnet, der andere pflegt in aller Stille verborgene Gärten voller Orchideen und Buddhas, will aber nicht genannt werden, denn sie sind sehr empfindlich, die kleinen tibetischen Prinzessinnen, wie er eine seiner unzähligen Orchideenarten nennt, und wollen nicht gestört werden. Jeder gibt sich hier sein Stelldichein.

Mancher Leser wird seinen Lieblingsplatz, wenn nicht gar Lieblingsort vermissen. Diese Texte entspringen einer rein und vollkommen subjektiven Sichtweise. Was letztlich zählt, ist der eigene Blick, der den einen oder anderen neuen Blickwinkel eröffnen kann, das steckt als Wunsch in diesem Buch. Deshalb werden diese Geschichten erzählt, damit man sich selber auf den Weg macht und diese Orte besucht, um weitere, andere, neue Geschichten zu hören und zu erleben.

Weil ein bisschen Ordnung aber doch sein muss, ist diese Erkundung des Landkreises in sieben Rundgänge eingeteilt, im großen

Ganzen der vorherrschenden Windrichtung nach Art von Ballonfahrern folgend, also von West nach Ost. Der erste Rundgang beginnt am Ufer des Ammersees, geht zum Heiligen Berg, womit, wie es sich gehört, das spirituelle Zentrum zum Ausgangspunkt aller Gänge genommen wird, und führt zum Pilsensee und zum Wörthsee, womit schon einmal drei Seen des Fünfseenlandes ins Auge gefasst wären. Die zweite Runde fängt auch am Heiligen Berg an – und warum nicht auch die dritte oder vierte? Im Mittelpunkt der fünften Runde steht die Würmtal-Metropole Gauting, von der aus es hin und her geht, während die sechste Runde eher eine Gerade ist, was aber auch wieder nicht ganz stimmt, schließlich ist die Würm alles andere als gerade, Gott sei Dank nicht. Der Starnberger See hingegen kann mit Runde sieben tatsächlich umrundet werden.

Ein historischer Ablauf von den ersten Bewohnern in der Steinzeit bis zu den heutigen Bürgern im Hightech-Zeitalter ergibt sich daraus nicht. Es fährt ja niemand, sagen wir, von Kempfenhausen nach Krailling, und deutet sich erst mythologische Zeichen der Kelten, dann erkennt er den Verlauf der Römerstraße, schließlich treten ihm Hinweise auf die Bajuwaren vor Augen und hierauf vielleicht noch die Karolinger und Wittelsbacher höchstpersönlich, nur weil sie zufällig im Geschichtsbuch hintereinander stehen. Er sieht oder erahnt sie, wie sie gerade daherkommen, und so läuft das in diesem Buch auch ab. Es ist jeder Systematik abhold, wie das Leben der Menschen auch.

Den Begriff »Prinzregententorte« würde ein Historiker sicher nicht verwenden, ein Geologe anders formulieren und mutmaßlicherweise von glazialen und postglazialen Schichtungen sprechen, und ein Astronom spräche noch einmal anders, aber letztlich haben dann auch Galaxien eine verdammte Ähnlichkeit mit einer Prinzregententorte, zumindest im Modell – den Rest verstehen wir ohnehin nicht, z.B. dass es keinen Anfang gibt und kein Ende.

Also surfen wir fröhlich durch Zeiten wie Gezeiten, schlurfen über Schotterebenen und werfen erstaunte Blicke in das unendliche Universum, kurven durch eine Landschaft, die alle Epochen der Menschheit in sich vereint, die politischen, die kunsthistorischen, die literaturgeschichtlichen und so weiter. Wären wir esoterisch angehaucht, wiesen wir etwas indezent auf die Einheit von Makrokosmos und Mikrokosmos hin, so aber suchen wir Andacht in einer kleinen Dorfkirche und die Kühle des Bieres unter nahem

Kastanienbaum. Wen Gott liebt, den lässt er in dieses Land fallen, heißt es bei Ganghofer, und so muss es wohl sein, denn Gott lacht in seinen Werken.

Erste Runde
Drei Seen und der Heilige Berg
Herrsching · Andechs · Pilsensee · Troja am Wörthsee/
Mystik auf dem Wörthsee · Steinebach

Herrsching
Bewegung kommt zum Stillstand in der Kirche der Huosi

Die älteste Kirche Bayerns steht in Herrsching, zumindest die älteste bekannte.

Ihre Fundamente sind durch Zufall gefunden worden, als man den Friedhof erweitern wollte und auf Gräber stieß, tuffsteingesäumt. Der Baggerführer, von seinem Chef, dem Inhaber der Baufirma, sensibilisiert, erstattete Meldung, und Erstaunliches kam zu Tage. Wertvolle Grabbeigaben hatte man den Toten mitgegeben, wahrscheinlich Mitgliedern der legendären Huosi, einer der fünf adeligen Geschlechter in der Zeit der Bajuwaren, im siebten Jahrhundert. Zwischen Lech und Isar lag ihr Herrschaftsraum, so man noch heute vom »Huosi-Gau« spricht.

Goldfäden fand man um die Knochen, Gürtelschnallen, das kurze und das lange Schwert, einen Schildbuckel unter den Beinen. Der Mann, der ein Kleidungsstück getragen hat, das mit Goldfäden und Goldblechstreifen durchsetzt ist, muss in der gesellschaftlichen Hierarchie der Zeit ziemlich weit oben gestanden sein.

Und der Mann, der sich zu Lebzeiten seine Textilien mit solchem Schmuck gürtete, hatte keinen schlechten Geschmack. Die Gürtelgarnitur ist aus vergoldetem Silber und wurde in langobardischer Werkstatt gearbeitet, die Mode selbst geht aber auf reiternomadische Krieger türkisch-mongolischer Abkunft zurück. Das Design ist von daher exotisch, auf den ersten Blick scheint einem aus jeder einzelnen dieser Schnallen eine Maske entgegenzugrinsen, aber das scheint nur so – jedenfalls nichts mehr von den spiraligen Mustern der Kelten, die sich in die Erhebungen und Vertiefungen der kleinen Metallstücke abdrücken. Die Ornamentik der einzelnen Schnallen endet in Tierköpfen, welche die ganze Garnitur zusammenhalten. Nördlich der Alpen hat sich bisher nichts Vergleichbares gefunden, eindeutig handelt es sich um Importware höchster Qualität, nur kurzfristig zu haben im Zeitraum von etwa 630 bis 800 – von daher auch nützlich zur Datierung der Gräber.

Das waren keine Leute, die sich in ein Reihengrab legen wollten zur ewigen Ruhe. Aber gut ging es den Menschen nicht in dieser Zeit. Pathologische Knochenveränderungen im Grab eins, »wohl als Folge von entzündlichen, u.U. rheumatischen Prozessen«, im Grab zwei und vier Arthritis sowie Knochenwucherungen im Bereich der Lendenwirbel sowie an den Hüft-, Knie- und Sprunggelenken, Rückenbeschwerden in den Gräbern neun und elf, im Grab zehn ein Mann mit verkürztem Unterschenkel, Rachitis, die zu Knochenerweichung führt, im Grab dreizehn. Man muss befürchten, schreibt Erwin Keller vom Landesamt für Denkmalschutz, dass es um die Gesundheit der Bevölkerungsgruppe »nicht zum besten gestellt gewesen sein« kann; mit Ende zwanzig bis Mitte dreißig war ein menschliches Leben im Durchschnitt zu Ende, Kindersterblichkeit nicht mit eingerechnet, wohlgemerkt. Hinzu kommen noch »Schädelverletzungen, die auf Hiebe mit scharfer Klinge zurückgehen«.

Die fröhliche Wurstigkeit eines Wurstverkäufers, der in diesen Tagen unweit ihrer Gräber sein fahrendes Geschäft betreibt, dürfte ihnen fremd gewesen sein. »Was heißt da: Original Südtiroler?«, entgegnet er der kritischen Frage einer Kundin, ob der Schinken in seiner Auslage, auf dem Original Südtiroler steht, wirklich ein Original Südtiroler ist. Mein Gott, sagt er, es ist ein selber gemachter, sagt er, ein Original oberbayerischer Südtiroler – und, nachdem die Kundin schweigt, fragt er: »Soll ich mich jetzt deswegen vor den Zug schmeißen?«

In einem Zeitraum von 620 bis 700 nach Christus sind hier Menschen bestattet worden, das können Menschen ein gutes Jahrtausend später herausfinden, auch wenn es überhaupt keine schriftlichen Quellen in diesem Zusammenhang gibt. Als sehr hilfreich erwiesen sich dabei zwei Kalkbrennöfen, die in unmittelbarer Nähe der Kirche und der Gräber gefunden wurden. Hier wurde der Kalk gebrannt, der für den Kirchenbau verwendet wurde, und der Mensch von heute hat herausgefunden, dass sich beim Erstarren des Kalks die Moleküle nach dem magnetischen Nordpol ausrichten. Und dass der magnetische Nordpol wandert. Und dass man seine Wanderung berechnen kann. Manchmal ist der Mensch doch genial. Die Methode dieser Berechnung nennt sich thermoremanente Magnetisierung oder auch Archäomagnetismus, und wenn man den Archäomagnetismus mit der Thermoluminiszenz kombiniert, wird man noch genauer in der zeitlichen Einordnung, aber das führt jetzt an dieser Stelle zu weit. Sicher ist: Der letzte Kalkbrand stammt aus dem Jahre 670 plus minus dreißig Jahre.

Die Kirche, die im Zentrum der Gräber liegt, ist nach heutigen Vorstellungen nicht groß, eher eine Kapelle nur, knapp zehn Meter lang und sechseinhalb Meter breit, und doch hat sie in ihrer schlichten Einfachheit etwas Stattliches, Festes, die Zeiten Überdauerndes – obgleich sie natürlich nur eine Rekonstruktion ist. Das bewirkt der Raum, der so, jetzt und in allezeit, den Versuch des Menschen darstellt, dem Heiligen einen Ort zu geben, der ihn vom üblichen Alltag abgrenzt. Mit dem Eintritt in diesen Kirchenraum verlässt der Mensch seine sonstige Welt, er tritt hinüber in etwas anderes, in eine andere Welt, versucht mit ihr, in Verbindung zu kommen – das ist Religion ihrem Wortsinne nach schon immer und in allen Kulturen: sich zurückbinden an jene Sphäre, aus der man glaubt herzukommen. Dem wie auch immer gearteten religiösen Menschen reicht seine eigene geschichtliche Gegenwart nicht aus, er sucht eine Ahnung von einer anderen Zeit zu bekommen, einer heiligen Zeit, Zeit der Götter, der Ewigkeit.

Ein Rechteck und das Halbrund der Apsis bilden den Grundriss der Kirche, und diese Formen sind die Grundmöglichkeiten menschlicher Formgebung überhaupt, doch übersteigen sie das rein Geometrische, sie ordnen den Raum einer kosmischen Gesetzmäßigkeit zu. Man tritt ein, es wird stiller im Inneren, auch dunkler, und doch bündelt sich das Licht durch die ebenfalls runden oder halbrunden Fenster in höherer Verdichtung als draußen, Gehrichtung und Blick fangen sich in der Apsis und machen dort Halt, stünde dort ein Altar oder auch nicht. Der Blick geht nach oben, in den strohgedeckten Dachstuhl hinein, dessen Balken in harmonischem Schwung zum First streben, in die Höhe, in der alles zusammenkommt. Nach vorne will der Mensch in seinem Leben und nach oben, wenn es ein Leben nach diesem gibt: Dieser Raum vermittelt ihm beides in symbolischer Form. Die Bewegung kommt zum Stillstand und doch ist der Stillstand nicht bewegungslos.

Fast ist es ein wenig schade, dass diese Kirche, so interessant und aufschlussreich natürlich der Inhalt ihrer Vitrinen über ihre Geschichte ist, nicht einfach auch Kirche sein darf. Wem im barock prächtigen Jubel der Gegend einmal nach kontemplativer Schlichtheit zumute ist: Hier wäre der Platz.

Kloster Andechs
Laß mich wohnen, o Herr, auf deinem heiligen Berge

Laß mich wohnen, o Herr, auf deinem heiligen Berge!«, singen die Mönche vom Heiligen Berg und ihr Vorteil ist, dass sie schon oben sind, auf dem Heiligen Berg; alle anderen müssen erst noch hinauf. Bevor der Berg beginnt, steht ein Wegweiser am Waldrand mit dem Hinweis »Nach Andechs 45 min« und in Klammern »Zurück etwas länger«, dazu ein Spruch, der auch noch Bestandteil des Wegweisers ist: »Immer Wasser, muß man sterben. Immer Bier, muß man verderben. Doch besser Bier und dann verdorben, als Wasser nur und bald gestorben.«

Doch »muß ich auch wandern, in finstrer Schlucht, ich fürchte kein Unheil«, heißt es im Psalm 23, den die Mönche beten und alle Furcht vertreiben, »denn du bist bei mir, dein Stock und dein Stab geben mir Zuversicht«. Oben angekommen, steht der Pilger freilich am Scheideweg: zum »Bräustüberl« geht es nach rechts, nach links zur »Klosterkirche«. So trennt ein Wegweiser früh die Spreu vom Weizen. Spreu ist häufiger, natürlich, wie überall, also ist der rechte Weg heftiger ausgetrampelt, wiewohl es sich so gehört, dass man erst nach links abbiegt.

Wie eine Gralsburg steht er da, der Heilige Berg, mystisches Ereignis, das Wirklichkeit geworden ist, der Heilige Berg von Andechs, mehr schon eine Vision als menschliches Gemäuer. Schaute man vom Himmel herunter auf Bayern, erblickte man richtig eine Rosenkranzkette heiliger Berge, den Samerberg, den Irschenberg, den Hohenpeißenberg, den Auerberg – der Heilige Berg von Andechs wäre dann die Perle. Und man sähe in ihr zweimal sich die Maria spiegeln; die Mutter Gottes bildet die Mitte im Hauptaltar. Die untere sagt: »Schön, dass du da bist! Bet ein kleines stilles Gebet und dann kannst dein Bier trinken gehn!« Und die obere Maria, die spricht, dass es jetzt losgeht, himmelwärts: »Komm, ich zeig dir den Weg!« Denn über den beiden Marias wölbt sich der Himmel von Johann Baptist Zimmermann, der wieder den bayerischen abbildet, also zumindest einen himmlisch bayerischen, so gehört alles zusammen, und so schließt sich der Kreis.

Vor den Fenstern leuchtet ein Blau, als breitete Maria auch draußen ihren Mantel aus – und wenn die Mönche sich ihre Kapuzen zur Lesung vor dem Gebet überwerfen, dann stehen die Spitzen so schwarz vor dem Licht, dass plötzlich wieder Mittelalter ist, nein Ewigkeit, Immerzeit. So wie es war im Anfang, so auch jetzt und in allezeit und in Ewigkeit, Amen. Und so stehen im Refektorium auch noch immer wie am Anfang die Tische in U-Form, der Abt sitzt oben, die Novizen und Gäste unten. Schweigend wird das Essen eingenommen, schweigend schiebt der Bruder Gastmeister den Essenswagen an allen vorbei und teilt aus, während der Bruder Vorleser seines Amtes waltet; er bekommt später sein Essen. Allerdings geht einmal auch der Novize leer aus, weil der Bruder Gastmeister den Essenswagen an ihm vorbeischiebt, er bekommt nichts. Fragen darf man nichts, aber einen fragenden Blick zuwerfen schon: wieso nicht, wieso er keinen Schweinsbraten bekommt? Stumm deutet er mit leerer Gabel hinter sich, über seine Schulter hinweg, woselbst sich zwar bräunliche Flecken bis zum hellgrünen Stuck hinaufziehen, aber was hat das eine mit dem anderen zu tun? »Cordon bleu, letzte Woch!«, wispert der Novize. Auch im Schweigen lässt sich viel sagen, auch im Schweigen kann vieles bestraft werden. Doch kehrt der Bruder Gastmeister zu guter Letzt wieder, und auch der Bruder Novize bekommt seinen Teil, nur stemmt er sein Besteck nicht mehr ganz so vehement ins Fleisch, damit die Sauce im Teller bleibt, anstatt sich in der alten Kunst des Freskos zu üben.

Eine Regel hat etwas Gutes, eine Regel gibt etwas Festes, aber eine Regel, das sagt schon die Regel, hat auch eine Ausnahme, sonst wäre die Regel keine Regel. Betrachtet der Bruder Gastmeister mürrisch seine Kutte, aus der er ein wenig herausgewachsen zu sein scheint, kommt ihm ein Mitbruder mit der Regel des Heiligen Benedikt, dass nicht der Mönch sich unzufrieden über sein Habit äußern sollte – »außer es ist zu kurz oder zu lang«, setzt der Bruder Gastmeister hinzu, die Ausnahme der Regel bestätigend.

Wie so oft bei heiligen Stätten in Bayern, haben als Erste die Kelten einen Sinn für die Heiligkeit des Ortes erspürt und als solche dann auch kenntlich gemacht. Auf dem Heiligen Berg ist es nicht anders, erste urkundliche Erwähnung findet er allerdings erst im 13. Jahrhundert. Ein Reliquienschatz aus dem Heiligen Land, schon seit längerer Zeit in der Gegend, wird auf den Heiligen Berg gebracht, der Heilige Schatz wird zum Ziel von Wallfahrten: drei Hostien vom Letzten Abendmahl, Zweige aus der Dornenkrone Christi sind dabei, auch das Siegeskreuz Karls des Großen gehört dazu, das Brautkleid der Heiligen Elisabeth. Im Zuge politischen Kleinkrieges muss der Schatz vergraben werden, er gerät in Vergessenheit – bis im Jahre 1388 während der Predigt eine Maus erscheint, mit einem Stück Pergament im Maul, und auf dem Stück Pergament steht sinngemäß so ungefähr, dass da, wo sie herkommt, dass da Reliquien zu finden wären, oder anders formuliert: »Eine Maus zeigt durch den Zettel an, wo man das Heilthum finden kann.«

Fortan übertreffen die Wallfahrer sich selbst. Herzog Ernst von Bayern verleiht dem Heiligen Berg den offiziellen Titel »Heiliger Berg« – man wünschte sich einen anderen Namensgeber, aber da ist nichts zu machen. Herzog Ernst ist der Mörder der Agnes Bernauer. Die Geschichte darf insoweit als bekannt vorausgesetzt werden, als die Bernauerin die dynastischen Pläne der Wittelsbacher stört, weil Herzog Ernsts Sohn Albrecht naturgemäß Herzog werden soll, aber nicht kann mit einer Bernauerin, die bloß Tochter von einem Bader aus Augsburg ist; also schreibt Herzog Ernst seinem Sohn: »Hochgeborner Furste, lieber sun...« usw., jedenfalls erinnert er seinen Sohn daran, dass er »sönlicher undertenigkeit schuldig ist« und er möcht mit ihm »alle sach, die unßer und eur notdurft« treulich bereden. Der mag aber nicht, also lässt der Vater die Frau des Sohnes ertränken. »Mittwochen vor Galli ertranck man Engel Pernerin zu Strubing«, vermeldet die Chronik, und der Münchner Stadtschreiber notiert: »Bernawerin gen hymel gefertigt.«

Die Bernauerin liegt auf dem Friedhof von St. Peter in Straubing, ihr Gemahl auf dem Heiligen Berg, ein »gar frölicher herr«, dem das Schicksal seiner Agnes Bernauer weniger zu Herzen gegangen zu sein scheint als dem bayerischen Volke, und darüber hinaus auch noch »ain liebhaber der zarte frawen und ains mandlichen hertzens«. Auch Carl Orff liegt hier, der fünfhundert Jahre später seine Oper aus diesem Stoff formte: Das sind ähnliche zeitliche Abstände, wie sie von der Zerstörung Trojas zu Homers Niederschrift der »Odyssee« oder vom Untergang der Burgunder zur ersten schriftlichen Fassung des Nibelungen-Liedes bestehen. Wer seinen Blick zum Deckenfresko im Fürstensaal des Klosters erhebt, sieht Engel das bayerische Wappen in den Himmel tragen: Die historischen Dimensionen auf dem Heiligen Berg sind weit reichend, die spirituellen reichen noch weiter – und doch bleibt alles auch zugleich der Gegenwart verhaftet, dem Alltag, dem im Rhythmus der Stundengebete immerwährend gleichen Alltag der Mönche, »so auch jetzt und in allezeit und in Ewigkeit«.

Nur einmal wird die uralte Regel des heiligen Benedikt, die den Tag in »ora«, Gebet, und »labora«, Arbeit, einteilt, unterbrochen: während der Fußballweltmeisterschaft im Jahr 2002. Nach dem Mittagessen am Tag des Herrn, den 25. Juni, kehren die Mönche nicht an ihre Arbeit zurück, sondern schreiten gemeinsam durch den Kreuzgang in den Fernsehraum. Die Bedeutung des Spiels Deutschland gegen Südkorea rechtfertige den Verstoß gegen das klösterliche Gebot »ora et labora«, so teilte man es klösterlicherseits der Presse mit. Deutschland gewann.

Er ist seit dreißig Jahren auf dem Heiligen Berg, erzählt der Bruder Gärtner, aber ihm ist noch an keinem einzigen Tag langweilig geworden. Wenn ein Wanderschäfer durch die Gegend zieht, verliert er freilich seine sonstige Ruhe. Er muss sehen, er muss wissen, was der Kollege macht, »wie es dem seinen Schafen geht«. Nach einigem Suchen, auf dem anderen Ufer des Ammersees, zwischen den turmhohen Ohren der Satellitenstation Raisting, wird dann ein Meer von Wolle, aus deren Mitte ein Esel herausschaut, gesichtet. Am Rand der Herde steht, auf seinen Stab gestützt, die junge, aber schon massige Gestalt des Wanderhirten. Hunde umkreisen die Schafe, der Wind fährt in den Umhang des Hirten, macht ihn zum Bruder des Mönches vom Heiligen Berg. Zwei Gestalten, aus dem Mittelalter herüberreichend, zu zweit stapfen sie mit ihren Schafen am Ende des zweiten Jahrtausends durch die Satellitenstation, Zeit in Ewigkeit verlängernd, »so wie es war im Anfang, so auch jetzt und in allezeit und in Ewigkeit, Amen«.

Auf einem Heiligen Berg sucht der Mensch eine Einheit, die er sonst nicht findet, letzte Einheit, doch setzt diese Einheit die Auseinandersetzung mit dem Durcheinander menschlicher Wirklichkeit voraus, und auch dafür ist Platz auf diesem Heiligen Berg, denn es steht geschrieben, dass »im Haus meines Vaters viele Wohnungen« sind. Also ist Platz für einen Reliquienschatz und für die Wallfahrer und auch für eine mächtige Kerze des TSV 1860 München zum Dank für den Wiederaufstieg in die Erste Bundesliga und Platz natürlich für die Brauerei und das »Bräustüberl«, das unerachtet der Verkleinerungsform in seinem Namen jährlich über eine Million Besucher aufnimmt: »Trink und iß, Gott nicht vergiß!« – so lautet das großherzige Motto auf dem Heiligen Berg, und wer zwischendurch wieder einmal etwas abgeben muss von dem schönen Bier, liest auf seinem Weg zu den Toiletten den schönen traurigen Spruch aus den »Astutuli« von Carl Orff: »Aus is', und gar is', und schad is', dass' wahr is.« Und so ganz nebenbei bekommt man an Ort und Stelle noch einen Schnellkurs in Sachen europäischer Agrarpolitik, ein Urinal-Kollege, seines Zeichens Landwirtschaftsexperte einer mittelgroßen Fraktion im bayerischen Landtag, fasst deren Wesen in genialer Weise so zusammen: »Was mir vorn bei de Schaf neifuaddarn, scheißn d'Henna hintn wieder naus!«

»Wie der Hirsch lechzt nach frischem Wasser, so lechzt meine Seele, Gott, nach dir«, beten die Mönche und ihr monotoner Singsang streicht aus den Fenstern der kleinen Chorkapelle über die Gärtnerei hinaus, über jenen Friedhof hinweg, in dem bis zum heutigen Tag die Wittelsbacher begraben werden, Herrscher der Bayerischen – »beim Psalmenbeten stehe unser Herz im Einklang mit unserem Wort«, heißt es in der Regel neunzehn des heiligen Benediktus, der sich nackt in stachligen Dornen und brennenden Nesseln gewälzt hat, damit aus Lust Schmerz werde und die lodernde Wollust ausgelöscht ward.

Von der Hölle aber dürfen wir sicher sein, dass ihretwegen der auf dem Heiligen Berg begrabene Carl Orff ein Wörtchen redet mit dem Herrgott und ihm klarzumachen sucht, dass eine Hölle, also zumindest eine ewige, »fei net geht«, denn, so Orffs Argumentation gegenüber seinem Herrgott: »Des paßt ned zu dir!« Und wenn es denn doch eine Hölle geben sollte, dann kann uns nur noch jener bayerische Jesuit mit seiner These retten, dass wir wohl schon daran glauben müssen, dass es eine Hölle gibt, aber nicht, dass auch jemand drin ist, also wir schon gar nicht. In dergleichen Diskurse streut der Abt des Klosters, Odilo Lechner, gern jene drei spirituellen Grundweisheiten ein, welche er seinerseits von dem Regensburger Professor Baumgartner hat: »Erstens: Etwas muß es geben! Zweitens: Etwas Gewisses weiß man nicht! Drittens: Aber schaden tut es auch nicht!«

Vor dem Schlafengehen singen die Mönche im Komplet: »Weit weiche von uns Alb und Traum, das Wahngebild der Dunkelheit. Herr, schlage du den Feind in Bann, und behüte uns an Seel und Leib.« Dann wird es still im Kloster. Die Pechfackeln der Fichten stehen schon schwarz, aber in der Kirche kommt durch das Fenster unter der Empore noch das mächtige Rot der untergehenden Sonne als Gold herein, auch als Lila und als Rosa und auch als Orange, und die Farben spielen miteinander in der Kirche und mischen sich, so dass die kleinen Engel durcheinander stieben wie ein aufgeregter Bienenschwarm, und auch der Bruder, der den Klosterladen betreibt, sagt, dass sie sich nicht lumpen haben lassen mit der Beleuchtung, heut.

Für die Pilger ist Orientierung in finstrer Schlucht nur noch am Bach möglich, doch genügt das. Wer weiß, dass er aus Staub ist und zu Staub werden wird, hat so wenig Angst wie die letzten betrunkenen Gäste, die den Heiligen Berg hinuntertorkeln, denn ein dunkler Bock, wissen die Eingeweihten, ist von seiner Wirkung her praktisch wie »Wegschädeln«.

Der Schlaf gilt unter den Mönchen als Einübung in den Tod, in dem die kleine Weile des Schweigens und Stillwerdens eine ewige wird. »Bevor des Tages Licht vergeht, o Herr der Welt, hör dies Gebet. Behüte uns in dieser Nacht, durch deine große Güt und Macht ...«

Der Hartschimmelhof

Während andere schon um ihr Leben bangen müssen, bleibt die Familie Haushofer auf dem nahen Hartschimmelhof noch im Gespräch mit den Nazis, vor allem mit dem Stellvertreter des Führers, Rudolf Heß. Den englischen Ärzten, die ihn untersuchten, nachdem er im Mai 1941 als selbst ernannter Gesandter des Friedens im Alleingang mit dem Flugzeug nach Schottland geflogen war, erklärt er, sein alter Lehrer Professor Karl Haushofer habe dreimal einen Traum gehabt, er werde in einem Flugzeug auf ein Ziel zusteuern, das ihm unbekannt sei. Karl Haushofers »Geopolitik« diente einerseits den Nazis als Legitimation ihrer rassistischen Lebensraumpolitik, andererseits führte sie aber gerade zu diesem rätselhaften Flug von Rudolf Heß, da dieser angesichts des geplanten Angriffs auf die Sowjetunion und des dadurch bevorstehenden Zweifrontenkrieges unter völlig falschen Voraussetzungen einen Frieden mit England vermitteln wollte.

Karl Haushofers Sohn Albrecht, ebenfalls mit Heß und als einer der wenigen Zeitgenossen mit seinem Vorhaben bekannt, hält die ganze Geschichte für den Irrtum eines Narren. Mit seinem Vater liefert er sich lautstarke Duelle, ob der Tyrannenmord an Hitler legitim sei oder nicht – in ebenjener großzügigen Stube des Hartschimmelhofes, welche die jetzige Besitzerin, Renate Haushofer, dem »Literarischen Herbst« gastfreundlich zur Verfügung stellt, für sechzig Besucher. Über seinen Vater schreibt Albrecht Haushofer: »Für meinen Vater war das Los gesprochen ... Den Hauch des Bösen hat er nicht gesehn / Den Dämon ließ er in die Welt entwehn.« Den Dämon Geopolitik. Albrecht Haushofer wurde nach dem gescheiterten Attentat auf Hitler inhaftiert und in den letzten Kriegstagen, am 23. April 1945, in Berlin-Moabit erschossen. Seine Eltern brachten sich ein Jahr später aus Verzweiflung über das Geschehene im Wald des Hartschimmelhofes um, eine Kapelle dort vereint alle Familienmitglieder wieder.

Im Gefängnis hat Albrecht Haushofer seine berühmten »Moabiter Sonette« geschrieben, sie wurden an diesem Nachmittag auf dem Hartschimmelhof gelesen. In dem Stück »Die chinesische Legende« hat er die tragische Geschichte seiner Familie vorweggenommen. Den Mönch in diesem Drama lässt er sagen: »Die Welt verlangt, daß wir uns irren. Wer niemals irrte, findet nie das Ziel.« Im Nachwort der »Moabiter Sonette« heißt es über Albrecht Haushofer: »Sein Tod hat keinen Untergang gewendet ... Doch hat sein Tod den Untergang erhellt.«

Pilsensee
Oder: Der Landkreis Starnberg feiert sein hundertjähriges Bestehen in einer Zwischeneiszeit

Unter Kennern ist die Debatte, ob der Pilsensee schöner ist oder der Wörthsee, nur vergleichbar mit Alternativen ähnlich grundsätzlicher Art, also zum Beispiel: FC Bayern oder TSV 1860 München? Beatles oder Rolling Stones? Stoiber oder Schröder? Celibedache oder James Levine? Karlsbad oder Marienbad? Campingplatz am Pilsensee oder Campingplatz am Wörthsee?

Früher einmal sind der Wörthsee und der Pilsensee ein See gewesen, ein einziger, aber das ist lang her. Noch länger her ist es, dass die beiden mit dem Ammersee und mit dem Staffelsee dazu und auch noch mit dem Kochelsee einen einzigen See gebildet haben, Nachlass jenes Gletschers, unter dem das ganze Land gelegen ist in der Eiszeit. Der Landkreis Starnberg feierte im Jahre 2002 sein hundertjähriges Bestehen in einer Zwischeneiszeit.

Durch eiszeitliche Gegenden muss man mit einem Geologen gehen, gleich sieht man, weshalb eine Landschaft so ausschaut, wie sie ausschaut, und woher das alles kommt. Zum Beispiel, ob ein Stein aus den Zentralalpen vom Gletscher hergeschoben worden ist oder aus den nördlichen Kalkalpen. Ein anständiger Geologe führt immer ein Fläschchen Salzsäure mit sich, und ab und zu, wenn es ihm geeignet erscheint, träufelt er hier ein wenig auf einen Stein, bald dort. Und bald raucht es und bald raucht es nicht. »Das ist ganz einfach«, sagt er, »saures Gestein reagiert nicht auf Salzsäure, aber auf kalkhaltige Steine, wenn du Salzsäure gibst, dann raucht es!« Tatsächlich, es raucht, und wir wissen, dieser Stein kommt, sagen wir, aus dem jetzigen Ammergebirge. Man bekommt gleich einen anderen Blick für die Gegend.

Dann ist alles gleichzeitig, alles ist hier und jetzt – das redet sich so leicht esoterisch daher, aber so viel Zeit haben wir gar nicht, wie wir uns einbilden, eine winzige Phase zwischen dem Chaos einer unendlichen Vergangenheit und dem Chaos einer unendlichen Zukunft, und in diesem schmalen Spalt unternimmt der Mensch den etwas lächerlichen Ordnungsversuch, sich und das bisschen Umwelt, das er überschauen kann, in Zeit und Raum einzuteilen. Dabei kommt er, wie es der Verhaltensforscher Eibl-Eibesfeldt (siehe hierzu unter Seewiesen) formuliert, aus der »Falle des Kurzzeitgedächtnisses« nicht heraus, und das reicht gerade fünf Jahre weit.

Was tun? Ein Buch, das von dieser Zeit handelt, in einen Eisenbehälter stecken, im Boden vergraben und sich freuen, dass es die nächste Eiszeit übersteht! Da werden sie schauen, die künftigen Damen und Herren Menschen, von Geologen ganz zu schweigen!

Auf dem Heiligen Berg vom Kloster Andechs hat einmal einer aus dieser Zunft einen Vortrag gehalten über das eiszeitliche Bayern. Schon im Hinaufsteigen schneit es dermaßen, dass das Thema des Abends Wirklichkeit zu werden droht, zumindest in seinen Anfängen. Links und rechts des schmal ausgetrampelten, heiligen Pfades steigt der Schnee in eine Höhe, welche die Kutten der Mönche zum Schneepflug zweckentfremdet. Spitzendeckchen aus Eiskristallen verhüllen die Krägen auch männlicher Mantelträger und kandieren ihre Glatzen.

Der Referent des Vortrags über das eiszeitliche Bayern inszeniert sein Thema genial. Jedem bayerischen Flusstal ordnet er über einen zweiten Diaprojektor ein geologisch weitgehend identisches in Grönland zu, in das jeweils ein Gletscher bis zu den Höhenzügen reicht, so dass man auf einmal zum Zeitgenossen wird, wie beispielsweise im Würmtal, weil der Gletscher beim nächsten Mal vielleicht viel weiter reicht, Pasing, Gräfelfing oder Planegg unter den Eismassen verschwinden, Stockdorf im Scoresby-Sund untergeht, Gauting zum Godthab des Würmtals wird – und von Starnberg schimmert nicht einmal mehr das Undosa durch das blaue ewige Eis herauf.

Draußen, vor den Fenstern schneite es unterdes unentwegt weiter, der Heilige Berg mit seinem Zwiebelturm verwandelte sich in eine bizarre Schneeskulptur pyramidenhaften Auswuchses – und am Ende des Vortrages ist der Heilige Berg der Bayern praktisch ein Heiliger Berg der Eskimos, oder aber Grönland, das bekanntlich nicht grün ist, sondern eisig, hat es nach Süden verrutscht, auf einmal ist Eiszeit. Vor Schreck stapften die Besucher nach dem Ende des Vortrags noch unverzüglicher, als sonst der Magnet des Bräustüberls wirkt, ins Bräustüberl.

Im Bräustüberl, das sonst fast platzt vor Biertrinkern, ist es gespenstisch leer, die Schankkellner sind schon in eine endzeitliche Leere gestürzt und der dunkle Bock scheint wie zäher Sirup in den Zapfhähnen geronnen zu sein. Noch schwerer sind, wieder draußen, die Schritte der Eiszeit-Teilnehmer. Den einen oder anderen Zechkumpanen wirft es zu Boden, andere gehen weiter, einfach weiter; endzeitliche Stimmungen scheinen grundlegende menschliche Bande sehr schnell außer Kraft zu setzen. Man denkt auch nicht wirklich daran, ob vielleicht noch eine S-Bahn geht in der Eiszeit, man geht halt einfach los, wie man es gewohnt ist vom Heiligen Berg in Richtung Herrsching, so Schritt für Schritt, mehr tapfend und stapfend, aber das kennt man auch aus den Phasen zwischen den Eiszeiten schon.

Irgendwie hat die Eiszeit aber auch etwas ganz Weiches, wie Watte, eine Welt aus Watte, in die sich Bayern auf einmal verwandelt hat, nichts erscheint mehr so bedrohlich wie in dem Diavortrag. Im Kopf herrscht eine angenehme Dunkelheit, etwa in der gleichen Farbtönung wie in dem Bierkrug vom Dunklen Bock, auch der Himmel hat die gleiche Farbe, auch wenn es noch ohne Unterlass weiterschneit und man sich auf der Erde vorkommt wie im Inneren einer Schneekugel.

Unheimlich steil geht es hinunter, durch das Kiental, immer schneller hinunter, obwohl es doch schon für Fahrräder verboten ist, aber das ist erst neuerdings, seit Ende des zweiten Jahrtausends. Am Ende des zweiten Jahrtausends darfst du nicht mehr mit dem Radl auf das himmlische Jerusalem, den Heiligen Berg der Bayern, und du sollst auch nicht herunterrodeln, schon gar nicht ärschlings, während die nächste Eiszeit ausbricht. Aber wer schon einmal auf solchem Wege ist, so einer lässt sich nicht so leicht erschüttern, praktisch ganz nahe an der ataraxia der Stoiker, der Unerschütterlichkeit, über die auch ein Kaiser geschrieben hat, Herrscher über diese Region, vormals Provinz Raetia, ein römischer Kaiser seinerzeit, Marc Aurel. Wer in der Eiszeit besteht, dem kann auch eine Zwischeneiszeit nicht so viel anhaben, selbst wenn diese zu Ende geht und eine neue bevorsteht, denn im Schnitt dauern Zwischeneiszeiten so zwischen acht- und zehntausend Jahre, und die unsere, so genanntes Holozän, dauert schon gute zehntausend, also höchste Eisenbahn für eine neue Eiszeit!

Ganz abgesehen davon, dass sich ohnehin Meere heben, Berge senken, am Schluss buddeln unsere Kleinen im Kindergarten wieder versteinerte Rübenkorallen unter dem Wüstensand heraus und heben triumphierend Seepferdchen auf dem Zugspitzgipfel in die Höh: »Schau mal, Mami« – auch wenn Mami nichts von dem Zeug aus dem Souvenirladen wissen möchte. Ganz spannend aber wird der Augenblick, an dem sich die Erde, die sich aus unbekannten Gründen dreht, wenn auch im Lauf der Zeit immer langsamer, aufhören wird zu drehen: Da wird ein Ruck durch die Menschenwelt gehen, und man darf schon jetzt neugierig darauf sein, wo es einen erwischt. Beim Schlittschuhfahren auf dem Pilsensee vielleicht, wo es einen auf einmal unbegreiflicherweise hinhaut, wo doch da gar kein eingefrorenes Steckerl von einer Sylvesterrakete im Weg war, oder auch keine Nahtstelle, an der das Eis zusammengefroren ist, die Kufe irritiert hat – da wird man schauen. Und die Menschheit wird auf den schmalen Grad zusammenrennen, an dem sich eine Art von Dämmerung hält, in der nicht die eine Hälfte verbrennt und die andere erfriert.

Was aber die viel entscheidendere Seenfrage betrifft, ist eines sicher: Vom Pilsensee hat man einen Blick in die Berge, den man vom Wörthsee aus nicht hat, auf den Heiligen Berg, auf die Zugspitz, die Kreuzspitz, den Säuling – bis ins Tirolerische hinein. Andererseits kommt in den Wörthsee Besuch bis aus der Sargassosee, nördlich der Antillen. Die Sargassosee ist ein See im Atlantik und heißt so, weil sie voller Seetang ist. Von hier aus ziehen zehn Millimeter große, durchsichtige Larven, die ausschauen wie Weidenblätter, mit dem Golfstrom zur Nord- und Ostsee und auch ins Mittelmeer. Dann wandern sie die Flüsse hinauf und kommen, teils auch über das Land, in die Seen, in den Wörthsee zum Beispiel. Inzwischen sind gut drei Jahre vergangen und die Larve ist jetzt ein Aal. Der Aal ist also praktisch ein Nordkubaner und der Landkreis Starnberg eine Art von Weltfokus. »Die Globalisierung macht vor nichts halt«, sagt der Fischexperte im Bezirk. Außerdem liegt an den Ufern des Wörthsees auch noch Troja, Troja statt Tirol.

Troja am Wörthsee
Wie bei Schliemanns unterm Sofa

Die Schlacht um Troja ist noch nicht ausgestanden, noch lange nicht. Hektor und Achill sind zwar tot, aber Korfmann und Kolb kämpfen weiter. Korfmann, Manfred Korfmann gräbt in Troja und glaubt auch daran, dass er in dem von Homer beschriebenen Troja gräbt, was er in seiner Ausstellung in Bonn hübsch zur Darstellung bringt, aber genau das bestreitet ihm Frank Kolb.

Wo kämen wir denn da hin, wenn wir diesen Humusboden für Traumgebilde jenseits von Troja VI oder VII a einfach sonst wohin verschieben, nur weil Fantasie Mauern und Gräben versetzt? Wissenschaft ist etwas Schönes, jeder will Recht haben und beweist das dann. Es geht dabei fast so zu wie in Hollywood: Brad Pitt will in einer Neuverfilmung die Rolle des Achill übernehmen – widerleg das erst einmal!

Freilich, was hat man nicht den alten Heinrich Schliemann schon ausgelacht! Troja finden wollen aufgrund der Lektüre von Homer, so ein Blödsinn, was für ein Schmarrn! Wo mit dem Namen »Troja« schon in der Antike eine vollkommen unbekannte Stadt benannt worden ist, selbst aus der Perspektive antiker Geschichte bereits aus vorgeschichtlicher Zeit! Der Einfachheit halber hat man dann diese Stadt mit Homers »Ilion« gleichgesetzt. Und erst die Vorgeschichte: die Entführung der schönen Helena durch Paris, weil ihm die Götter die schönste Frau Griechenlands versprochen hatten und ihm dann auch noch dazu verholfen haben – die Götter! Wo es schon schwer genug ist, an einen einzigen zu glauben!

Aber nehmen wir einmal an, es hat dieses Troja gegeben, dann ist dieses Troja 1200 vor Christus gefallen und ein halbes Jahrtausend später kommt einer daher und will uns diese Geschichte erzählen! Homer mit Namen, ein blinder Dichter, Verfasser angeblich der »Ilias« und der »Odyssee«, also der Geschichte des Trojanischen Krieges samt seiner Folgen, doch verbindet sich mit diesem Homer in der Wissenschaft eine einzige große Frage, nämlich die »homerische Frage«, mit anderen Worten: Hat es Homer gegeben? Überhaupt? Und wenn ja: Verbirgt sich nicht eventuell ein ganzes Autorenteam unter dem Firmennamen mit dem Logo »Homer«? Usw. Man braucht schon viel Humor mit Homer. Aber 1870 nach Christus, also geschlagene drei Jahrtausende später, daherkommen und wie Schliemann sagen: »Hier ist Troja.« Ja, freilich, wer's glaubt, wird selig! Und seiner Frau eine goldene Maske schenken und sagen: »Schau, Schatz, die ist vom Agamemnon!« So hätten wir es gern! Es wie mit dem Herzerl fürs Herzerl auf der Wiesn: den Schatz für den Schatz.

Und doch, man braucht bloß hinüber zum Wörthsee und ein bisschen herumfragen, in Schlagenhofen zum Beispiel, und wenn man Glück hat, gerät man an zwei Buben, und der ältere von beiden, Roman mit Namen, zeichnet einem auf eine Serviette einen wunderbaren Plan. Ein Rechteck bezeichnet völlig korrekt den väterlichen Hof, an dem eine Straße, die Hauptstraße, vorbeiführt, von der wiederum relativ bald eine kleinere abzweigt, nach rechts. An mehreren Einfahrten geht es vorüber, bis schließlich eine Art Gitter kommt, das man sich erklären lassen muss. Da hätte man aber auch selber darauf kommen können: Das Gitter stellt einen Zaun dar und neben dem Zaun kommt ein Stern. Hier steht die Burg, hier ist die Burg gestanden, die Burg von Troja. So einfach ist das dann doch wieder, und Schliemann hat es nicht viel anders gemacht, bei seiner Suche.

Tatsächlich: Hier stand die Burg von Troja. Nicht jenes Troja, das nur noch aus einer kompakten Schicht von etlichen Festmetern Asche besteht, entdeckt von Heinrich Schliemann auf Grund buchstabengetreu umgesetzter Lektüre von Homers »Ilias«, nein, sondern ein wiederaufgebautes Troja, wenn auch nur für einen Film, gedreht vor achtzig Jahren, mit Adele Sandrock als Hekabe, Königin von Troja. »Die Pauken donnerten, die Posaunen schmetterten, das Volk jubelte, der Staub wirbelte und ein paar hundert Priester hoben die Hände«, so beschreibt es der »Film-Kurier« vom 23.1.1924. Hier ist der Film über den Trojanischen Krieg gedreht worden, hoch über dem Wörthsee. Der Vater des kleinen Roman bestätigt es. Und lacht. Sein Großvater hat schließlich eine Schänke eingerichtet, für die Leute vom Film, unten am See. Jetzt ist es der Adria-Grill, was auch wieder zu der Geschichte passt. Der Adria-Grill weist eine internationale Speisekarte auf. Es gibt Bulgarischen Schafskäse, Italienischen Mozzarella, Bayerischen Wurstsalat, Südtiroler Schinken, Französische Zwiebelsuppe, Wiener Schnitzel, Pola Pola und die »Wörthseeplatte« geht an mit Slivovič, Rasniči und Cevapčiči – die reinste Odyssee. Von allem wird Odysseus gegessen haben auf seiner zehnjährigen Irrfahrt nach Hause. Alles das gibt es im Adria-Grill.

Etwa in Höhe vom Adria-Grill also kommt die schöne Helena auf dem Triumphwagen einhergezogen, mit zwei Löwen als Zugtieren. Die Löwenjagd hat Gott sei Dank drüben im Isartal stattgefunden, in der Nähe von Wolfratshausen. Das war vielleicht eine Aufregung: Kühe nehmen reißaus, Pferde, Reiter, ein angepflockter Esel wird erst nervös und dann aufgefressen. Die schöne Helena verwandelt mit Aphrodites Hilfe gleich zwei Löwen in liebenswürdige, harmlose Katzen. Und Paris ist voll Erleichterung, als er über dem ihm zunächst fremd erscheinenden Gestade des Wörthseeufers endlich wieder Troja erblickt, seine Heimat! »Die Mauern von Troja sind längst verfallen, doch sie stehen in Homers Gedicht«, notiert sich Ernst Jünger in sein Tagebuch am 10.2.74. Vom Wörthsee wusste Jünger nichts, auch nicht davon, dass Trojas Mauern nicht nur in Homers Gedicht stehen, sondern in dem Monumentalfilm von Manfred Noa aus dem Jahre 1923 für immer und ewig, jedenfalls so lange das Zelluloid hält, zu sehen sein werden: »Auf einem Strandhügel erhebt der pittoreske Aufbau der trojanischen Stadtmauer seine stolzen Zinnen in die Weite eines südländisch blauen Sommerhimmels«, schwärmt ein Text im Programmheft. »Hügelabwärts, dem Gestade zu, wo die griechischen Schiffe die kommende Seeschlacht erwarten, erstreckt sich das Heerlager der Griechen mit seinen als Garderoben für die Komparsen dienenden Fachwerkhütten und Viehhürden.« Die Griechen kommen also über den Wörthsee her, die Trojaner erwarten sie oben auf dem Grünbichl. Und immer sieht man diese zwei riesigen Eichen vor dem Tore Trojas, sie stehen noch heute da. Eine hochbetagte Dame mit Gehwagen schiebt sich langsam daran vorbei – ja, sie habe seinerzeit mitgespielt. Als was? Ja, als Tochter Helenas. Das muss jetzt allerdings doch eine missverständliche Erinnerung sein, denn von einer Tochter Helenas ist bei aller Untreue doch nie die Rede.

Die Komparsen kamen zum Teil mit dem Sonderzug aus München, zum Teil liefen sie einem Ahnen des Tiger-Willi aus der Wirtschaft »Raabe« in Steinebach davon, weil sie sich vom Film mehr versprachen. Karl Raabe klagt beim zuständigen Bezirksamt in Starnberg, vergeblich; sein Nachfahre, der Tiger-Willi, erzählt noch heute davon. Zum Teil entflohen die Schauspieler auch als Jungfrauen der Reformschule in Breitbrunn, um als griechische Göttinnen unterzukommen. In Breitbrunn fiel der Unterricht aus, die Wirtschaft »Raabe« hatte niemand mehr in der Küche, niemand mehr zum Bedienen. Der Bauer, auf dessen Feldern der Film gedreht wurde, schwört Stein und Bein, dass auf diesem Boden nie mehr etwas wachsen wird, der Urgroßvater der Frau Gertraud Baur, doch der Kalk, mit dem die Mauern von Troja bestrichen worden war, erwies sich als unverhoffter Dünger, und alles wuchs noch viel besser als zuvor. Aber das hat der Urgroßvater leider nicht mehr erlebt, weil er vorher gestorben ist, also das wenn er noch gesehen hätte! Auch ihre Tante, die in dem Film mitgespielt hat, hätte ein Leben lang den Film sehen wollen, und dann ist sie vor eineinhalb Jahren gestorben, eine bittere Pille. Im Herbst 2001 ist er im Filmmuseum von München erstmals wieder gezeigt worden.

Von allen Seiten strömten Menschen ein, die Statisten werden wollten, in Troja mussten sie durch ein Joch marschieren: Die Großen wurden Griechen, die Kleinen Trojaner. Der Zimmermann

Dosch aus Hechendorf wurde gar zum Hektor, weil sich der Darsteller des Hektor, Carl de Vogt, nicht getraut hat, sich im pferdebespannten Kampfwagen den Grünbichl hinunter auf die Griechen zu stürzen. »Wie ein Sturmwind«, so wird im »Film-Kurier« berichtet, stürzte sich der wackere Nothelfer in die Tiefe ans Meeresgestade am Ufer des Wörthsees, woselbst er allerdings im Film erschlagen wird. Die »Lichtspielbühne« stellt erfreut fest, dass ein saftiger »Nationalhass«, nämlich zwischen Steinebachern und Münchnern, die weder Feld noch Flur auf ihren Sonntagsausflügen schonen, sich sehr positiv auf das Kampfgeschehen auswirkt, weil die Steinebacher endlich ihre Wut an den Münchnern auslassen können. Der Zimmerer Dosch aber hat sich seine Gage gleich in Bier auszahlen lassen: »Nix do, mit dem Geid«, hat er die Filmmacher beschieden, »des wird ja jedn Dog weniger!« An einem einzigen Tag sind in der Schänke seines Großvaters nicht weniger als 125 Hektoliter Bier weggezischt worden, erzählt noch heute lachend sein Enkel, der Bauer Sieber. Andere haben freilich wiederum stolz erzählt, dass sie jetzt ihre erste Million verdient haben! Während sich Adele Sandrock gleich in Schweizer Franken auszahlen hat lassen, aber dennoch furchtbar sauer auf ihre Gastgeber in Steinebach war: »Schweinebach am Neppsee«, hat sie es genannt. Zeitgenossen haben noch andere Erinnerungen: »Ein besonders zeitgemäßes Bild war es, als in den Kampfpausen die Blechmusik für Stimmung sorgte und Hellenen und Trojaner beim vertrauten Rhythmus des echt homerischen Operettenschlagers ›Und zum Schluß schuf der liebe Gott den Kuß‹ das Tanzbein hoben.«

Man darf natürlich den erzieherischen Wert von Homers Epen überhaupt und grundsätzlich in Zweifel ziehen, vor allem wenn schon zwölf- bis dreizehnjährige Schüler so in ihren Aufsätzen urteilen: »Odysseus strandete zweimal auf der Insel einer Göttin und war von deren Schönheit hingerissen. (Es blieb nicht beim Kuss)«; eine andere Schülerin beginnt so: »Vergleichen wir Kalypso mit einem Sterblichen, mit einem Feuerwehrmann …«, und Kalypso kommt nicht gut weg in dem Vergleich mit dem Feuerwehrmann, eine Dritte zieht unbarmherzig Schlüsse zur Gegenwart: »Jetzt wissen wir auch, warum in Deutschland so viele Ehen in die Brüche gehen, denn die meisten Männer könnten ja denken: Wenn ein Held zur Seite springen darf, dann darf ich das auch.« Das ist gar nicht so weit weg von der Ansicht des Verlegers Klaus Wagenbach, dem es in seinen Büchern um ein »mittelmeerisches Erzählen« geht, welches ihm schon in der »Odyssee« vorgeprägt ist: »Da ist einer, der ist zwanzig Jahre weg, kommt heim und erzählt seiner Frau lauter Lügen.« Natürlich gibt es auch eine hübsche Theorie dazu, die Theorie von der »Literatur als Lüge«, 1966 von Manganelli formuliert; eine ganz besondere Form der Lüge.

Im Lauf der Dreharbeiten stellte sich heraus, »daß der alte Homer unter anderem auch ein sehr guter Filmautor war«, erinnert man sich seitens der Filmer. Im zweiten Teil geht es dann Schlag auf Schlag. Hektor tötet Patroklos, der Trojaner den Griechen, Achill tötet Hektor, der Grieche den Trojaner. Achill stirbt auch, mittels eines von göttlicher Hand gesandten Pfeils in die nach ihm benannte Ferse. Paris will seinen eigenen Vater Priamos töten, doch will auch Priamos seinen Sohn Paris töten – ein umgekehrter Ödipus-Komplex, evtl. Priamos-Komplex. Der eigentliche Hauptdarsteller des Films, Priamos, spielt auch den »Golem« – das wiederum weist in dem eigentümlichen Koordinatensystem des Landkreises nach Starnberg, in dem, merkwürdig genug, Gustav Meyrink seinen Roman »Golem« fertig geschrieben hat.

Paris wird schließlich von seinen eigenen Leuten verhaftet, Andromache, die Witwe Hektors, stirbt, Paris stirbt, der Untergang Trojas folgt unausweichlich. Troja wird in Schutt und Asche sinken, mit dem hölzernen Pferd des listenreichen Odysseus nimmt das Unheil seinen Lauf. Im Schatten der Nacht zieht sich die griechische Flotte hinter das nahe Vorgebirge zurück, unweit von Bachern.

Das hölzerne Pferd, von Odysseus also ersonnen, wird in der Antike von Epeios konstruiert. Epeios war im Trojanischen Krieg selbst Anführer einer stattlichen Abteilung der Griechen, nämlich der Phoker, mit immerhin dreißig Schiffen.

Später soll dieser Epeios Pisa erbaut haben, aber mit dem Schiefen Turm hat er natürlich nichts zu tun. Das zweite hölzerne Pferd in der Geschichte des Trojanischen Krieges stammt dann aus der Werkstatt der Schreinerei Zimmer in Weßling.

Auf den legendären Beginn der Odyssee des Homer, den jeder Absolvent eines humanistischen Gymnasiums bei fortgeschrittenem Abend unvermeidlicherweise zitiert, haben seinerzeit die Zeitgenossen diese Parodie verfasst: »Nenne mir, Muse, die Firma, die schwer geprüfte/die den Zorn des Achilleus zu ihrem eigen machte .../ Schwabing und Sendling entboten die mächtigen Mannen,/die in den Bauch des gut ventilierten Tieres krochen/und klug sich mit Hofbräuhaus-Märzen versorgten ...«

Schlagenhofen am Wörthsee hat sich die Geschichte des Homer als einheitsstiftenden Mythos aufbewahrt, zumindest als Mythos von Schlonghofa, wie die Schlagenhofener ihren Ort nennen; lächelnd legt Frau Baur ein Schwert auf den Tisch, ihre Tochter hat es aus dem Uferschlamm gezogen, ein Schwert der Griechen am Ufer des Wörthsees – und einen Augenblick lang ist es in der Stube der Baurs wie bei Schliemanns unterm Sofa.

Mystik auf dem Wörthsee

Der Religionswissenschaftler Günter Schiwy definiert einen »starken Ort« so, dass er uns verwandeln könnte, nach dem Motto: »Werde immer mehr und immer gründlicher, was du bist, was in dir angelegt ist!« Die Insel auf dem Wörthsee ist ein solcher Ort. Selbst »den Einheimischen an diesen starken Orten wird oft erst durch solche herausragenden Persönlichkeiten wieder bewusst, in welcher bevorzugten Landschaft sie leben dürfen«, sagt Schiwy und führt als Beispiel für eine solche Persönlichkeit Alfons Rosenberg an, einen Gottsucher und Mystiker, der vor der Stadt, vor München, auf die Insel im Wörthsee geflüchtet ist, 1925, und sich da zum Mystiker gewandelt hat.

In einem Wachtraum erkennt der 1902 geborene, zu diesem Zeitpunkt vierzehnjährige Alfons Rosenberg ausgerechnet in einer Schuhplattlertruppe in Bad Tölz einen Meister, der den »Weg einer nur tanzend zu gewinnenden Erleuchtung« weist. Die Bedeutung des Tanzes als religiöses Symbol lässt Rosenberg nicht mehr los. In den Apokryphen entdeckt er einen Hymnus, in dem Jesus mit seinen Jüngern vor seinem Tod getanzt hat.

In der Revolution der Münchner Räterepublik steht Rosenberg unmittelbar neben dem ersten Ministerpräsidenten des Freistaates Bayern, dem Sozialisten Kurt Eisner, als diesen die tödlichen Schüsse treffen. Auch Eisner war Schlüssel- und Vaterfigur für Rosenberg, Revolution und Spiritualität müssen keine Gegensätze sein, im Gegenteil. Aus dem Schutt des Schlösschens auf der Insel im Wörthsee zieht Rosenberg die Evangelien: »In jener Nacht geschah mir die große Verwandlung – der alte Mensch verbrannte im Feuer der Liebe und der Erkenntnis, das mir aus den Evangelien entgegenschlug, und ein neuer wurde geboren.«

»Sein Schicksal«, schreibt Rosenberg, »schafft der Mensch sich nicht selber – er tritt es an – er findet es vor. Wie ein Königskind wird er vom ganzen Kosmos und seinen Hierarchien mit Gaben ausgestattet und beschenkt … Sie machen ihn zum Herrn über einen kostbaren Schatz – freilich über einen ganz bestimmten, ihm bestimmten und ihn bestimmenden, den er nicht zu wählen hat: Er ist der Verwalter eines ihm vorbestimmten Erbes.« Vor den Nazis flieht Rosenberg 1935 von seiner Insel in die Schweiz, geht den Gang vom Judentum ins Lutherische und vom Lutherischen ins Katholische, alles nicht aus Beliebigkeit, sondern aus harter Konsequenz, geht letztlich den Gang des Mystikers, wird ein Vorkämpfer für die Ökumene, skizziert Grundzüge des beginnenden Wassermann-Zeitalters und schreibt drei Bücher über Mozart: »Ein wirklicher Künstler läßt sich bilden, er hat von vorneherein keine Absicht. Er weiß zwar viel ... aber weiß es immer erst nachher.«

Steinebach
Die Welt als Tiger-Willi und Vorstellung

Von außen siehst du es dem Haus nicht an, dass innen ein Tiger wohnt, der Tiger-Willi, ehemals Metzger von Steinebach, der seiner Kundschaft mit Ödipus Rex gekommen ist, von Sophokles. Und wenn du Sophokles liest, und Kundschaft kommt auf einmal in den Laden, dann sagst du vielleicht zu der Kundschaft: »Menschengeschlechter, ihr wandelt im Licht, und was seid ihr? Ein Nichts! Wer von euch trägt des Glücks mehr davon als den Wahn, als den Sturz aus dem Wahn, so sangen die Parzen ...« – bis die Kundschaft, genug des grausamen Spiels zwischen Sein und Schein, sagt: »Jetz, gebn'S ma amoi a Hackfleisch, i muaß wieda weida!« Die Menschen in den Stücken des Sophokles versuchen, ihrem von der Gottheit prophezeiten Geschick zu entkommen, sie wollen nicht nur Spielball der Götter sein, sie wollen selber ihren Part spielen, ihr eigenes Leben leben. »Aber wenn du von meinem Garten in Steinebach zum Mond eine Schnur spannst«, sagt der Tiger-Willi, »und du setzt die Länge der Schnur mit dem Willen eines Menschen in eins, so wäre allenfalls ein Bruchteil eines Millimeters davon frei. Der freie Wille ist eine Illusion.« So sieht das frei nach Schopenhauers Willen der Tiger-Willi.

Den Tiger-Willi, jetzt also ehemaligen Metzger, nennt das Feuilleton »einen Bonaventura der Endzeit«, der Tiger-Willi textet, komponiert und singt das selbst Komponierte, zum Beispiel die unbändige Sehnsucht nach einem Wurstsalat mitten in der Nacht; in dieser Sehnsucht fängt sich Liebe, Freude, Heimat, überhaupt alles. Seine Hommage an den Döner-Kebab in Starnberg bringt ihn ins türkische Fernsehen und in die Zeitung »SABAH« vom 18. Aralik 1998, mit Bild vor dem Döner-Kebab-Stand in Starnberg, natürlich in Tigerweste und mit Bonzo an der Gitarre, und der Bildunterschrift: »Tiger-Willi (solda), Ozdemir Bilgine Alman arkadasi ile bestesini dinletti«. »Döner Kebab Döner Kebab«, singt der Tiger-Willi, »Döner Kebab ba La Paloma ohey«, und jedes Lied endet mit einem unglaublich hingeschmatzten »dscha dscha dscha!«. Eine seiner CDs heißt: »Zwischen den Schenkeln steht da Deifi drin«, und seinen Namen hat er aus einem alten Schlager: »Wenn ich am Samstagabend tanzen geh und wenn ich ein wunderschönes Fräulein seh, löffle ich meine Whiskysuppe aus und dann schleich ich mich an das Fräulein ran, so wie ein Tiger, denn sie gefällt mir gut, drum hab ich Mut, whow!«

Es kann auch mit einem Menschen dahin kommen, dass er nicht mehr weiß, wie alt er ist, dass Frühling, Sommer, Herbst und Winter zusammenfallen, dass gerade Schnee vom Himmel fällt, und im nächsten Moment sich schon ein schöner Frühlingstag zeigt. Den Ablauf der Zeit gibt uns unser Gehirn vor. So ist es durchaus möglich, dass wir eine Sekunde als Ewigkeit erleben und zehn Jahre als eine Sekunde. Alles kann geschehen, alles ist möglich und wahrscheinlich.

Am Wörthsee ist alles möglich: Schopenhauer, Troja, selbst das Nibelungenlied wurde schon strophenweise gehört an seinem Ufer, eines späten Herbstes, da die Menschen begannen, sich wieder in Mäntel zu hüllen. Nur ein Einzelner ließ noch die nackten Beine vom Steg ins Wasser baumeln und mit offenkundig schwerem Kopf hielt er den Enten einen Vortrag über das Nibelungenlied. Die Enten blinzelten und die Menschen in den Mänteln wunderten sich. Der Mann aber wurde immer nervöser – plötzlich warf er sich ins Wasser und rief: »Jetz is aa scho wurscht!« Offenbar eine Art von Gottesurteil, das er suchte, und das in irgendeinem Zusammenhang mit dem kurz bevorstehenden Nibelungen-Symposion auf dem Heiligen Berg zu stehen schien. Der Mann überlebte, im Gegensatz zu den Nibelungen; mit den Mythen ist es so eine Sache, aber am Wörthsee, da blühen sie.

Im Kopf des Tiger-Willi wuchert ein ganzer solcher Schöpfungsmythos. Mittendrin kommt er plötzlich wieder auf die Welt, wieder in die Welt. Er steht in Steinebach auf seinem Balkon und schaut in seinen Garten hinunter und es schneit und schneit. Unterhalb von ihm steht ein Schuppen und vor diesem Schuppen stehen drei Fichten. »Dann sah ich«, erzählt der Tiger-Willi, »wie ich in den Himmel hinaufschaute, aus meinem Kamin schwarze Rußpartikel herauskommen. Diese vermengten sich mit dem Schnee und wurden immer mehr«, und der Tiger-Willi merkte ganz deutlich und sah es ganz offensichtlich, dass der Schnee diese Partikel aus dem Kamin vor die Giebelseite des Schuppens hinschneite, neben die Fichten. »Nach und nach wurden die Rußpartikel immer mehr und mehr«, erzählt der Tiger-Willi, »und ich konnte durchaus feststellen, schon bald, dass hier eine Frauenplastik entstehen würde aus Ruß.« Als diese Frauenplastik fertig war, änderte sich die Witterung schlagartig, es war ein wunderschöner Nachmittag im Mai. Kein Schnee war mehr vorhanden. Wiesen, Sträucher und Bäume standen in voller Blüte und es ging ein leichter Wind. Aus diesen Rußpartikeln ist eine wunderschöne Frau geworden, etwa dreiundzwanzig Jahre alt, ein Meter fünfundsechzig groß. Sie trug eine schwarze Stretchhose, ein schwarzes T-Shirt und eine Tigerjacke. Auf ihrer linken Oberlippe war ein kleiner Pigmentfleck und im linken Nasenflügel trug sie ein Piercing mit einem Diamanten.

Hinter der Frau war eine Stereoanlage aufgebaut, eine große Stereoanlage, und der Tiger-Willi hört sie rufen: »Servus!« Und er soll auffangen. Und sie wirft ihm einen Stecker zu, einen Stromstecker, mit anschließendem Kabel und ruft: »Steck das in einen Stromanschluss hinein«, was er denn auch tat.

Dann sagte sie: »Sei doch bitte so lieb: Zieh deinen schönen schwarzen Anzug an, mit roter Krawatte und deine schönsten Schuhe und dusch dich vorher und mach dich ganz fein! Und dann komm zu mir herunter. Und vorher geh in deinen ersten Stock. Du weißt, in deinem Schlafzimmer, neben den Spiegel, steht eine Bodenvase, und in der steckt ein Rohrstock, und den nimmst du und dann kommst du wieder herunter! Und dann reden wir weiter!« Der Tiger-Willi tat, wie ihm geheißen, im schönsten Anzug, mit Duft versehen, und ging zu ihr hinunter auf den Kies. Da wartete sie schon. Sie gab ihm die Hand und sagte: »Grüß dich, Tiger-Willi! Ich bin die Göttin Kali aus Indien!« Das muss man sich einmal vorstellen: die Göttin Kali mitten in Steinebach! Jetzt auch noch die Göttin Kali! Und was sagt die Göttin Kali? Sie sagt zum Tiger-Willi: »Ich habe eine tolle Sache mit dir vor. Ich lege jetzt eine Polka auf, und die lasse ich laut erschallen«, sagt die Göttin Kali, »und du klopfst mir den Takt der Polka mit dem Rohrstock auf meine Arschbacken!« Da ist der Tiger-Willi aber erschrocken. Einer Göttin kann man doch nicht den Hintern klopfen, meint er und das sagt er ihr dann auch. Aber Kali lacht nur: »Komm, mein Kavalier, bereite dich zum Gottesdienst!«

Dann legte sie ihre Tigerjacke ab und der Tiger-Willi sah die Haut ihrer Arme, die war so blass wie ihr Gesicht. Sie hatte blaue Augen, und als sie sich umdrehte, sah er, dass ihre Hose über dem Gesäß ausgeschnitten war und die weißen Hinterbacken ihm direkt entgegenschwellten. Sie küsst den Tiger-Willi, legte nun die Polka auf und tanzte im Garten vom Tiger-Willi los und er klopfte ihr mit dem Rohrstock im Takt einmal auf die eine Arschbacke, einmal auf die andere, so fest er konnte, und sie schrie voller Lust und voller Schmerzen und sie schrie und schrie und tanzte und tanzte und ihre Hinterbacke wogten und wogten vor dem Tiger-Willi, und es war ein Fest.

Dann war die Polka zu Ende. »Sie kam zu mir her und sie gab mir einen ganz dicken Zungenkuss, hingebungsvoll«, erzählt der Tiger-Willi. Und dann sagte sie zum Tiger-Willi: »Schau, was du gemacht hast. Schau, welche Farbenpracht du mir auf mein weißes Fleisch gemacht hast!« Und der Tiger-Willi betrachtete ihre Hinterbacken und da war sie plötzlich nicht mehr da. Und da sah er, dass sich am Himmel über Steinebach ein wunderschöner Regenbogen zeigte auf dem milchigen Himmelshintergrund. Und der Tiger-Willi schwärmt weiter: »Schön«, hat er gesagt, und da war sie wieder da, die Göttin Kali. Zwei Amphoren hielten ihre Hinterbacken und sie weinte und schluchzte voller Lust und lachte.

»Ohne Schmerz gibt es keine Schönheit. Ohne Schmerz gibt es keine Welt«, sagte Kali zum Tiger. Dann war sie weg. Wie das im Einzelnen geschehen ist, das musst du dir vom Tiger selber erzählen lassen. Denn das geht so weiter und weiter, tagelang mit dem ganzen Kosmos, also praktisch die Welt als Tiger-Willi und Vorstellung. »Das kommt überall vor«, sagt der Tiger, »zum Beispiel in Fürstenfeldbruck.«

Die Welt als Vorstellung, das ist die Welt, die du im Kopf hast, aber stärker als dein Kopf ist dein Wille. Dein Wille ist Schoß und Schlund zugleich, unaufhörlich gebärend und unaufhörlich verschlingend – insofern hat er viel mit der Göttin Kali gemeinsam. Etwas Pech hat dabei das Bewusstsein, weil sich das eigene Ich leider als Abgrund an Gier erweist. »Wie auf dem tobenden Meere, das, nach allen Seiten unbegrenzt, heulend Wasserberge erhebt und senkt, auf einem Kahn ein Schiffer sitzt, dem schwachen Fahrzeug vertrauend, so sitzt mitten in einer Welt von Qualen, ruhig der einzelne Mensch, gestützt und vertrauend auf das principium individuationis«, schreibt Schopenhauer in »Die Welt als Wille und Vorstellung«. Der Tiger-Willi hat es Seite für Seite als Klopapier benutzt, aber vorher gelesen und sich so doppelt einverleibt. »Das Leben jedes Einzelnen«, sagt Schopenhauer zum Beispiel, »das Leben jedes Einzelnen ist, wenn man es im Ganzen und Allgemeinen übersieht und nur die bedeutsamen Züge heraushebt, eigentlich immer ein Trauerspiel; aber im Einzelnen durchgegangen hat es den Charakter des Lustspiels.«

Am Ende seines Mythos ist der Tiger wieder ganz allein, daheim. Es läutet, mitten in der Nacht, ein Opel Omega steht vor der Tür, ein stattlicher Herr steigt aus und sagt: »Grüß Gott, Tiger-Willi! Ich bin der Engel des Herrn, Generalvertreter für diesen Planeten, von Gott gesandt. Die 6. Kolonie der Engel bringt dich auf den Milchstraßenstrich, jeden Tag, bis du sechsundsechzig bist, denn die Welt ist eine sexuelle Offenbarung!« »Und dann«, sagt der Tiger-Willi, »dann bin ich wieder im Bett und träum vom Neujahrsspringen in Garmisch, wie findst'n des?«

Zweite Runde
Unweit vom Heiligen Berg

Frieding · Widdersberg · Seefeld · Breitbrunn · Inning

Vor dem Besteigen der Gondel, oder vor dem Lesen des Buches

Wer schon einmal eine Ballonfahrt miterlebt hat, weiß, dass man da nicht einfach so hinkommt, einsteigt und los geht's. Bevor man sich in die Luft erhebt, haben die Götter den Schweiß gesetzt, sie wollen nicht einen jeden in ihrem Reich auftauchen sehen. Also heißt es zuerst: Ballonseide ausrollen, Hülle hochhalten, damit die heiße Luft hineinkann, Korb vom Anhänger abladen und aufstellen, Gasflaschen installieren und so weiter, bis sich die ganze Montgolfiere dann langsam erhebt. Man braucht Zeit, allein schon für das Aufstellen, so wie auch das Fliegen ein langsames ist – und die Wahrnehmung eine andere.

So verhält es sich auch mit diesem Buch. Es hat mehrere Vor- und Zwischenwörter. Man kann sie lesen, aber wem es zu lang dauert, kann auch gleich nach Machtlfing oder nach Aufkirchen oder ins Undosa. Wer aber Zeit hat, hat vielleicht erst einmal Lust zu schauen: Was machen die denn da? Kann ich da auch mit? Ist das sehr teuer oder ist es recht und billig?

Wem aber das Fliegen überhaupt zu gefährlich erscheint, der mag vielleicht seinen Blick auf den Boden heften und, wie ein Hund mit seiner Schnauze, all diese interessanten Nachrichten lesen, die da im Wald, auf der Wiese, in den Straßen, Wegen und in anderen Archiven aufbewahrt sind; ein Moor hat zum Beispiel auch so ein hervorragendes Gedächtnis. Wer es schon ausgesuchter und erlesener haben möchte, der folge gleich dem Trüffelschwein – am meisten sieht natürlich, wer zwischen beiden Perspektiven zu wechseln vermag: bald aus dem Korb der Montgolfiere in himmlischer Übersicht, bald mit der Nase auf Wurzelhöhe allen irdischen Geheimnissen und Kostbarkeiten nachspürend.

Frieding
Ein Queri gibt keinen Frieden

Queri fatum« bedeutet eigentlich: »das Schicksal beklagen, sich über sein Los beklagen«, und der Queri Schorsch, oder auch Girgl genannt, hätte eigentlich guten Grund dazu, sich und sein Schicksal zu beklagen. Nicht nur, dass er mehr breit als hoch gewachsen war, nach Aussage der eigenen Mutter »a Gwachs, wia a Kartoffi«, das hat er durch seinen Querschädel konsequent wieder ausgleichen können, aber seine Hüfte hat er nie in den Griff bekommen, so sehr er auch höchst eigenhändig mit seinem Taschenmesser darin herumoperiert hat, um stets von neuem abwandernde Splitter von ihrem Gang quer durch seinen Körper abzuhalten. Beim Turnen hat er sich das zugezogen, schon als Schulbub, und der frühe Tod des Girgl Queri ist vielleicht allein schon ein Grund, landesweit den Schulsport zu untersagen, zumindest das Geräteturnen.

Geboren ist Queri, der mit seinem Querschädel keinen schöneren Namen hätte haben können, geboren 1879 in Frieding unweit vom Heiligen Berg, aber 1919 ist er schon wieder gestorben. Er hat es gerne krachen lassen, z.B. in der »Bauernerotik und Bauernfehme in Oberbayern«, in der das Haberfeldtreiben breiten Raum einnimmt. Auch das »Wörterbuch der erotischen und skatologischen Redensarten der Altbayern« mit dem Titel »Kraftbayrisch« ist von ihm. Ein Weg von München in Richtung Starnberger See wird so beschrieben: »Z' Minka hon ih a Sulzn gfressn,/z' Sendling hon ih s' gspiebn,/z' Forstnriad hon ih in d' Hosn gschißn,/z' Unterdill bin ih bliebn.«

Die Queris kommen ursprünglich aus Gauting, wo sie als Fischer an der Reismühle lebten, und Fischer und Gastwirte blieben sie später auch am Ufer des Starnberger Sees. Der Vater arbeitete in Starnberg als Schiffsnachtwächter, die Mutter führte ein kleines Milchladerl in der Hanfelder Straße mit der Nummer 16, in dem heute der »Bosporus« einquartiert ist, sie starb im Starnberger Armenhaus 1923, vier Jahre nach dem Tod ihres Sohnes, der Mitglied im Starnberger Arbeiterrat von 1918 war. Und vorher Mitarbeiter des »Simplicissimus«, der »Lustigen Blätter«, der »Vossischen Zeitung«, der »Münchner Neuesten Nachrichten«, als Korrespondent der »Staatszeitung« in New York usw., Autor u.a. von »Die weltlichen Gesänge des Egidius Pfanzelter« (1909), »Der wöchentliche Beobachter von Polykarpszell« (1911), »Der tapfere Columbus«

(1912), »Der Kapuziner« (posthum 1920, Queris einziger Roman), dem Singspiel »Matheis bricht's Eis« (1918).

Als seine Hauptwerke gelten noch immer »Bauernerotik und Bauernfehme in Oberbayern« (1911) und »Kraftbayrisch« (1912), das vom Gericht wegen Obszönität konfisziert wurde – für Queri als Sachverständige traten u.a. Conrad, Ganghofer, Thoma, Hofmiller und Ruederer auf.

»Das Sexualleben auf dem Lande war also damals – insofern es sich heute gebessert hat – durchaus nicht den Ansprüchen einer sittlichen Warte geartet«, meint Queri 1911 und schreibt so Sachen wie »am Ammersee, am Ammersee,/da reckn d Fisch dee Schwänz in d Höh./Wann ih zu meiner Kathl geh, gehts mir wia dee Fisch am Ammersee.« Die Höhenrieder, erzählt der Queri Girgl, hätten dringend ein Wunder gebraucht, weil zum Beispiel die Hahnaschlager Kreszenz mit dem fünften Kind schwanger geht und die Gemeinde schon für ihre vier andern sorgen muss, weil sie nie keinen Vater nicht weiß. Und der Pfarrer verspricht ihnen ein Wunder, indem dass er den Heiligen Geist statt in Gestalt einer gipsernen Taube in Gestalt einer echten erscheinen lassen wird. »Ist aber nit gleich kommen, der Heilige Geist«, schreibt der Queri Girgl, stattdessen ruft der Mesner aus dem Kirchhimmel: »Den hat mir itzt richtig die Katz zerbissen, den Heiligen Geist!«

Und es hat der Queri Girgl auch geschrieben, wie der Wiggerl, der Ministrantenbub, mitten unter der Prozession den Herrn Pfarrer fragt: »Wann wir jetzt aber doch den rechten Glauben nicht hätten?« Aber da passiert es zum ersten Mal in der Haderbacher Prozession, dass »der Herr Pfarrer den Watschnbaum hat umfallen lassen«. Nichts ist es mit dem Frieden in Frieding, aber »der Ursprung des Schönen«, sagt einer der Kirchenväter, nämlich Thomas von Aquin, »besteht in einem gewissen Zusammenklang der Gegensätze«.

»Ein kleiner untersetzter Mann in grünem Lodenmantel, den moosgrünen Samthut um den kugelrunden Schädel, rötlichblonde Stoppelhaare, ein ebensolcher Schnurrbart, vor den pfiffig blickenden kleinen Augen einen scharfen Zwicker ohne Einfassung. Wegen seines Hüftleidens hinkte er an einem derben Krückstock«, so beschreibt ihn der Verleger Reinhard Piper, vor dem Queri auftauchte, um Autor im Verlag zu werden. Und über »Weltliche Gesänge des Egidius Pfanzelter aus Polykarpszell« urteilt Piper so: »Misthaufen und die weiblichen Waden spielten darin eine zu große Rolle. Wer das Buch vorlas, riskierte, mitten darin errötend abbrechen zu müssen. Den literarisch Gebildeten war das Buch zu wenig literarisch.« Mit anderen Worten ein Flop.

Als Oskar Maria Graf noch Oskar Graf hieß und sich Visitenkarten drucken ließ mit der Aufschrift »Oskar Graf, Schriftsteller«, bot er Verlegern an, ihnen so gut wie jedes gewünschte Drama zu schreiben, nur müsste es sofort herauskommen – er braucht Geld, und zwar dringend: »Hochachtungsvollst Oskar Graf, Schriftsteller, Hotel Kronprinz, München, Zweigstraße.« In den Schaufenstern der Buchläden schaut er, was die anderen schreiben. Die anderen schreiben zum Beispiel Schnurren, und als Graf Schnurren von Georg Queri entdeckt, der gleichfalls aus dem Landkreis Starnberg stammt, aus Frieding, schreibt auch er »sofort einen Band oberbayerischer Schnurren« und schickt sie an den Verleger Piper, der aber nicht so recht weiß, was er damit anfangen soll.

Georg Queri teilt in seiner Erzählung »Der Watschnbaum« die Menschheit in zwei Kategorien ein: »Da gibt's Leut', die in der Welt herumkommen sind, und Leut', denen's daheim viel lieber ist. Die einen sind Landbriefträger, italienische Maurer, Professer und Bändlhausierer. Die andern sind verheiratet. Die wissen nichts, die andern. Aber die einen kennen sich aus in der Welt.« Der Verlockung, eine Kulturstaats-Theorie nach Querischen Kategorien aufzubauen, soll jedoch an dieser Stelle widerstanden werden.

Von Drössling nach Frieding, wenn man kommt, in aller Herrgottsfrüh, eventuell an einem Samstag, dann schaut Frieding noch immer so aus, als würde Paul Neu den Queri Girgl eine Illustration ins Buch malen. Und in Frieding gibt es auch eine Wirtschaft, die heißt »Queri«, einfach »Queri«. In dem Haus ist er geboren, als Statuette darf er dort stehen, auf der Tafel an der Wand steht schon lange zu lesen: »In diesem Hause wurde der Dichter Georg Queri am 30. April 1879 geboren. Er liebte Land und Leute.« Kaum jemand denkt noch daran, dass er auch Herausgeber des »ältesten Oberammergauer Passionsspiels« ist; dort hat er sich auch sein Grabkreuz anfertigen lassen, nach eigenen Angaben. In Starnberg liegt er auf dem Friedhof nicht weit weg vom Meyrink – die werden sich was zu erzählen haben, in den Nächten, die beiden. »Wo Queri war, saß Altbayern mit seinem breiten Lachen und seinem schlagfertigen Witze am Tisch ...«, erinnert sich Ludwig Thoma ein wenig wehmütig an ihn, und Gulbransson sagt über ihn, er habe noch nie einen so echten gotischen Bauernschädel gesehen wie den vom Queri Girgl.

Wenn im Wirtshaus »Zum Queri« Queri zu Gehör gebracht wird, kann es passieren, dass ein Besucher den Mann an der Kasse fragt: »San Sie ein Queri?« Das ist natürlich schon komisch, weil der Mann an der Kasse ja nur die Eintrittskarten für eine Queri-Veranstaltung verkauft. »Wieso?«, fragt er zurück, aber da wird ihm dann schon Bescheid gegeben: »Weil Sie aa so an Kopf aufham!«

Widdersberg
Römer sucht Römerin, Raschid sucht Böhlau

In Widdersberg eine Veranstaltung auszurichten, um die Schriftstellerin Helene Böhlau wieder in Erinnerung zu bringen, ist schon viel schwieriger, vor allem wenn man zum Beispiel die Kirche dafür haben möchte, weil es einen anderen Raum als die Kirche praktisch nicht gibt. Für den Orff kann man die Kirche schon haben, aber für die Böhlau?

Helene Böhlau, geboren 1856 in Weimar, gestorben 1940 in Widdersberg, lebte hier mit ihrem Ehemann Omar al Raschid Bey, der eigentlich ganz normal Friedrich Arnd hieß. Friedrich Arnd, Leiter des Kartographischen Instituts in Weimar, ist leider schon verheiratet, hat vier Kinder und ist siebzehn Jahre älter als sie; Helene Böhlau ist zu diesem Zeitpunkt siebzehn Jahre alt, ihr Vater ist der Inhaber des bekannten Böhlau-Verlags. Eine Dreierbeziehung funktioniert nicht so recht, bis Arnd 1886 auf die Idee kommt, mit Helene Böhlau nach Konstantinopel zu fahren, dort zum Islam überzutreten und eben noch einmal zu heiraten, worauf die Schriftstellerin fortan Helene Böhlau al Raschid Bey heißt. Omar stellt eigene schriftstellerische Arbeiten ein und beschäftigt sich mit Schopenhauer und buddhistischen Schriften. Er tritt im Burnus und mit Fez auf, selbst im Wahnmoching dieser Zeit erregt er damit Heiterkeit und Staunen. Auch der Salon des Ehepaares ist vollkommen orientalisch mit Teppichen und Wandbehängen ausstaffiert. Helene Böhlau al Raschid Bey schreibt naturalistisch frühfeministische Romane wie »Rangierbahnhof« oder »Halbthier!«. In dem Roman »Der Rangierbahnhof« aus dem Jahre 1896 bezeichnet Ollys Ehemann ihr künstlerisches Streben als »Gefühlsflohjagd«. Und »daß ein Weib noch etwas andres als Weib sein könnte, war ihm noch zu neu«. Erst kurz vor ihrem Tod begegnet sie einem Mann, der sie verstehen kann. »Gebt ihnen Arbeit, bei der ihnen die Seele weit wird, und ein Kind, das ihnen das Herz froh macht!«, schreibt sie als weibliches Vermächtnis.

Helene Böhlaus Roman »Rangierbahnhof« erhebt den Rangierbahnhof zum Sinnbild eines alltäglichen Daseins, in dem vor allem die künstlerisch empfindende Frau zugrunde geht. 1899 erscheint ihr Roman »Halbthier!« – was für ein Titel: »Halbthier« mit Ausrufezeichen! Mit »Halbthier« ist die Frau gemeint, in ihrer minderen Rolle als »zweites Geschlecht«. Halbtier will aber gleich mit dem Mann sein, in dem Fall Isolde Frey, Tochter eines Schriftstellers, Modell des Bildhauers Megersen, dem sie Modell stehen soll, natürlich nackt. Megersen sieht in der Frau nur das Tier, Isolde aber versucht über Schopenhauers Philosophie von der Verneinung des Willens zu sich selbst zu kommen.

Fast niemand mehr kennt diese Romane, man muss schon eine Veranstaltung machen, um an sie erinnern. Wenn man sich Chancen ausrechnet, die Kirche zu kriegen, weil der Pfarrer zum Beispiel in der Kirche sagt, mitten in der Predigt sagt er, dass er hiermit dem Gerücht entgegentreten möchte, dass sie ihm den Schein zwickt ham – Im Namen des Vaters und des Sohnes und des Heiligen Vaters, aber richtig ist vielmehr, dass ihm die Polizei keineswegs den Schein zwickt hat, weder wegen Alkohol am Steuer noch wegen überhöhter Geschwindigkeit – gehet hin in Frieden, dann hat man sich doch gebrannt, weil der Pfarrer sagt, dass man die Kirche nicht haben kann, weil in der Kirche nur Kirchliches zu Gehör kommen darf, und ob das die Schriftstellerin, für die man die Kirche haben will, in dieser Hinsicht wäre?

Natürlich nicht. Aber dann kommt ihm der Name der Schriftstellerin irgendwie bekannt vor. Der Name Böhlau, Helene Böhlau. Er hätt da schon eine getauft, obgleich sie evangelisch gewesen wär, deshalb könnt er sich daran erinnern. Lange sucht er in einem Taufmatrikel, der Pfarrer findet die Schriftstellerin nicht, auch keine Nachkommen. Aber wer heißt schon al Raschid Bey? Also ruft er die Mesnerin an, ob die was wüsste. Er soll halt im Telefonbuch nachschauen, sagt die Mesnerin, aber so schlau wär er selber auch schon gewesen, sagt der Pfarrer, aber die Schriftstellerin heißt eben vermutlich nicht mehr so, beziehungsweise deren Nachfahren. Die sind ja auch evangelisch, sagt die Mesnerin. Da muss der Pfarrer die Mesnerin doch einmal zurechtweisen. Er sagt, dass inzwischen auch die Evangelischen im Telefonbuch stehen.

An der Außenmauer der Kirche von Widdersberg ist der Grabstein eines römischen Paares zu sehen, das, wie es dem Stil der Zeit entspricht, Abschied nimmt voneinander: still, behutsam und nun, nachdem alle Kämpfe miteinander ausgestanden sind, voller Ruhe und in Vorfreude auf ein Wiedersehen auf der anderen Seite. Manche erblicken in der Frau eine Keltin, was aus dem Paar ein ganz besonderes Paar machen würde, aber das kann man eigentlich nicht wirklich sehen. Ein anderes ganz besonderes Paar ruht tatsächlich auf dem Friedhof: Omar al Raschid Bey und seine Frau Helene Böhlau.

Seefeld
Oder: Die Himmelskönigin, der ADAC und ein Graf

Wer aus Weßling auf der Straße nach Seefeld herkommt, passiert eine der schönsten Alleen im ganzen Landkreis. Mächtige uralte Eichen begleiten einen von Delling nach Seefeld, die zu fällen noch nicht einmal der mächtige Allgemeine Deutsche Automobilclub geschafft hat, obgleich der 13 Millionen Mitglieder hat, à hundert Mark Jahresbeitrag, macht 1,3 Milliarden im Jahr, in Euro die Hälfte, aber im Voraus. Gestiftet hat die Allee Anton Graf von Toerring im 18. Jahrhundert, so dass sie noch immer auf das Schloss derer von Toerring hinführt. Von der Empore der Schlosskapelle hängt eine Standarte herunter mit der Aufschrift: »Der Himmelskönigin Maria aufgeopfert vom Christleutnant Graf Törring-Jettenbach'schen Cürrassier-Regiments«.

Noch immer gehört den Toerrings viel in der Gegend, so viel, dass sie sich nicht vorstellen können, dass »unter ihnen irgendetwas hochkommt«, von dem »sie nichts wissen oder es nicht wollen«. Einzelne Säle ihres Schlosses vermieten sie für einen Tagessatz, über dessen Höhe der Graf bittet, Diskretion zu wahren. Für Normalsterbliche ist es jedenfalls nichts.

Breitbrunn
Oder: Die Verehrung eines Heiligen, den es gar nicht gibt

Die Breitbrunner sind gut, sie verehren einen Heiligen, den es vielleicht gar nicht gab, an einem Platz, der ebenfalls reine Erfindung ist. Aber so etwas ist nichts Ungewöhnliches in einem Land, das auch einen König hervorgebracht hat, dem Märchen viel wichtiger gewesen sind als die lästige Wirklichkeit. Aber immerhin, der Heilige, um den es dabei geht, ein gewisser Leithold oder Leitgeb oder auch Leypold, hat Aufnahme in den Heiligenhimmel im Deckenfresko der Kirche am Heiligen Berg von Andechs gefunden, das spricht für ihn.

Und für ihn spricht auch diese Geschichte, derzufolge der Heilige, selber ein eifriger Pilgersmann, aus Etterschlag stammend, auf geradezu esoterische Art und Weise sich sein Grab gesucht hat, nämlich, indem er sich auf einen Ochsenwagen legen ließ, als er merkte, dass es dahinging – und dort, wo es dann endgültig dahinging und das Gefährt stehen blieb, dort sollte sein Grab sein. Gesagt, getan, und gut hundert Jahre lang wurde Breitbrunn, das als Preitprunnen aus dem elften Jahrhundert stammt, zum zentralen Wallfahrtsort der Region in der Zeit des Dreißigjährigen Krieges.

Selbst wenn die Geschichte nicht wahr sein sollte, sondern nur erfunden, ist sie gut erfunden. Die Amtskirche hat seinerzeit allerdings etwas humorlos reagiert und die Auffassung vertreten, dass es diesen Heiligen nicht gibt, weil sie ihn nicht kenne. Also Wallfahrt verboten. Aber ein Kloster hat Breitbrunn trotzdem, allerdings über Umwege, weil der Gründer eines reformpädagogischen Landschulheims, Franz Utz mit Namen, 1929 aus finanziellen Gründen sein Projekt aufgeben musste und es den Schwestern der Weiblichen St. Josephs-Congregation vom III. Orden des Heiligen Franziskus schenkte.

Inning
Oder: Die Liebe zu den Pferden

Dreimal zieht Kaiser Heinrich II. nach Italien, das erste Mal, 1004, wird er in Pavia zum König gekrönt, das zweite Mal, 1014, wird er in Rom zum Kaiser gekrönt, beim dritten Mal gibt es nichts zum Krönen, er kämpft in Unteritalien gegen Byzanz, um denen die weitere Ausdehnung zu verwehren. Bamberg macht er zum fränkischen Rom, doch übt er seine Herrschaft im Prinzip durch Herumreiten aus. 1146, zweiundzwanzig Jahre nach seinem Tod, wird er heilig gesprochen, die Prachthandschrift des Regensburger Sakramentars zeigt ihn, wie ihm von keinem anderen als Jesus selbst die Krone aufgesetzt wird. Und in Inning übernachtet er. Kaiser Heinrich II. übernachtet am 16. November 1021 auf seinem Italienfeldzug in Inning; eine Urkunde, die diesen gewichtigen Vorgang beglaubigt, wird ausgestellt.

Nicht bekannt dagegen ist, ob Heinrich den Inningern so wie

vorher den Sachsen im Durchritt den Schweinezins erlassen hat, der noch auf Karl den Großen zurückgeht, oder nicht und die Inninger weiter Schweinezins löhnen mussten, in der Tradition des alten Gautingers.

Das Wandbild im Giebel des Hauses Marktplatz 10, früher der Salzstadel, stellt jedenfalls die Szenerie ohne Schweine dar. Alle sind zu Pferde, natürlich, kariert gewürfelte Decken auf deren Hintern, die Reiter mit Standarten. Noch heute spielen die Inninger und ihre Pferde gern mit, in diesen Zeiten allerdings nicht mehr für einen Kaiser, sondern für den Film. Die Inninger lieben ihre Pferde innig. Die braunen Flecken in der Landschaft, die früher Kühe gewesen sind, sind jetzt Pferde. Gelegentlich schwingt man sich in Inning allerdings auch auf das Fahrrad, etwa wenn Thomas Gottschalk eine seiner berüchtigten Saalwetten verliert und also von seinem Haus in Inning nach München radeln muss, mit Begleitung natürlich.

Die Heilige Familie im Inneren der schönen Pfarrkirche St. Johannes Baptist aber geht zu Fuß, sehr leichten Fußes, im »heiligen Wandel«. Der heilige Wandel überschreitet die Grenze des diesseitigen Lebens. Ein Film, der in Inning gedreht wurde, klingt fast so ähnlich, er heißt: »Beyond the limit.« Auch hier geht es um die Bösen und um die Guten, wie immer halt im Leben, und es läuft so hin und her. In dem Film geht es um ein Herz aus der Vergangenheit, das in die Zukunft wandert und wiederbelebt wird, von den Bösen.

Von den acht Pferden, die Günther Schauer besitzt, spielen fünf mit, er selbst auch. Er gehört zu den Guten, aber wenn man nicht weiß, wie er reiten tut, tut man sich schwer, ihn beim Doubeln zu erkennen in dem Film. Zusätzlich doubelt er die Hollywoodstars, die mitwirken, ein gewisser Darren Shalavi zum Beispiel oder Russel Friedenberg. Auch Hank Stone war zum Reiten bei ihm. Aber dann denkt man natürlich, es wären die Hollywoodstars, die da reiten, wenn man den Film sieht. Alle waren sie bei ihm, und er ist jetzt beim Kaltenberger Ritterturnier, durch den Film hat man ihn dafür entdeckt: »Da bin ich jetzt bei den Kelten dabei!«

Dritte Runde
Fast schon der Rest der Welt

Unering · Hochstadt · Weßling · Oberpfaffenhofen · Gilching

Unering
Oder: A bissl was geht immer im Barock

Wie ein Minarett, wo immer man herkommt, ob aus der Richtung von Mekka über Hadorf oder über Drössling von Santiago de Compostela herüber, sticht der Kirchturm von Unering in die hügelige Landschaft, überraschend, spitz, sich einen kleinen Witz erlaubend, doch gilt die Kirche zu Recht als so genanntes Kleinod.

Das Kleinod ist dem Pfarrer Johann Faber zu verdanken, der nur erste Adressen im Kopf hatte, um das Martini-Filial-Gotteshaus in Unering anno 1731 von Grund auf neu zu erbauen: den Johann Michael Fischer als Baumeister, der schließlich auch die Kirche von Ottobeuren bauen wird, eine »Rokokokathedrale«, den Johann Baptist Zimmermann als Stuckateur, den wir unter anderem in der Wies wieder sehen werden und in der Dominikanerkirche von Landshut, sowie Johann Greiff als Bildhauer, der mit Egid Quirin Asam bei Andreas Faistenberger in die Schule des Rokoko gegangen ist. Unering hält sozusagen eine architektonische Mitte zwischen Ottobeuren und der Wies, eine bescheidene, feine, kleine Mitte, als gäbe es eine solche in der Mathematik. Es gibt sie. Und der Pfarrer freut sich über alle Maßen über sein Kunststück: »Was für ein freud und Vergnügen ich an disem gottshaus habe, kann unmöglich exprimiren, so offt ich nur daran gedenke, lachet mir das Herz und meine ich den himel zu sehen, wie ich dann in vorhabenter predig diss neue gottshaus als einen neuen himel, den der hl. Johannes in apocalypsi gesehen, Vorstellen werde. Jedermann bezeigt das gröste wohlgefallen und heist es durchaus kein solche Kirch ist in ganzem Bayern.«

Chronisten sind immer begeistert von dem Gegenstand ihrer Chronik, das ist schon fast Chronistenpflicht, aber dermaßen begeistert wie später noch einmal, im zwanzigsten Jahrhundert, der

Anton Mayer-Pfannholz von Unering und der ganzen Umgebung ist kaum einmal einer; es hilft nichts, man muss ihn wörtlich zitieren:

»In der Moränenlandschaft östlich und nordöstlich des Ammersees, um den Pilsen-, Wörth- und Weßlingersee, um die Dollinger Höhe und um Seefeld – da ist es, als ob immer Frühling wäre –, auch im heißesten Sommer, wenn nur die Sonne scheint; wenn es nur licht ist. Wie das kommt, kann man wohl nicht sagen, aber es ist so. Es ist immer etwas Frühlingshaftes, Jungfrisches, Leuchtendes und Lachendes über diesen Wäldern und Wiesen. Es ist immer, als wäre das Grün heller und fröhlicher und die Wälder bunter und freundlicher und die Wogen der Hügel rascher und munterer als anderswo...« Einen Grund weiß Mayer-Pfannholz doch: »Es weht wie ein leises und erlösungssicheres Auferstehungslied über diese österliche Landschaft hin.« Und Pfannholz weiß noch einen Grund, denn zu dem spirituellen Zauber des Landes tritt das alte Herkommen hinzu: »Hier, im Huosiland, glänzt das Morgenrot bayerischer Geschichte: in seinem Schrein gewinnt auch das kleine Unering eine geschichtliche Form und Tiefe.« Im zehnten Jahrhundert schenkt es ein Priester namens Woalfdeo dem Kloster des hl. Benedikt in Beuren, mit dem es verbunden bleibt, bis die Toerrings es übernehmen, die denn auch die Kunst Einzug halten lassen.

Unering ist sozusagen die Hauptstadt von diesem Stück gesegnetem Landstrich, und die Kirche von Unering ist sein strahlendes Zentrum. »Hier auf dem Kirchhügel von Unering, von dem das Auge eine köstliche Wanderschaft halten kann über Wälder und Seen und den heiligen Berg Andechs hinweg bis an die dämmernde Kette der Alpen – hier mitten in einer echt bayerischen Landschaft, mitten in einem Naturfrühling, in diesen lebensfreudigen Boden hinein, hat das Rokoko, die Sphäre der Stadt und des Hofes verlassend, eine seiner frühesten ländlichen Schöpfungen hingestellt: ganz einfach und bescheiden, ganz verschlossen und knospenhaft – aber wir ahnen schon die kommende farbige und goldene Schönheit und leise weht auch schon jene köstliche, unbeschreibliche Klangmischung von Gottesdienst und Erdenjubel, die sich dereinst – wie in der Wieskirche des Dominikus Zimmermann – zu überwältigenden Symphonien ausweitet.«

Diese enthusiastische Beschreibung des Anton Mayer-Pfannholz hat übrigens den sehr passenden Titel »Wandern und Sehen«. Mayer-Pfannholz ist ein Wanderer und er schaut und sein Ton hat noch etwas von einem späten Nachklang der Goethezeit, in der man die einzelnen Dinge noch als Einheit zu betrachten versuchte.

Er schreibt: »Man mag sich diesem ländlichen Kleinod nahen, von welcher Seite man will: von Weßling her über Oberpfaffenhofen und Hochstadt – oder von der großen Eichenallee bei Delling abzweigend – oder von Oberalting her, wo es am nächsten ist – immer tritt es wie eine kleine Offenbarung vor das Auge, sei es, daß es plötzlich über die Wälder und Wiesen aufragt oder mit einem Male durch die Bäume sichtbar wird, jenseits einer kleinen Mulde herüberglänzend. Zutraulich schmiegen sich die paar Höfe an den Hügel, den die Kirche mit dem Friedhof krönt.«

Wer aber von Andechs herkommt, in diesen Tagen, muss aufpassen, weil er den Weg zwischen Biergarten und Wirtschaft kreuzt, worauf eine Zeit lang ein eigenes Warnschild aufmerksam gemacht hat: »Bedienungswechsel« – so richtig wie es sich gehört für ein Verkehrsschild: dreieckig und mit rotem Rand außen herum und in der Mitte eine Zeichnung vor dem, wovor gewarnt werden soll, in dem Fall eine Bedienung mit einem Maßkrug in der Hand. Allerdings war das genau das Problem, dass das Verkehrsschild genauso ausgeschaut hat wie ein Verkehrsschild, weil die Polizei gesagt hat, dass es gegen die Straßenverkehrsordnung verstößt.

Lang ist es nicht dort gestanden, »eine Zeit lang bloß«, sagt man in der Wirtschaft, »na ja, ein paar Wochen, sagen wir halt!«. Überall ist es in der Zeitung gestanden, »in Frankfurt und auf der ganzen Welt!«. Aber dann hat es eben weg müssen. In der Wirtschaft von Unering, sagt man in der Wirtschaft von Unering, wenn man eine großräumige Befragung durchgeführt hätte, wären hundert Prozent für das Schild gewesen, na sagen wir, neunundneunzig Prozent. In Geheimsprachen wird gemunkelt, wird in der Wirtschaft von Unering gemunkelt, dass es eine von Unering gewesen ist, die das Schild gemalt und in der Freinacht aufgestellt hat – dieselbe, die schon einen, also Neger sagt man ja nicht mehr, aber eben einen Neger an die Straße gestellt hat quasi als imaginäre Bus-Haltestelle mit der Aufschrift: »Hier kannst du warten, bis du schwarz wirst!«

So was hat Mayer-Pfannholz nicht gekannt, bei ihm wird es vom Ton her endgültig goethisch: »Ein edles Maß beherrscht das Ganze, Landschaft und Kunst.« Bei Goethe heißt es in einem Sonett: »Natur und Kunst, sie scheinen sich zu fliehen ...«, aber sie scheinen eben nur; Unering ist ein lebhaftes Beispiel für das Gegenteil dieses Anscheins. »Sparsam nüchtern erscheint das Äußere«, so fährt Mayer-Pfannholz fort, fast hätte man schon einen Hölderlin erwartet, dann hätte es geheißen: »Heilignüchtern« erscheint das Äußere …, »aber«, schreibt Mayer-Pfannholz, »es ist doch, als müßten wir hinter dieser freundlichen Sittsamkeit ein Mehr, eine Überraschung suchen; dieser feine, kleine, zentral gedachte Bau mit den abgeschrägten Ecken, die verschämt den Willen zum ovalen Raum andeuten, wenn der Chorbau mit einbezogen wird, mit den wenigen nicht sehr üppig geschweiften Fenstern, hütet ein Geheimnis für die Zukunft.« Das Geheimnis besteht in einer Einheit »von gütiger Nähe und mystischer Ferne«, »vom Magischen und vom Malerischen«.

»So wächst der Raum auf uns ein und schließt sich um uns und wird ein Gedanke, der uns lockend und beglückend umkreist« – und immer gibt es auch ein wenig zu lachen oder wenigstens zu lächeln, etwa wenn etwas unvermutet ein Fuß aus einer Wolke sticht, anatomisch schwer anbindbar an eine etwas entferntere Engelsfigur; vielleicht steckt der Fuß lieber selber in der Wolke. Eine Figur wendet sich ab, weist aber mit dem Finger zurück in Richtung auf einen Heiligen, der ausschaut wie Sokrates. Palmen fächeln sich in den bayerischen Himmel – a bissl was geht immer im Barock, das ist genau der Spielraum, den sich die Katholischen in der Gegenreformation zurückerkämpft haben gegen die Lutherischen, die es immer so ganz genau nehmen wollen mit dem Wort.

Sie haben keine Heiligen und keine Engerl, deren Mund immer leicht geöffnet ist, immer bissl erregt, immer geht etwas durch sie hindurch, vom Göttlichen in das Irdische und wieder zurück von der Erde in den Himmel. Einen Schlüssel muss man sich freilich besorgen, er heiße Pfannholz, eigene Wahrnehmung oder tatsächlich Schlüssel, damit man hineinkann in die Kirche von Unering.

Ein Ort namens »Unering« müsste eigentlich einen anderen Ort namens »Ering« zum Pendant haben, und in diesem »Ering« müsste alles der Fall sein, was in »Unering« nicht der Fall ist. Aber es gibt kein »Ering«, es gibt nur ein »Unering«. Unering ist zum Beispiel von Gauting schon so weit weg, dass man in Unering sagt: »Gauting is irgendwie – da kennt man sich ned aus!«

Der Seppi ist Wirt, natürlich ist der Seppi Wirt, das ist auf den ersten Blick klar. Der Wirt ist ein ganz ein Starker, das sieht man gleich. Er hat Gewichte gehebt, sagt er, und Eishockey gespielt. Beim Seppi, wennst dir ein Schnitzel bestellst und dann kommt das Schnitzel, dann sind das Schnitzel zwei Schnitzel. Offensichtlich ist Seppi der Meinung, aus allen anderen Menschen auch Seppis machen zu wollen, wenn nicht zu müssen.

Nur wenn der Nobelpreisträger für Physik vorbeigekommen ist, zum Seppi in die Wirtschaft, dann hat der Seppi aufgehört zu trinken. Weil der Nobelpreisträger für Physik zum Seppi gesagt hat, dass, wenn er so weitertrinkt, der Seppi nimmer lang lebt. Jetzt lebt aber der Seppi immer noch und trinkt. Weil er jedoch dem hochnoblen Herrn Nobelpreisträger seine These nicht versauen hat mögen, hat er in dessen Anwesenheit nichts getrunken, nie nichts irgendwas, so nobel ist der Seppi. Dabei weiß der Nobelpreisträger ja selber nicht, ob das Universum ins Unendliche sich ausdehnt oder nicht oder schrumpft. Weiß Gott, was da nicht ist.

Aber wer auch immer, Adel oder Bauer, Bayer oder Nobler, Preisträger oder bloß Breiss: Jedem schaut der Seppi, wenn er die Teller abräumen kommt, die nur ein Seppi wirklich leeren kann, tief mit seinen unsagbar traurigen Augen an und fragt: »War's recht so?« Nur den Nobelpreisträger für Physik kann er nicht mehr fragen, »weil der Herr Nobelpreisträger«, wie der Seppi mit tieftrauriger Stimme erzählt, »der ist leider verstorben.«

Aber da ist der Herr Nobelpreisträger nicht der Einzige: Ein Trupp Männerleut, der in die Wirtschaft einfällt, aber bei dem einer fehlt, wird auch gleich vom Wirt gefragt: »Wo habts denn euern Musiker?« »Der is aa scho wieda dod!«, lautet die Antwort, was vom Wirt nicht goutiert werden kann: »Der Hamme, der varreggde!«, schimpft er, zu Recht. Jeden Tag hat er einen Vollrausch gehabt, ein geregeltes Leben halt. Der Wirt weiß, wovon er redet, er war Schankkellner im Augustiner, auf der Wiesn: dreizehn Mass war das Mindeste. Da ist man immer gut wegkommen! Aber wehe es kommt einer daher und will sich nachschenken lassen, noch in der Erinnerung hat es der Wirt dick, wenn da einer was sagt. In seiner eigenen Wirtschaft ist das natürlich etwas anderes. Aber nur kein Zwang, sagt er, Zwang ist etwas ganz Schlimmes, Zwang und Druck. Aber das kennt er überhaupt nicht. Druck ist zum Beispiel, wenn du einer Goaß in Arsch neinblast, bis ihr vorn d' Hörndl hinauswachsen, des is Druck – dabei ist das die Normalität, sagt der Wirt.

Hochstadt
Ein Hoch auf Hochstadt

In der großen weiten Welt unserer kleinen Dörfer ist Hochstadt eine Art von Zentralgemeinde. Woran das liegt, ist schwer zu sagen. Natürlich, die Geschichte von Hochstadt ist gewaltig. Auf der Tafel zum Kriegerdenkmal stand eine halbe Ewigkeit zu lesen: »Zum Gedenken der gefallenen Helden von den beiden Weltkriegen der Gemeinde«. Das konnte natürlich nicht gutgehen: Hochstadt gegen den Rest der Welt, und das gleich in zwei Weltkriegen! Aber dann wurde diese Tafel entfernt, schade, ewig schade; so manövriert man sich aus der Weltgeschichte. Und ersetzt durch eine andere Tafel, die das Problem mit dem falschen Genetiv und dem damit entstandenen Eindruck seither umgeht. Und jetzt steht auf der Tafel des Kriegerdenkmals, was auf jedem Kriegerdenkmal dieser Welt steht, also kann man es auch dort nachlesen. So gerne hätte der Chronist unseres kleinen Dorfes den Verbleib der ursprünglichen Tafel mit der weltgeschichtlichen Dimension aufgespürt, und, er gibt es zu: vielleicht bei sich im Garten aufgestellt – und er hat als Chronist ja auch nur alle denkbaren Verbindungen dazu, zum Beispiel über den Zahnarzt. Ein Zahnarzt kennt natürlich viele Menschen, mindestens der Hälfte in einer Gemeinde fühlt er auf den Zahn, darunter den für das Kriegerdenkmal letztlich Zuständigen. Der Vorsitzende, praktisch der Vorsitzende der Veteranen, wie sein Titel anderswo lauten würden, also der Zuständige wiederum weiß den Steinmetz, der die weltgeschichtliche Dimension Hochstadts auftragsgemäß tilgen sollte, aber der Steinmetz wiederum weiß zunächst nicht, wo die Tafel geblieben sein könnte, ja, er entsinnt sich nicht einmal des Auftrags, den seine Firma aus Hochstadt bekommen hätte. Aber auch ein Steinmetz hat heutzutage einen so genannten Computer und auch ein Steinmetz, der sich zunächst an nichts erinnern kann, kann heutzutage in seinen Computer einen so genannten Suchbegriff eingeben, zum Beispiel »Hochstadt«. Und er wird fündig unter »Hochstadt«, ja, das Kriegerdenkmal hat eine neue Tafel bekommen, mit einer neuen Inschrift. Und wo die alte ist? Weiß er nicht. Vielleicht auf dem Bauhof. Vielleicht ist sie auch irgendwo eingemauert worden, das ist so Brauch seit allen Zeiten, seit Menschen in der Meinung, das Alte nicht mehr brauchen zu können, etwas Neues bauen. Vielleicht auf seinem eigenen Lager, aber nein, das müsste er eigentlich wissen, aber der Chronist kann gern selber schauen. Der Chronist schaut selber und findet nichts. In der Zwischenzeit hat der Steinmetz in seinem so genannten Computer gefunden, dass die neue Tafel einfach auf die alte draufgesetzt worden ist. Das ist billiger. Und wie teuer es ist, die alte Tafel unter der neuen wieder herauszubekommen? Undiskutabel. Manches ist tatsächlich undiskutabel in Hochstadt, aber nur sehr weniges. Zum Beispiel, wenn ein Bauer aus Hochstadt zum Ackern losfährt und neben sich, in dem Umgriff auf dem gewaltigen Kotflügel des gewaltigen Hinterrades seines Bulldogs mit einem Expander einen Kasten Bier festzurrt und so lange ackert, bis der Kasten Bier leer ist, dann ist das natürlich schon undiskutabel. Die Furchen am Schluss, die sehen durchaus nicht mehr aus wie im Lesebuch; in Kunstkreisen nennt man dergleichen »land art« und erblickt Spiralen darin, möglicherweise mit spirituellem Inhalt, aber das müsste erst noch gesichert werden. In Hochstadt gehen Gegenstand und Bedeutung, Traum und Leben, Alltag und Kunst eine ganz eigene Mischung ein. Geht man zum Schmied und will etwas zum Schweißen bringen, ist man im dritten Satz bei Nestroy, und wie bei ihm auf dem Theater gleich immer noch einmal ein Theater im Theater entsteht, ein Spiel im Spiel – und Leben verwandelt sich in Theater. Und wenn man dann beim Schmied zahlen will und fragt, was es kost, sagt er erst nichts. Und dann, nach einer Zeit lang sagt er: »Nichts!« Aber das geht nicht, sagt man, und dann sagt der Schmied, wieder nach einer Zeit lang: Also gut. Man soll halt in Hochstadt einmal etwas vorlesen, ein Theaterstück oder Geschichten. Sie spielen selber Theater in Hochstadt und sie haben einen Chor und eine eigene Blaskapelle, aber eine, die sich hören lassen kann, und nicht so eine, von der man wünscht, es gäbe einen Feueralarm, und die Musiker müssten unverzüglich ihre so genannten Instrumente weglegen und mit der Feuerwehr ausrücken – also sagen wir, wenigstens ein Fehlalarm. Der Impresario des Theaters ist der Zimmermeister, und wenn man zu ihm kommt und sagt, dass man eine Tür braucht, ist man natürlich auch gleich beim Theater. Zum Beispiel die Bedeutung der Tür in einem Stück von Schiller: ein einziges Kommen und Gehen ist das, Tür links, Tür rechts, auf dem Weg von der linken Tür zur rechten Brief verloren, den einer findet, der von der rechten Tür zur linken strebt – solchermaßen deckt er die Intrige auf, also Tür rechts, Tür links und so weiter. Und wenn man dann beim Zimmermeister zahlen will und fragt, was es kost, sagt er erst nichts. Und dann, nach einer Zeit lang sagt er: »Nichts!« Aber das geht nicht, sagt man, und dann sagt der Zimmermeister, wieder nach einer Zeit lang: Also gut. Man soll halt in Hochstadt einmal etwas vorlesen, ein Theaterstück oder Geschichten. Weil man aber wegen der Tür Schwierigkeiten bekommt mit dem Bürokraten Stinkstiefel, weil diese Tür nun auf einmal aus Holz ist und nicht aus Stahl, was man nicht vorher eingereicht hat zur Genehmigung, muss ein Bauplan her, sagt Bürokrat Stinkstiefel. Und zwar nicht nur für die Tür, nein für das ganze Haus. Für einen Bauplan aber braucht man einen Architekten oder eine Architektin. Auch eine Architektin gibt es in Hochstadt und sie zeichnet den Bauplan, und wenn man dann den Bauplan abholt und bei der Architektin zahlen will und fragt, was es kost, sagt sie: »So, wie wir es ausgemacht haben.« Und was war ausgemacht? »Nichts!« Aber das geht nicht, sagt man, und dann sagt die Architektin: Also gut. Man soll halt in Hochstadt einmal etwas vorlesen, ein Theaterstück, vielleicht mit dem Titel »Die Tür«.

Zum Kulturpessimismus hat vielleicht Anlass, wer Stücke, in denen es im Wesentlichen um das Gerede von Passagieren geht, die schon auf dem Flughafen ihren Anschluss verpassen, für einen Spiegel unserer Gesellschaft hält. Wer aber die Claims des bürgerlichen Großfeuilletons verlässt, wird erstaunliche Entdeckungen machen. Jenseits auch der Rasenmäher-Armada kultureller Sparmaßnahmen blüht eine Kultur fort, die gelegentlich mit dem Begriff »Volkskultur« ebenso missverständlich wie treffend gekennzeichnet wird.

Hochstadt ist so ein Ort, in dem Kultur nichts Abgehobenes, sondern etwas ganz Selbstverständliches ist. »Hochstadt« klingt nach Manhattan, ist aber nur ein Dorf ohne S-Bahnschluss. Von seiner Anhöhe erblickt man über die Wälder hinweg den geschindelten Zwiebelturm von Weßling im Landkreis Starnberg. Seit den Fünfziger Jahren wird hier Theater gespielt, in zweijährigem Wechsel mit Veranstaltungen, die »Dorfabend« genannt werden, an dem alle Chöre, die Volksmusik, der Viergsang und so weiter zu Gehör kommen.

Gespielt werden Nestroy, Felix Mitterer, Fitzgerald Kusz und Ludwig Thomas 1912 geschriebene »Magdalena«. Sepp Bernlochner, seit 1992 Spielleiter und im bürgerlichen Beruf Inhaber einer Zimmerei, gelingt es, die oft stakkatohaften Dialogpassagen Ludwig Thomas wie Nut und Feder aneinander zu fügen, so dass es passt: das Stück und seine Aufführung. Da werden keine Sätze mit rudernden Armbewegungen auf die Bühne geschaufelt, wie es gelegentlich bei Laienschauspielern der Fall ist. Da wird kein Theater gespielt, wo von der ersten Sekunde an nicht verstehbares Geschrei mangelnde Dramatik ersetzen muss, in Tateinheit mit Stühlen, die ständig umgeschmissen werden.

Pausen werden ausgehalten, Ruhe entsteht. Das Beklemmende des Geschehens – die brutale Ausgrenzung der Bauerntochter Magdalena durch das Dorf wegen ihres städtischen, also aus Sicht der Bauern, unmoralischen Intermezzos – überträgt sich als innere Spannung auf das Publikum. »Es hat sich keiner mehr zu schnaufen getraut«, stellt erfreut Sepp Bernlochner fest, der den Vater der Lena, den Gütler Thomas Mayr, genannt Paulimann, darstellt. Keiner der Spieler muss etwas machen, was er nicht kann – weder mehr, als er sich selber abverlangt, noch von der Regie eingefordert wird. In sechsundzwanzig Proben wird daran gearbeitet, dass »aus jedem Satz Theater wird«, so Bernlochners und seines Mitregisseurs Peter Geskes Maxime, »sonst bleibt es halt eine Rederei«.

Zusätzlich wird man musikalisch in jede Szene hineingeführt und auch wieder hinausbegleitet, allerdings ganz und gar nicht gefällig, sondern teils so dissonant und atonal, dass schon manches »Öha!« in den Gesichtern der Zuschauer zu spüren ist. Bruno Venturi, ein Musiklehrer aus dem Umfeld vom Eibl Sepp, komponiert zu jeder Aufführung eine eigene Musik – auch das gehört zu den Besonderheiten des Theaters in Hochstadt.

Das Stück hat nicht nur eine bestürzende Aktualität (von »mobbing« würde man heute sprechen), sie fördert auch die Schönheit und Klarheit von Thomas Umgang mit der bayerischen Sprache zutage. »A richtig's Leut« ist die verstorbene Bäurin, Lenis Mutter, nach Ansicht des Bürgermeisters gewesen, aber Paulimann traut ihm nicht. Ob er ihn deswegen aufsucht, damit er ihm seine »Derbarmnis« in die Stube bringt, seine »Kümmernis«? Bedauernd muss der Bürgermeister darüber feststellen: »Es is ned guat red'n über de Sach.«

Manch lange nicht mehr gehörter Ausdruck kommt zur Sprache. Der Genetiv nach »gegen« zum Beispiel, also »gegen deiner« und dass die »Arbad« (bei der ein hart artikuliertes, fast allgäuisches »r« direkt zu spüren ist), also dass die »Arbad« nicht nur »vui« gewesen ist, sondern auch »letz« (nicht schön, zuwider). Oder das feine Wort vom »inne werden«: »wann's das inne werst«, sagt die Leni zum Lenz, dem Knecht; allerdings wird es dem Knecht nicht inne. Jedem ist es nicht gegeben, aber in Hochstadt weiß man noch so zu reden. Der Dialekt des Oberlandes: Hier lebt er. Hier wird in kleinerem Maßstab weitergegeben, was etwa auch zwischen den Passionen in Oberammergau gepflegt wird: das Erbe unserer Kultur. Wer gerne Volkstheater mit Provinz verwechselt, ist selber schuld.

Wie aber kommt ein Engländer nach Hochstadt? Ganz einfach: Als Sohn eines Werbegraphikers 1925 in Grimsby geboren, in London aufgewachsen. Studium der darstellenden Kunst, im Krieg bei der Royal Air Force, entdeckt seine Neigung zu Technik und Luftfahrt, 1972 wechselt er Arbeitgeber und Land, um im DLR in Oberpfaffenhofen an Raumfahrtprojekten mitzuarbeiten. Und wo lebt einer, der in den Weltraum hinausmöchte: in einem Ort, der selber schon hoch hinaus will, in Hochstadt natürlich. George E. Todd heißt der Mann.

In Hochstadt entdeckt er seine alte Liebe wieder, die Fotografie: Blumen, Landschaften – und eben die Menschen – und auf einmal wird so ein Mensch zu einem Aufbewahrer. Zu einem Aufbewahrer von Berufen, die anderswo schon am Verschwinden sind, in Hochstadt aber noch zu sehen sind oder zumindest waren: den Kramerladen zum Beispiel, dessen Schließung für Todd der Anlass war, seine Sammlung anzulegen. Auch beim Läuten der Kirchenglocken durch den Mesner kam er gerade noch mit seiner Kamera zur rechten Zeit, im letzten Moment. Einen Monat später hätte er ein elektronisches Läutwerk fotografieren können – anstelle von »Sepp, the Bellringer«, Glöckner von Hochstadt. Aber so hat er noch alle beisammen, die wir zu unseren Lebzeiten auch noch selbst erleben hätten können, wenn wir auch unser Leben in Hochstadt verbracht hätten: die Bauern beim Odeln, die Bäuerinnen in ihrem Stallgewand, die Burschen beim Maibaumaufstellen, den Franz Holzer, Lehrer, den Besamungstechniker Max Pfeffer mit seinem Rucksackstab, Georg Reich im Dienst bei der Feuerwehr, den Austragbauern, die Kreitmeiers, den Milchfahrer und seine »Reparatur am Milianhänger«, den »Männergesangverein d' Riedberger« – und auch den letzten eigenständigen Pfarrer und den letzten eigenständigen Bürgermeister, ehe auch hier, im Kleinen, die Zentralisierung zugeschlagen hat und das jeweils Eigene nivelliert. Bei Todd, Mitglied der Königlichen Photographischen Gesellschaft im Vereinigten Königreich, sitzen sie noch, die »Alten Freunde«: zwei alte Männer und eine alte Frau auf einer Bierbank, und auf dem Grabstein von »Max Keller, Bayern« thront ein Löwe – und der, sagt George Todd, und deutet auf ein Foto: »Der ist Steinmetzer! Wo der Gras ist!« »From sehen to showing«, geht der Vorgang, sagt der Meister – und: »On the street, where I live, man sieht viel craft!«

Weßling
Oder: Eine offene Welt

Selbst Einheimischen bleibt der Kreuzberg von Weßling häufig verborgen – von Bäumen umsäumt, erhebt er sich am Weßlinger See unweit des alten Pfarrstadels.

Abt Odilo Lechner verbrachte die Ferien in seiner Kindheit und Jugend im elterlichen Wochenendhaus in Oberpfaffenhofen/Weßling. Sein Weg zur Kirche führte ihn stets über den Kreuzberg. Oft saß er auf dem Hügel und ließ seine Blicke in das »Tal der Träume« schweifen. Himmel und Erde kommen einander auf solche Weise näher. Er vertraut auf die Kraft des Gebetes: »Das Gebet ist für mich die Kraft, die mir geholfen hat, mein Leben als eine Einheit zu erfahren. Denn es gab immer einen, dem ich in jeder Lebenslage alles sagen konnte. Gott, der immer derselbe bleibt. Gott hat mich gesehen, wie ich vor sieben Jahrzehnten – und Gott sieht mich an wie ich heute bin. Indem ich weiß, dass Gott mich liebt und ernst nimmt, bejaht, finde ich auch meine Identität. Das alles spüre ich, wenn ich bete. Und ich habe das Gefühl, dass Gottes Auge mein Leben begleitet. So lief ich öfters auf dem Weg zur Weßlinger Kirche auf einen Hügel mit einem Kreuz, um ganz allein mit Gott zu sein.«

Von einer »offenen Welt« spricht Abt Odilo, und was für die große weite Welt gilt, das gilt auch für die kleine eines Landkreises: »Wir sind von vielen Wesen umgeben. Vieles Wunderbare ist unsichtbar, vieles Wunderbare auch im Sichtbaren verborgen. Wir können darauf vertrauen. Was immer wir sind, was immer wir tun, wir sind und handeln nie allein. Alles hat Wirkung auf andere, auf anderes.«

Auch Weßling ist so ein Ort, durch den manche nur durchbrausen, weil sie ihm nicht gleich ansehen, dass hier nicht nur Bäume in den Himmel wachsen, sondern auch Baumhäuser. Am Kreuzberg ist das so, Manhattan zur Natur zurückgekehrt, an spiritueller Stätte. Knallrot leuchtet unter dem Holler ein Porsche heraus, ein Porsche-Bulldog. Stolzer Besitzer ist der Schauspieler Peter Weiß, der nicht nur den Schriftstellern des Landkreises oft seine Stimme verleiht, sondern zugleich Waldarbeiter ist – und Pilot auch. Zur Zeit der Hollerblüte darf er aber den Motor seines Porsche nicht anlassen, damit die Hollerküchel ohne Ruß herausgebacken werden können, auf dem Herd unter dem freien Himmel.

Brigitte und Peter Weiß und andere Mitglieder des Vereins »Unser Dorf« bringen Weßling wieder zu Weßling zurück. Nacheinander werden der Pfarrstadel, ein Pumphäusl und eine Arrestzelle vor dem Verfall gerettet, schließlich auch das alte Pfarrhaus selbst, im Volksmund zum Castel Gandolfo des Fünfseenlandes erhoben, weil der Bischof von Augsburg dort seine Sommerresidenz hat. Ist irgendwo Not am Mann, fehlen für eine Veranstaltung Tische und Bänke, bedarf es über dem offenen Feuer eines gewaltigen Kessels zur Verköstigung von Besuchern, braucht man ein, zwei oder mehrere Bulldogs, ein abgeschiedenes Gartenhäuschen für einen lärm-genervten Schriftsteller: Die Weßlinger sind da. Kultur ist bei ihnen zugleich etwas Soziales.

Dafür muss man Zeit haben: Zeit, dass so etwas wachsen kann, aber auch Zeit, um es zu bemerken, sonst kommt man leicht zu trüben Bemerkungen in der Art von Viktor Mann, Bruder von Thomas und Heinrich Mann: »Dies Weßling ist ein Dorf in sehr alltäglicher Landschaft fünfundzwanzig Kilometer südwestlich von München an Bahn und Straße zum Ammersee. Der gut dörfliche Charakter ist dem Ort weitgehend durch halbstädtische Bauten genommen, was durch ein paar hübsche, außerhalb liegende Villen nicht gut gemacht wird. In der Nähe ist ein kleiner, ziemlich trauriger Moorsee. In der Hauptstraße lärmt der Durchgangsverkehr.« Viktor Mann hatte diese Zeit nicht. Er besucht seine Mutter, die ein sehr sicheres Gespür dafür hatte, wo man hinmuss, in schlechten Zeiten, um überleben zu können. Mehrfach wurde sie da im Oberland Bayerns fündig, unter anderem auch in Weßling. Im Inflationsjahr 1923 kam sie hierher, fand Logis in der »Post«. Aber im Gasthof zur Post stirbt sie auch, wer hätte das gedacht? In Weßling stirbt die Mutter der Gebrüder Mann, am 11.3.1923 stirbt sie im Gasthof zur Post, ihre Kinder versammeln sich dort. Der Enkel der Wirtin erinnert sich noch an die Erzählungen seiner Großmutter. Ein Nachthemd spielt darin eine gewisse Rolle, in dem Frau Mann der Wirtin von der Post nachgeschwommen ist, und in deren Nachthemd ist sie auch beerdigt worden, dabei wollte die Großmutter schon beleidigt sein, weil Frau Mann auf einmal ausgeblieben war. Den Verdacht wurde sie nicht los, dass sie zur Konkurrenz zum Essen ging, dabei lag sie krank im Bett.

Von Spaziergängern in Weßling gern belächelt, wird ein Straßenschild mit der Aufschrift »Alzheimer-Gaßl«. Tatsächlich scheint es sich in einer Art von Niemandsland zu verlieren, doch ebenso tatsächlich führt es zur Villa des bekannten Mediziners namens Alzheimer, der nicht wollte, dass diese fürchterliche, von ihm entdeckte Krankheit, mit seinem Namen in Verbindung gebracht würde, doch nun kennt alle Welt »Alzheimer« – insofern müsste auch alle Welt Weßling kennen, aber das kann noch kommen, auch wenn sie recht vergesslich ist, die Welt.

Wer kennt zum Beispiel schon noch einen Gustav Regler? Einem Sohn der jahrzehntelang im Weßlinger Pfarrhaus ansässigen Gelehrten-Familie Smolka ist er Pate – gleichzeitig lässt sich ein bewegteres Leben kaum vorstellen: Moskau, Paris, Madrid, Mexiko sind nur einige Stationen des 1898 im Saarland geborenen Regler, in Neu Dehli stirbt er 1963. Mit Marielouise Vogeler, Tochter des Malers Heinrich Vogeler, war er verheiratet. Die Münchner Räterepublik hat er miterlebt und wäre dabei beinahe ums Leben gekommen, er beschreibt es in seiner Autobiographie »Das Ohr des Malchus«: »Ich wurde in der Königinstraße verhaftet, es war entwürdigend, weil es dumm war; die Soldaten bestanden nicht einmal auf einer Leibesvisitation; ich hatte lange Haare – das genügte als Indiz. Aus dem nahen Garten hörte man die Schüsse der Hinrichtungen. Ich stolperte, von Gewehrkolben gestoßen, bis zur nächsten Ecke, wo ich zu meinem Erstaunen einen ganzen Haufen Gefangener antraf.« Wie durch ein Wunder kann Regler entkommen. Ein Wagen schleudert auf den Bürgersteig, erfasst die Wachen, ein letzter Soldat wirft erschrocken sein Gewehr weg. Regler »setzte über die kleine Mauer, die mich vom Englischen Garten trennte, und stand vor einem schmalen, aber wasserreichen Bach. Ich watete hindurch und klomm das mossbewachsene Ufer hinauf. Verblüfft blieb ich oben sehen. Der Frühling, o mein Gott, das war der Frühling! Grüne Wiesen weit und breit. Schlüsselblumen, Vergißmeinnicht, Flaum von Blättern an den Bäumen. Stille, auf leichtem Wind treibend.« Freilich tritt ihm ein Mann in den Weg mit der freundlichen Mitteilung: »Hier werden Sie erschossen!« Regler schaut an dem Mann vorbei, »hinauf zu dem kleinen Tempel griechischen Stils«, dort werden Männer aufgestellt, »es ging sehr rasch. Eine Salve bellte, man sah Pulverdampf, man sah die Schützen nicht, aber die aufgestellten Männer fielen vor den griechischen Säulen nieder wie die Zinnsoldaten. Die Detonationen waren kurz wie die von Auspuffgasen eines Autos. Siebenmal puffte es.« Auch Strasser, ein Freund Reglers, wird vorbeigeführt – er sucht ihn kurze Zeit später auf dem Friedhof unter den Toten, doch hat Strasser kein Gesicht mehr. »Ich starrte hilflos auf den Stumpen, der aus dem Ärmel herausrutschte, und fühlte mich taub, als wäre ich ein Tier, das zuviel geschlagen worden war. Das war Teufelswerk! Ich fand, daß man zuviel von mir verlangte.« Der Totengräber kommentiert die grausige Szenerie so: »Es sind Rote und Weiße; wir haben alles zusammengeworfen; bleibt sich ja auch gleich.« Regler verlässt die Stadt.

Auch im spanischen Bürgerkrieg hat er mitgekämpft – doch tritt er aus der KPD aus, seit Stalin seine Schergen auch dort hinschickt. Sein Weg wird von Günter Scholdt als »idealtypische Karriere« bezeichnet, »in der nahezu alle kollektivmächtigen Ideen und Haltungen des Jahrhunderts zusammenfanden: Katholizismus und Jugendbewegung, wilhelminischer Patriotismus und Desillusion im Weltkrieg, großbürgerliche Sekurität und kommunistisches Engagement, Kampf für das republikanische Spanien und Exil in Mexiko, totaler Ideologieverdacht und stattdessen ästhetische und exotisch-feministische Alternativen, Faszination durch archaischen Mythos und esoterische Spekulation ...« Das Grab seines Sohnes findet sich auf dem alten Friedhof von Weßling.

Wer also nun schon einmal literaturhalber in Weßling ist, darf auf keinen Fall das Antiquariat der Vera Appel versäumen. An der grauschwarzen Außenfassade des an einen Bauernhof erinnernden Gebäudes steht, dass dieses Haus so lange nicht mehr geweißelt wird, bis eine Umgehungsstraße gebaut wird. Aber innen ist das reinste Paradies, eines des Geistes. Frau Appel sagt von der Literatur, dass sie der lehrreichste Abschnitt ihres Lebens ist und dass Literatur die allerbeste Schule ist und dass einem beim Lesen der Zusammenhang der unterschiedlichsten Dinge und Lebensbereiche erst so richtig deutlich wird. Sie sieht ihre Aufgabe darin, Bücher vor dem Verfall zu retten und deshalb freut sie sich über glückliche Menschen in ihrem Laden. Hat irgendjemand schon jemals unglückliche dort gesehen? Ja, vielleicht, wenn man hinfährt und nicht die Öffnungszeiten im Kopf hat – aber wenn man viel Glück hat, bekommt man vorher einen Anruf: dass Frau Appel jetzt nach Rom fährt und das Antiquariat logischerweise für eine Zeit lang geschlossen hat.

Oberpfaffenhofen
In der Musik kann man nicht lügen

Wenn man nach Oberpfaffenhofen hereinkommt, merkt man gleich, dass hier die Kirche im Dorf geblieben ist, kaum zu übersehen, weil überhöht. Auch gibt es noch eine Wirtschaft, in der es heißt: »Setz dich halt her!« – selbst wenn man ein Fremder ist. Und Läden, wo man etwas einkaufen kann, eine Bäckerei zum Beispiel, und an der Bäckerei hängt ein Zigarettenautomat und auf dem Zigarettenautomaten klebt ein Plakat, auf dem steht: »Gott ist da.« Gott ist da und Marlboro auch und Camel und HB, alles da, in Oberpfaffenhofen. Und in der Wirtschaft, wenn man sich hingesetzt hat, wird man gefragt: »Willst zu dem Gitarrspieler?« Der Gitarrspieler ist Bonzo.

Das kleine geduckte Haus, in dem Bonzo wohnt, lässt, obgleich es einmal abgebrannt ist, noch die bäuerliche Herkunft erkennen. Bonzo ist den meisten bekannt als der Gitarrist vom Tiger-Willi, aber Bonzo ist selber einer und was für einer, ein Gitarrist von Gottes Gnaden, wahrscheinlich einer der besten in der ganzen Republik. Aber einer, der sich das nicht heraushängen lässt, ganz im Gegenteil, er nimmt zurück: sich und seine Gitarre und sein Spiel, absoluter Minimalismus, aber sein Blues, der geht unter die Haut. Bonzo ist praktisch der Blues selbst.

Die halbe Nacht fährt Bonzo Taxi, aber er sagt selber, dass es eine Legende ist, sein bester Stich wäre einmal gewesen, eine Pfister Sonne von Gauting nach Zürich zu kutschieren, nur diesen Laib Brot und sonst nichts und niemand. Für irgendeine Herrschaft, die in der Schweiz unter Entzug von Pfisterbrot leidet und gleichzeitig zu viel Geld hat, aber wie gesagt, selbst wenn die Geschichte wahr ist und nicht bloß gut erfunden: der Bonzo war's nicht. Ab einem gewissen Alter, sagt Bonzo, neigt der Mensch dazu, Legenden auf sich zu versammeln; er ist allerdings selber eine Legende, wenngleich eine stille – außer er greift zu seiner Gitarre.

»Ich wollte nie das Kind von Heimatvertriebenen sein«, sagt Bonzo, denn seine Vorfahren stammen aus Gablonz und Reichenberg in Nordböhmen; ein Allgäuer wollte er sein, denn wie viele ehedem böhmischen Gablonzer waren er und seine Familie nun Allgäuer Neugablonzer, aber er ist auch kein Allgäuer geworden. »Jetzt, im Nachhinein bin ich gar nix«, resümiert Bonzo – »Weltbürger halt«, legt er nach und legt zwei Briketts in dem Herd nach: »Ich bin legendär für meine kalte Küche.«

Lange Jahre hat er in dem alten Haus ein Stück weiter unten im Ort gelebt, mit einem Haufen Leute zusammen, ganz unterschiedliche Typen. Will McBride zum Beispiel, seinerzeit einer der führenden Fotografen der Republik, mit dem die Kultzeitschrift »twen« ganze Serien und Titelbilder gemacht hat, aufgenommen durch die weichspülende Linse von Nylonstrümpfen, Mädchen auf der verwischten Grenze zwischen Kind und Frau, Körper und Natur,

Unschuld und Erotik, verloren in den Träumen der Fotografen, die sie da für »twen« hindrapierten. Elfenhafte Wesen, die nach dem Biss in den Apfel eine Hintertür in das Paradies entdeckt haben. Im Hintergrund bröckeln Steine aus verfallenden Landhäusern in einem imaginären Großraum zwischen Provence und Toskana, die der Leser gerne mit den abgebildeten Mädchen zusammen wieder aufbauen und ihnen dort beiwohnen würde.

»Unglaublich«, erinnert sich Bonzo, wie bei ihm »ein nackter Arsch Oberflächenstruktur bekommt«. So war das damals, in den Jahren 68 und folgende. Allerdings geht das Gedächtnis über die Dinge verloren, wenn die Dinge verloren gehen, zum Beispiel wenn das Haus abbrennt. Dem Bonzo ist das Haus abgebrannt, alle Instrumente, alle Aufnahmen, eigene wie dokumentarische, alle Noten, das komplette Archiv vernichtet. Wie er nach Hause kommt, fliegt gerade ein Tonband um sechstausend Mark aus dem Fenster. »Keine Glutnester«, sagt die Feuerwehr. Im Grunde ist seine Existenz als Musiker vernichtet, aber er hat Schüler. Und die Schüler decken das Dach, als Erstes. Und die Schüler helfen beim Renovieren. »Du kannst die Musik nicht isolieren vom Menschen«, sagt ihr Lehrer, also kannst du als Schüler zum Bonzo mit allem kommen, was dich als Mensch beschäftigt. »Gute Musik können nur gute Menschen machen«, sagt Bonzo, denn: »In der Musik kann man nicht lügen, weil man das hört, sofort.«

Gilching
Wollust ward dem Wurm gegeben

Cecina ist die italienische Partnerstadt von Gilching. Wer Cecina kennt, glaubt nicht, dass die Partnerstadt von Cecina Gilching ist. Gilching ist so ungefähr das Gegenteil von Cecina überhaupt, und doch gibt es in Cecina eine Via Gilching und in Gilching eine Römerstraße, die mitten durch Gilching hindurchführt. Jeder liebt den Ort, an dem er lebt, auch ein Gilchinger liebt Gilching. Er sagt »Guiching« zu Gilching, was gleich ganz anders klingt.

Doch reicht Gilching auch noch über Cecina hinaus. Bis ins sagenumwobene Partherreich greifen Gilchings Bezüge aus. Auf dem Römerstein von Gilching sind nicht nur äußerst prominente römische Kaiser verzeichnet wie Septimius Severus oder vor allem auch der Philosoph auf dem Kaiserthron, Marc Aurel, da ist auch von dem sonst weniger bekannten Pertinax Augustus die Rede, der für die sieggewohnten Römer den sonst unbesiegbaren Parthern zumindest einen Teilerfolg abluchste.

Und da stehen sie also wieder eingeschrieben, die Parther, bis zum heutigen Tag, so leben sie fort, die einst als so genanntes Reitervolk eine Region vom Euphrat bis zum Indus die ihre nannten – vom Euphrat bis zum Indus, und das in Gilching, wo man nicht denkt, dass sich nördlich der Autobahn nach Lindau überhaupt noch mehrheitlich Autos mit dem amtlichen Kennzeichen, das mit STA beginnt, auf den Straßen tummeln – noch nicht niedergemacht von den tiefer Gelegten aus dem nördlich angrenzenden Landkreis, deren durchschnittliche Geschwindigkeit nach jedem Ortsschild unverzüglich auf hundert Kilometer in der Stunde schnellt, die Parther im Freistaat Bayern.

Der dicke, fette Crassus, der also auch so heißt, wie er ausschaut, so dass die Jugendlichen nicht zu Unrecht die neue Formel von »fett krass« geprägt haben, Teil drei des Triumvirats zwischen Caesar und Pompejus, scheiterte 53 vor Christus trotz Hinzuziehung der Reiterei, darunter tausend Kelten, auf das Gründlichste. Ein starkes parthisches Heer zwang ihn nach einem verlorenen Reitergefecht zum Rückzug auf Karrhae. Hier wurde Crassus nach Einleitung von Scheinverhandlungen seitens der Parther getötet, und das Heer zum Teil zur Ergebung gezwungen, zum Teil auch unter dem für die Römer – weil ihnen Zeichen immer wichtiger waren als Menschen – besonders schmählichen Verlust der Feldzeichen von sieben Legionen vernichtet, in einem furchtbaren Schlachten, wie man es unter den Römern seit den Niederlagen durch die Kimbern nicht mehr erlebt hat.

Das Ende des Crassus war allerdings seines Lebens würdig. »Der als Kapitalist übelster Sorte immer von Geldgier erfüllte, charakterlose Mann wurde als Politiker plötzlich von furchtbarer Machtgier ergriffen, die ihn des Lebens und seinen Staat der Ehre beraubte«, so steht es im Geschichtsbuch. Die Parther haben ihm gezeigt, wo der Barthl den Most holt – in einer Weise, die bis nach Gilching zu spüren war. Solches theatrum mundi bleibt uns Jetzigen bisher Gott sei Dank erspart, so dass für unsereins schon die Bretter einer Bühne zur Welt werden können.

Wie aber kommt der Inhaber einer Baumschule zu so einem Theater, so wie der August Wurm von Gilching? Ganz einfach: ungeküsst war er aus Krieg und Gefangenschaft zurückgekehrt, und was macht ein ungeküsster Mensch? Er will küssen! Wenn er aber nicht weiß, wie es geht? Wo soll er das Küssen lernen? Auf einer Schauspielschule, da lernt man das Küssen! »Wollen Sie wissen, wie's geht?«, fragt August Wurm, »ich hab's schulmäßig gelernt!«

Deshalb gibt es jetzt eine Waldbühne in der Baumschule, das ist doch eigentlich ganz klar, oder?! »Hinter diesem Baumstamm sitzt die Souffleuse«, sagt August Wurm im Vorbeigehen, ebenso ist vom »Traumspiel« die Rede, das sie hier einmal aufgeführt haben – Strindberg mit anderen Worten, sowie »Ovid und so«; die Römer bleiben in Gilching. Die Erstaufführung fand am 7. Juli 1984 statt, gegeben wurde Shakespeares »Sommernachtstraum«. »Strindberg« sagt Wurm mit der gleichen Selbstverständlichkeit wie »Sequoiadendrum giganteum«, denn auch einen Mammutbaum hat er sich gesetzt, einen ganz kleinen; vierzehn Jahre ist er jetzt alt.

Rosenzüchten hat er auch schulmäßig gelernt, bei den führenden Rosenzüchtern Europas, und über Bäume weiß er ohnehin alles, so dass in der Baumschule Wurm Natur und Kunst ungeschieden ineinander übergehen. Dabei bilden absonderliche Wachstumsformen, die nach Art eines Freilichtmuseums ausgestellt sind, mit ihren Benennungen oft auch noch eine lautliche Einheit: »Wurms Warzenwinkelwurzelwerk« ist ein natürlich gewachsenes Chaosdurcheinander, eine Fichte schlägt als »Fichte mit Salto« tatsächlich einen Salto, der »Apfelwipfelüberwallungswulst« ist auch ein solcher, und nach der Kenntnis von Wurms Nomenklatur wüsste man keine andere Bezeichnung dafür. Wer sich hart tut mit Linns binominalen System, für den hat August Wurm Merkhilfen zur Hand; der soll sich halt »Pater prunus« merken statt »prunus padus« für die Gemeine Traubenkirsche. Die »Verknotigung eines Birkenstocks« geht unmittelbar in das Lied vom »Annchen von Tharau« über: »Krankheit, Verfolgung, Betrübnis und Pein/Soll unsrer Liebe Verknotigung sein ...« Selten wird deutlicher, dass auch die Sprache nichts als Material ist, lebendiges Material freilich, so wie auch die Natur lebende Materie ist. Die Dinge und ihre Benennung zusammenzubringen, woran Sprachphilosophen generationsweise gescheitert sind, das macht August Wurm mit links – und weil diese Dinge, seine Dinge auch noch voller Leben sind, wird nichts statisch, alles bleibt in Bewegung, als wollte er unter der Hand auch noch Goethes schöne Weisheit belegen: »Und umzuschaffen das Geschaffene,/Damit sich's nicht zum Starren waffne,/ Wirkt ewiges lebendiges Tun«.

Natürlich hat er auch Ginkgo-Bäume in seiner Baumschule, jene uralten Bäume, die sich nicht so recht einordnen lassen, weil sie weder Nadel- noch Laubbäume sind. Ob man das schöne Gedicht »Ginkgo Biloba« kennt, von Goethe? Ja, kennen schon, aber natürlich nicht auswendig. Und schon wandelt Wurm wieder voraus, sich durch all die von ihm gepflanzten Sträucher und Bäume hindurch skandierend: »Dieses Baumes Blatt, der von Osten/ Meinem Garten anvertraut,/Giebt geheimen Sinn zu kosten,/ Wie's den Wissenden erbaut./Ist es ein lebendig Wesen,/Das sich in sich selbst getrennt,/Sind es zwey die sich erlesen,/Das man sie als Eines kennt./Solche Frage zu erwidern,/Fand ich wohl den rechten Sinn,/Fühlst du nicht an meinen Liedern/Daß ich Eins und doppelt bin.«

Oft kam, erzählt August Wurm, Frau Iris Dornier-Pagnano, Seniorchefin des Hauses Dornier, herüber und spazierte durch die Baumschule. In einem Wurzelstock hatte sie regelrecht eine Erscheinung: »Mensch, das ist ja ein Engel« – und schon hat sie ihn hineingemalt, um ihn noch deutlicher werden zu lassen; bis heute ist er sichtbar, da wo es zur Requisite hineingeht. Oder ist es die Schauspieler-Garderobe? Nein, das Orchestrion ist auf der anderen Seite. Natürlich gibt es auch eine Königsloge in dem Zuschauerraum, der dunkel wie eine Höhle sich zum Halbrund zwischen den hohen Bäumen seinen Platz verschafft; die besten Plätze aber sind ganz hinten, verrät der Intendant, da kann man den anderen Zuschauern auf den Kopf spucken und dann weglaufen, in die Büsche hinein.

Eine noch ziemlich junge Reiterin wird mit dem Ruf »Kennen Sie Rilke?« mitten in ihrem Vorbeiritt auf dem Waldweg jäh gestoppt. Sie fällt zwar nicht vor Schreck vom Pferd, das wäre jetzt auch wieder übertrieben, doch sie hält schon sehr verwundert inne: »Rilke? Nein!« Und schon schwingen auch die Zeilen des Rainer Maria Rilke durch die Luft: »Reiten, reiten, reiten, durch den Tag, durch die Nacht, durch den Tag. Reiten, reiten, reiten. Und der Mut ist so müde geworden und die Sehnsucht so groß …« Das sind die ersten Sätze aus Rilkes »Die Weise von Liebe und Tod des Cornets Christoph Rilke« und die junge Reiterin sagt: »Also, dann tschühüs!« Und reitet weiter, in Richtung Dornier-Villa.

Im Tipi, denn auch ein indianisches Zelt gibt es in der Baumschule Wurm, wird mitten im Winter eine Rilke-Lesung veranstaltet, gewiss eine der wunderlichsten eigentümlichsten Rilke-Lesungen der Welt. Es lädt ein und liest: August Wurm, der die Frauen zum Tipi bringt und ihnen glaubhaft versichert: »Wenn ich auf Sie falle, ist es unter Umständen keine Absicht.« Es ist sein Fuß, der als Ursache dafür in Frage kommen könnte. »Reiten, reiten, reiten, durch den Tag, durch die Nacht, durch den Tag«, so beginnt August Wurm also zu lesen, »… und der Mut ist so müde geworden und die Sehnsucht so groß.« Und das Feuer knistert in dem Tipi, leise schaukelt der große Topf mit dampfendem Punsch an mächtiger Astgabel – »Und nun reiten wir lang. Es muß also Herbst sein. Wenigstens dort, wo traurige Frauen von uns wissen.«

Einer der Besucher bringt statt eines versprochenen Gedichts eine Volksschullehrerin mit – »auch recht«, sagt August Wurm, am liebsten mag er aber, wenn man Apfelkuchen mitbringt.

»Der von Langenau wird traurig. Er denkt an ein liebendes Mädchen, mit dem er spielte, wilde Spiele. Und er möchte nach Hause, für einen Augenblick nur, nur für so lange, als er braucht, um die Worte zu sagen: ›Magdalena – daß ich immer so war, verzeih!‹ Wie – war? Denkt der junge Herr – Und sie sind weit.« Im Tipi, wenn die aufrecht geschichteten Scheiter in sich umfallen, wallt die Hitze vom Feuer noch einmal stärker auf und weist die Kälte vor dem Zelteingang in ihre Schranken. »Er fragt nicht: ›Dein Gemahl?‹ Sie fragt nicht: ›Dein Name?‹ Sie haben sich ja einander gefunden, um einander ein neues Geschlecht zu sein. Sie werden sich hundert Namen geben und einander alle wieder abnehmen, leise, wie man einen Ohrring annimmt.« 1899 hat Rilke den Cornet geschrieben.

Den Reisenden wird am stillen Herdfeuer in Gilching ein Begriff von dieser Reise vermittelt, vielleicht sollten die Menschen überhaupt nicht so weit in die Welt hinaus, zumindest nicht über Gilching hinaus. »Ihre kleinste Geste ist eine Falte im Brokat«, so beschreibt Rilke die Frauen im »Cornet«.

Am Ende werden die Gäste wieder hinausbegleitet, zum Ausgang auf einem Weg, der »Rosenspur« heißt, die ihrerseits wiederum so heißt, weil es heißt: »Folgen ihrer Rosenspur« – »kennt ihr das nicht?«

»Nein, kennen wir nicht!«

»Schiller! Ist von Schiller!«

Schiller kennen wir (Gott sei Dank!), wir kennen sogar »Freude, schöner Götterfunken, Tochter aus Elysium …«

»Ah, so das?! Ja, das kennen wir! Natürlich!« Aber davon lässt sich Herr Wurm nicht drausbringen, bloß weil man auch zufällig einmal etwas kennt! Selber eine personifizierte Ode »An die Freude« stapft er voraus:

»Wir betreten feuertrunken,
Himmlische, dein Heiligtum.
Deine Zauber binden wieder,
Was die Mode streng geteilt:
Alle Menschen werden Brüder,
Wo dein sanfter Flügel weilt.«

Den darauf folgenden Chor kennen wir auch, sogar wir:

»Seid umschlungen, Millionen!
Diesen Kuß der ganzen Welt!
Brüder – überm Sternenzelt
Muß ein lieber Vater wohnen.«

Und so weiter und so fort, und dann kommt's:

»Freude trinken alle Wesen
an den Brüsten der Natur;
Alle Guten, alle Bösen
Folgen ihrer Rosenspur.
Küsse gab sie uns und Reben
Einen Freund, geprüft im Tod;
Wollust ward dem Wurm gegeben …« –

»euch auch?« – unterbricht sich kurz der Rezitator mit dem Namen »Wurm«, so wie dem Wurm die Wollust gegeben? – um dann fortzufahren: »Und der Cherub steht vor Gott.«

Oben auf dem Hügel, unweit der Totenbretter zwischen den Bäumen, steht die Villa der Dorniers mit Blick auf den Flughafen, mit weitem Blick auf den Flughafen: das große Fenster im Wohnzimmer ist genauso angelegt, dass ein Dornier mit dem Fernglas hinausschauen kann, vor allem wenn von einem Piloten bekannt ist, dass man ihm das Landen nicht so recht zutraut – abgesehen natürlich von den legendären Flugbooten oder Wasserflugzeugen mit den zwölf Motoren über den Flügeln, Do-X mit Namen, das wurde nicht einmal in Gilching je gesehen, obgleich in Gilching Dinge zu sehen sind, die man nie vermutet hätte, nirgends, in Gilching schon gar nicht.

Vierte Runde
Was dazwischen liegt
Seewiesen · Aschering · Maising · Traubing · Machtlfing

Seewiesen
Geöffnet vor allem für Gänse

Ähnlich wie drüben in Feldafing dräuen die Tropen allerorts herein in den Starnberger Landkreis, zum Beispiel in Seewiesen, die Tropen von Feldafing sind allgegenwärtig.

Im Forschungsinstitut Seewiesen, auf der Strecke zwischen Andechs und Perchting gelegen, wurde seinerzeit der Schweinsbraten gerne auf papua-neuguineische Art und Weise zubereitet, und zwar in einem papua-neuguineischen Erdofen. Man kann natürlich auch zum nahe gelegenen Kloster Andechs auf den Heiligen Berg pilgern und sich dort eine Schweinshaxen einpfeifen, dass es nur so kracht, aber warum einfach, wenn es kompliziert auch geht, das fragen sich auch und gerade Verhaltensforscher gern. Freilich könnte man auch sagen: aus Spaß an der Freude hebt man eine veritable Grube aus der Erde und man macht ein großes Feuer und in das große Feuer legt man dicke Wackersteine, möglichst dicke, runde halt, bis diese so richtig erhitzt sind und durchgeglüht.

In der Zwischenzeit schneidet man ein geschlachtetes Schwein in große Stücke, wickelt diese mangels Bananenblätter in Alufolie, denn bei aller Nähe und Liebe zu den Tropen: Bananenblätter gibt es noch keine zwischen Feldafing und Herrsching, und verpackt solchermaßen auch Kartoffeln, Lauch, Gelbe Rüben und Gemüse. Dann legt man lageweise eine Schicht Steine in die Grube, eine Schicht Speisen, eine Schicht Steine und so weiter, zuletzt Erde drüber, Grube festgetreten und ein paar Stunden warten.

Man könnte wie gesagt auch – denn nicht umsonst ist zum Beispiel in den »Erfahrungen eines Naturforschers« des ebenfalls lange in Seewiesen tätigen Irenäus Eibl-Eibesfeldt mit dem Titel »Und Grün des Lebens goldner Baum« im Bildteil direkt hinter einem »!Kung-Mädchen mit reichem Glasperlenschmuck«, einer »Balinesin, die mit einem Opfergeschenk zu einem Schrein tanzt« und einer so genannten G/wi-Buschfrau, die »mit einem Grabstock Melonen entkernt«, kommentarlos der Heilige Berg im Winter abgebildet – aber das wissen wir jetzt schon, wo es sonst auch noch eine Schweinshaxn gäbe. Früh anfangen muss man natürlich mit so einem papua-neuguineischen Erdofen, sonst wird es spät mit dem Schweinsbraten, das ist ein echter Nachteil. Ein Vorteil ist, sagen die Kenner und Forscher, dass der Schweinsbraten überhaupt nicht fett ist, weil kein zusätzliches Fett zum Braten notwendig ist; anbrennen kann nichts in so einem papua-neuguineischen Erdofen.

Fünf Institute hat der große Verhaltensforscher Konrad Lorenz im Lauf seines Lebens begründet oder zumindest betreut. Sein erster Ruf erging 1940 aus Königsberg auf den Lehrstuhl Immanuel Kants, so dass er der letzte Nachfolger von Immanuel Kant bleiben wird. Nach dem Krieg ging er von Wien aus erst ins westfälische Wasserschloss Buldern, bis 1958 endlich Seewiesen zum Mekka der Verhaltensforschung wurde. Zweihundert Wildgänse mehrten den Ruhm, bis ihr Meister 1973 als Direktor des Seewiesener Max-Planck-Instituts den Nobelpreis erhielt.

Leider gehörte aber auch er zu den Menschen oder Wissenschaftlern, die nur sich selber Recht geben wollten. Dem großen Kollegen Adolf Portmann, der eine Sache immer von zwei Seiten anzuschauen pflegte, war er misstrauisch gesonnen. Er mochte es nicht, wenn einer so redete: »Wie im Theater das Interesse für die Mechanik von Beleuchtung und Drehbühne, die Arbeit von Kulissenschiebern, Licht- und Tontechnikern nicht an die Stelle der Hamlet-Aufführung treten dürfe, um derentwillen die Veranstaltung stattfindet, so auch in der Biologie nicht die Entzifferung von Physiologie, Molekularbiologie oder Genetik an die Stelle der lebendigen Tiere oder Pflanzen.« So gibt die Biologin und Schriftstellerin Barbara von Wulffen den von ihr verehrten Portmann wieder und erzählt dem Leser, was ihr einmal Werner Heisenberg erzählt habe, in einem Gespräch über Lorenz, was diesem einmal ärgerlich herausgerutscht ist: »Das ist ja die Gemeinheit, daß der Portmann wissenschaftlich nie Fehler macht.«

Hausgänse wie Hausschweine waren Lorenz verhasst, wie er auch die Verhausschweinung des Menschen nicht müde wurde zu beklagen; zur Rache zwickten ihn gelegentlich Hausgänse in den Gummistiefel, aber ihre wilden Artgenossen erkoren den Professor als ihre Mutter, dem oder der sie bedingungslos überallhin folgten, auch als er dann wieder nach Österreich zurückkehrte.

Zu sehen ist aber noch immer der Seminarraum: ein Tümpel im Schwingmoor, geöffnet vor allem für Gänse.

Aschering
Die Fackel Olympias

Von Pöcking herüber kommt der König-Ludwig-Weg durch Aschering, das auch, weil in Aschering viel zusammenkommt, eine Römerstraße und einen Keltenweg hat – wie immer begnügen sich die Kelten mit Pfaden, weil ihnen das Gewundene, Unstrukturiertere lieber ist, etwas, was der Römer als durchaus chaotisch empfindet, weshalb er lieber mit schnurgeraden Straßen durch das nomadisch durchwanderte Terrain der Kelten peilt. Hier steht nomadisches Chaotentum gegen technokratische Logistik.

Die Lust an der Form, die keine Gerade ist, setzt das Barock fort, schon von seinem Begriff »Barock« her der »schiefrunden Perle« zugetan, dem Spiel mit dem Geschwungenen, dem gewachsen Kreatürlichen der Natur, nachgeahmt in der Kunst des Bauens und Malens, Lianen in Oberbayern, an denen sich tarzangleich die Meister selber mitschaukeln lassen. Johann Baptist Baader hat in das Deckenfresko der St.-Sebastian-Kirche von Aschering auch sich selbst mit hineingemalt. Auf eine Gruppe von Menschen, die Demonstranten ähnlich eine Prozession von Bittstellern für die Pestkranken anführt, deutet Johann Baptist Baader mit dem Finger und schaut zum Betrachter ins Kirchenschiff hinunter: »Schaut's her, des hab ich gemalt! Gar nicht so schlecht, gell?!« Allerdings droht direkt vor dem Prozessionszug ein Engerl vor Schreck über den Stuck herabzupurzeln, doch hält es sich an der Inschrift fest und jubelt; da hat der Meister Baader schon aufgepasst.

Maising
Haltungsnote vier

Die Maisinger Schlucht beginnt nördlich von Söcking und endet südlich von Maising. Menschen, die vom Hindukusch reden, als wär's das Karwendel, denen die Schluchten des Grand Canyon geläufig sind, weltläufigen Menschen eben, und denen auch die Victoria Falls näher sind als die eigene Hose, die haben vielleicht nicht einmal ein müdes Lächeln übrig für die Maisinger Schlucht. Die

Viktoriafälle, sagen sie, die gewaltigen Wasser des Sambesi: 1700 Meter breit, 100 Meter hoch oder tief stürzen sie herab, unweit von Livingstone, praktisch die Maisinger Schlucht der Länge nach.

Kein Livingstone wird einem hier begegnen und man wird also auch nicht sagen können: »Mister Livingstone, I presume«, nachdem der gute Mann jahrelang auf seiner Expedition als verschollen galt, aber auch Milliarden von Schulklassen auf Wandertagen können die Maisinger Schlucht nicht wahrnehmungslos zusammentrampeln, so schön ist sie! Während die Victoria Falls, mein Gott, sie schauen halt ziemlich genauso aus wie auf den Briefmarken von Rhodesien oder meinethalben Simbabwe, nur bissl größer, aber die Maisinger Schlucht gibt es auf keiner Briefmarke, da musst du schon selber hin.

In Maising selbst gibt es eine schöne Wirtschaft, deren Gaststuben nicht nur dem König gewidmet sind, sondern auch handyfreie Zonen darstellen, ausgewiesenermaßen. Das ist schön, denn er hätte sie nicht mögen, die Handys, der König Ludwig. Stieren ist der Eintritt nicht ausdrücklich verwehrt, insofern war es nur verwunderlich, wie auf einmal ein Riesenstier mitten in der Stube steht, und keine wirkliche Ordnungswidrigkeit. Kurz vor Mitternacht zerrt ihn sein Besitzer herein, weil ihn die andern immer so genervt haben, dass er ihn nie bringt, seinen Stier. »Da habt's ihn!«, hat er geknurrt und der Stier war einigermaßen raumfüllend, denn die Decke ist niedrig in der Wirtschaft von Maising und der Stier trägt seine Hörner hoch.

Im Garten ist es so, als wäre man in einem alten bäuerlichen Obstgarten sitzen geblieben, nur dass es Bier gibt ohne Unterlass. Und eine alte Kegelbahn, auf der steht »Historische Kegelbahn«, was bedeutet, dass sie keine mehr ist. Und einen Kinderspielplatz. Und schräg gegenüber eine Windelschau, geöffnet alle vierzehn Tage, was bedeutet, dass es noch Kinder gibt, zumindest ein paar. Drei dicke Nackedeis machen auf einem Plakat die Werbung: »Wir machen in Windeln«. Im Angebot befinden sich Popolino, Loffies, Engel, Kooshies, Pro-Textil, Delfino und vieles mehr. Und im Wirtsgarten gibt es einen schweren Stein zum Aufheben. Wer ihn aufhebt, kriegt das Bier umsonst, aber es hebt ihn keiner auf.

Wie einmal im Herbst ein Rennradler vor lauter Durst direkt sich in den Biergarten hineinbremsen wollte, hat er leider vergessen, wahrscheinlich ebenfalls vor lauter Durst, dass sich unter so einem Haufen Laub am Straßenrand meistens ein so genannter Randstein befindet, meistens aus Granit. Mitten unter die ersten Gäste hat es ihn hineingestreut, die einen Moment lang aufgehört haben zu reden und auch zu trinken, direkt in der Luft stehen geblieben ist der eine oder andere soeben angehobene Maßkrug, als wäre er eine Montgolfiere – bis einer in die Stille hineinsagt: »Haltungsnote vier!« Da ist es gleich wieder laut geworden, direkt zerrissen hat es die Stille, so haben die Leute lachen müssen, während sich der Rennradlfahrer kleine spitze Steinchen aus der Kniescheibe gepopelt hat.

Innen in der Wirtschaft ist eine Hochzeit gewesen, und eine Frau sagt zu dem Rennradler: »So ein schöner Tag, heute! Eigentlich viel zu schön zum Heiraten!« Da hat ihr auch der Rennradler wieder Recht geben müssen, selbst wenn er gesagt hat, dass er jetzt erst seine Haltungsnote hinunterschwemmen muss. Die Wirtin aber meint, dass es schon welche geben sollt, die es probieren, zumindest immer wieder einmal.

Traubing
Oder: Der Weg zum Himmel

Bis Traubing hätte man es auf jeden Fall schaffen müssen, ehe der angekündigte Atomschlag seine Wirkung getan hätte. Von da wäre es nur noch einen Katzensprung zu dem Atombunker im Wald vor Pähl gewesen. Die Bunker waren, sagt man, für die Staatsregierung vorgesehen, in dem Fall dass der Feind angreift. Heimlich natürlich, damit es der Feind nicht merkt – doppelt und dreifach heimlich, weil die mit Stacheldraht versehene Anlage, offiziell »Warnamt« genannt wurde, damit der Feind meint, das ist bloß eine Warnanlage. Auf dem Schild vor dem Warnamt steht, dass sich das Warnamt unter dem besonderen Schutz des IV. Genfer Abkommens von 1949 befindet. Der Bunker ist ein mehrstöckiges Hochhaus, das verkehrt herum im Boden steckt. Selbst wenn die Atombombe genau auf den Bunker gefallen wäre, hätte es nichts gemacht, denn das Bunkersystem ist absolut autark: eigenes Brunnenwasser, eigenes Stromaggregat, ein Luftfilter aus Kies wie das Kiesbett eines eiszeitlichen Flusstales. Das Stromaggregat hätte sich im gleichen Moment mit dem Atomschlag von selbst eingeschaltet und wäre sofort unabhängig von den Isar-Amper-Werken geworden. Zu diesem Zweck lief permanent ein Transformator, der in diesem Augenblick einen Dieselmotor angeworfen hätte, und dieser Dieselmotor einen größeren Dieselmotor, der dann die ganze Anlage betrieben hätte. Den Transformator hat der Besitzer abschalten müssen, er verbrauchte allein so viel Strom, sozusagen schon im Stand-by-Betrieb, wie ein ganzes Hochhaus. Es ist alles noch da, bis auf die zentrale Rechner-Anlage mit allen geheimen Daten. Aber die Abfederungs-Einrichtung für die zentrale Rechner-Anlage ist noch vorhanden: ein Quadrat aus starken, mächtigen Eisenspiralen, auf denen die zentrale Rechner-Anlage ruhte. Denn dass es bisschen wackeln könnte, in dem Bunker, wenn genau eine Atombombe drauffällt, davon ging man schon aus, aber die zentrale Rechner-Anlage hätte nicht gewackelt, kein bisschen. Ruhig und sicher hätte sie weiter ihre Daten verwaltet, kein Problem. Sogar ein eigenes Rundfunkstudio hat der Bunker, damit die Regierung nach dem Atomkrieg unverzüglich wieder auf Sendung gehen kann; das wären herrliche Zeiten gewesen. Endlich hätte kein Programmdirektor mehr auf eine Quote zu schielen brauchen: die private Konkurrenz wäre weggebombt, weil die sich natürlich keinen Atombunker mit Sendeanlage leisten konnten, und Radio hört eh keiner mehr, weil es keinen mehr gibt, der Radio hören könnte, sondern nur noch solche, die senden. Also ein Programm so richtig nach Herzenslust: eine Regierungsverlautbarung nach der anderen an ein Volk, das es nicht mehr gibt, so in der Art von: Grüß Gott beinand, hier spricht die bayerische Staats-Regierung! Ungebrochen führen wir die Regierungsgeschäfte fort, alles geht seinen gewohnten Gang, macht's euch keine Sorgen, wir halten durch!

Machtlfing
Uffizien nach Machtlfing tragen

Die Kirche liegt auf der Anhöhe eines so genannten Drumlins. Ein Drumlin ist nicht von Menschenhand geschaffen, sondern von Gletschern der Eiszeit, dort wo der Gletscher mit dem Arsch auf Grundeis geht und eine Grundmoräne unter sich und mit sich herschiebt, aber Menschenhand krönt einen Drumlin, mit einer Kirche zum Beispiel, und setzt damit ein weithin sichtbares Zeichen. Und das Zeichen ist über lange Zeiten verstanden worden: Höfe, Vorgärten und Obstwiesen gruppieren sich in harmonischer Weise um die Kirche auf der Höhe. Man braucht keine Uffizien nach Machtlfing bringen. Machtlfing ist nicht nur ein schöner Ort, der einen wunderbaren Namen hat, in Machtlfing erfüllen sich auch Lebensläufe, man muss sich nur Zeit lassen können. Machtlfing hat Zeit, in Machtlfing lebten Kelten und in Machtlfing siedelten Menschen der Bronzezeit, und in Machtlfing lebt man heute.

Die Kirche wird vom Kloster Andechs aus betreut, und auf die Frage, weshalb er ein Leben im Kloster einer anderen Existenz vorzieht, antwortet der Pater Prior: »Weil ich Lust dazu habe.« Und auf eine zweite Frage, die eher schon eine Feststellung ist, nämlich dass es mit dem Nachwuchs unter den Mönchen derzeit wohl nicht so gut ausschaue: »Uns gibt's schon lang!«

Das reicht weit zurück, und in die Zukunft zugleich. Dieses Land ist eine »terra benedicta«, und das im doppelten Sinne: Als eine Gegend, von der – im Wortsinne des »bene dicere« – nur gut gesprochen werden kann, und im gleichen Atemzuge als ein benediktinischer Landstrich in historischer Bedeutung, weil erst dieser Orden dem Land wieder neue Zivilisation gebracht hat, nach dem Verfall des Imperium Romanum.

Machtlfing könnte einer dieser heimlichen Hauptorte eines Landes sein mit dem Namen »terra benedicta«.

Fünfte Runde
Kreuzweis

Krailling · Stockdorf · Unterbrunn · Oberbrunn
Hadorf oder Hausen · Pentenried · Gauting · Buchendorf

Die Rundgänge im Landkreis setzen sich aus einzelnen Wegen zusammen: Römerstraßen, deren Trassen meist auch in späteren Zeiten von deutschen Kaisern auf ihren Zügen nach Italien genutzt wurden, Wallfahrten, Wanderwegen, magischen Linien und natürlich auch aus Holzwegen.

Die Wallfahrten gehen zum Beispiel nach Breitbrunn, in die Einsiedelei Grünsink, zum Kloster Andechs natürlich oder nach Aufkirchen. Die Kaiser ziehen gen Italien durchs Würmtal, nur Goethe muss durch das Isartal, bitteschön, der Herr Geheime Rat, dann eben nicht! Und Gott sei Dank ist auch nicht der Zug der Nibelungen durch den Landkreis gegangen – diese Gegend taugt nicht unbedingt zu Untergangsszenarien, sieht man einmal von König Ludwig und Herbert Achternbusch ab. Die »Arbeitsgemeinschaft Europäische Goethe-Straße 1786« führt also leider nicht durch den Landkreis, weil: »knapp daneben ist auch daneben« ist eben auch daneben, doch immerhin.

Aber der König-Ludwig-Weg führt durch den Landkreis Starnberg, in Berg beginnend, durch Possenhofen natürlich, nach Andechs und von da aus nach Dießen und nach Wessobrunn und von dort über den Hohenpeißenberg zur Wies und nach Füssen zum Schloss Neuschwanstein. Die Eisenbahntrassen des Baurates Himbsel laufen hindurch, der ein Schiff im Starnberger See liegen hatte, die »Maximilian«, aber zu wenig Passagiere, die da hinauskommen könnten. Vor allem den Münchnern war es zu weit, außer der Kutsche gab es ja nichts. Also baut Baurat Himbsel durch das Würmtal eine Eisenbahn von München nach Starnberg, damit die Münchner kommen – und sie kamen. Seinen Kreuzweg gibt es noch immer in Aufkirchen, sein Grab im Friedhof. Die Schifffahrt vervollständigt das Spinnennetz der Rundgänge, vom Bucentaurus bis zur Seeshaupt, und ebenso die Ballonfahrt von der Montgolfiere bis zu den Heißluftballonen dieser Tage.

Krailling

Krailling hat keinen Bahnhof, da Krailling keinen Bahnhof hat

Ein Kraillinger hat es nicht ganz leicht, wenn er Wert darauf legt, ein Kraillinger zu sein und zumindest einen Teil seiner Identität daraus bezieht. Krailling hat zum Beispiel keine S-Bahnstation, wenigstens keine nach Krailling benannte, obgleich durch Krailling wie durch alle Würmtalgemeinden hindurch die seinerzeit von Himbsel angelegte Bahn führt. Der Kraillinger steigt in Stockdorf aus oder in Stockdorf ein. Dabei ist der Stockdorfer schon kein diesbezüglich Privilegierter, weil der Stockdorfer verwaltungstechnisch ein Gautinger ist, was er nicht ist und im einen oder anderen Fall auch nicht sein will, aber von der Stockdorfer Separatistenbewegung hat man auch schon lange nichts mehr gehört, seit die Umbenennung von »Stockdorf« in »Gauting II« abgewendet werden konnte.

Das Angebot aber, die S-Bahnstation von Stockdorf in Stockdorf-Schrägstrich-Krailling umzubenennen, haben die Kraillinger abgelehnt: entweder »Krailling« oder gar nichts und gar nichts ist in dem Fall Stockdorf. So kommt es, dass Stockdorf eine S-Bahnstation hat, aber keine eigene Gemeinde bildet, während Krailling eine Gemeinde ist, aber keine S-Bahnstation hat.

»Krailling hat keinen Bahnhof, da Krailling keinen Bahnhof hat«, so beschreibt es bündig ein Kind aus der Grundschule. Und »da Krailling keinen Bahnhof hat, wurde auch kein Postamt eingerichtet«. Krailling ist eine einzige Kettenreaktion. Krailling hat auch kein Gymnasium. Gräfelfing hat eines, Planegg hat eines, Gauting hat eines, aber Krailling hat keines. Ein Kraillinger kann kein Abitur in Krailling machen, sein Reifezeugnis trägt immer den Stempel einer anderen Gemeinde.

Und mit dem Heiraten, Geborenwerden und Sterben verhält es sich ebenso. »Kirchlich ist Krailling mit Planegg zusammengeschlossen, das trifft auf die katholische Kirchengemeinde genau so zu wie auf die evangelische. Beide Pfarrkirchen liegen in Planegg«, setzt das Grundschulkind seine Krailling-Reportage fort und hat gut recherchiert: »Obwohl in Krailling schon immer ein Grundstück (Ecke Pentenrieder-Margaretenstraße) für eine katholische Kirche bereitstand.« Und es in Krailling sehr wohl schon eine Kirche gibt, die St. Margarethen.

Ein Kraillinger ist immer woanders. Vielleicht liegt es an der Würm. Steigt man in Krailling in die Würm, schon hat es einen fortgetragen. Ein Flussbad haben die Kraillinger, das ist sensationell! Die Umkleidekabinen stammen noch aus den fünfziger Jahren, ganz aus Holz, mit einem lindgrünen Anstrich, den es auch nur in diesen Jahren gab, sie riskieren einen für menschliche Bauten wahrhaft kühnen Bogen und schmiegen sich dem Lauf der Würm an. Natur und Kunst scheinen sich zu fliehen, wie es in Goethes Gedicht heißt, aber hier in Krailling haben sie sich gefunden. Nur schade, dass das Flussbad geschlossen ist.

Krailling bleibt die Zukunft, aber in Krailling hat sie schon begonnen. Krailling besitzt eine Innovationsmeile, die sich gewaschen hat, mitten im Wald! Der Wald ist auch auf dem Wappen vertreten, symbolisch durch zwei Bäume, durch die sich die Würm schlängelt, seit das alte Wappen von der Regierung abgelehnt worden ist, weil es das Wappen eines bestehenden Adelsgeschlechtes ist. Fährt man von Krailling aus in Richtung Innovationsmeile, kann es sein, dass, kaum dass man aus Krailling heraus ist, auf einmal ein Elefant dasteht, mitten auf der riesigen Wiese. Und ein Kamel. Auch das ist Krailling. Und ein Lama.

Auf der anderen Seite kommt der Bauhof der Gemeinde, ein Bauhof, der seinesgleichen sucht, denn der Bauhof ist ein ehemaliger Gutshof, der auch so ausschaut wie ein Gutshof: Eigentum der Adelholzener Klosterschwestern, die das nahe Waldsanatorium betreiben, gut bekannt durch ihr Mineralwasser aus der eigenen Quelle, für die sie gern auf Münchner Straßenbahnen werben. Das hat sich für eine der Mitschwestern schon einmal als rettend erwiesen, als sie, des undurchschaubaren Zonen- und Streifenkarten-Systems des Münchner Verkehrsverbundes unkundig, beim Schwarzfahren erwischt worden ist. Doch die pfiffige Schwester hat sich auf geniale Art und Weise herausgeredet: »Mir wern doch noch in unserer eigenen Straßenbahn umsonst fahren dürfen« – Freispruch. In dem Gutshof aber ist nicht nur der Bauhof untergebracht, unter seinem Dach findet sich auf einmal Kultur, ein ganzes Festival gar im Sommer, das Kraillinger Kult-Art Festival; auch das ist Krailling.

In die Bahnunterführung ist die Karte von Apian hineingemalt. Philipp Apian, geboren 1531 in Ingolstadt, gestorben 1589 in Tübingen, hat seinerseits in den Jahren zwischen 1560 und 1565 das »Herzogtum Baiern Quadratkilometer um Quadratkilometer abgewandert, um die Grundlagen für die erste bayerische Landkarte zu erarbeiten«. Die danach für Herzog Albrecht V. geschaffene, fast 500 Quadratfuß umfassende Karte wurde 1563 vom Maler B. Refinger vollendet. Die Apianische Karte gilt als grundlegend für die

Topographie der Neuzeit und die bayerische Landesvermessung bis ins 18. Jahrhundert. Und in Krailling kann man sie anschauen: »Die Hofmark Krailling in der Landkarte von Apian um 1560«, und da schnüren sich am Lauf der Würm folgende Namen auf: Bäsing, Greflfing, Kreling, Planeck, Stockdorf, Gruebmil, Fuesperg ... Ein Passant, der sein Radl auf dem schmalen Steg, der den nicht motorisierten Verkehrsteilnehmern geblieben ist, vorbeischiebt, ist allerdings noch nicht ganz zufrieden, er sagt: »De anderne Seitn miassadn's aa amoi omoin!«

Stockdorf
Oder: »Rettet das Grubmühler Feld« in Ost-Anatolien

Stockdorf klingt so, als müsste jeder zweite Ort in Bayern »Stockdorf« heißen, so stocknormal klingt »Stockdorf«, aber die Wahrheit ist, dass kein einziger Ort in Bayern »Stockdorf« heißt – außer Stockdorf natürlich. Stockdorf gehört zwar zu den Orten, die in der Literatur immer wieder zu den Zwischenorten gerechnet werden, aber gerade Zwischenorte haben es in sich. Die Bajuwaren im Würmtal haben zwar Gräfelfing besiedelt und sie haben Gauting besiedelt, aber dazwischen haben sie Platz gelassen, für das spätere Stockdorf. Und der Baurat Himbsel, der die Eisenbahn von München nach Starnberg gebaut hat, damit sein Dampfschiff Maximilian nicht mehr ohne Passagiere auf dem See herumfahren muss, der hat keinen Bahnhof geplant in Lochham und keinen in Krailling und auch keinen in Stockdorf. 1860 stirbt Himbsel, und als Ende des 19. Jahrhunderts Stockdorf doch einen Bahnhof hätte bekommen sollen, hätte der inzwischen königlicher Verordnung zufolge, um den regelmäßigen Vier-Kilometer-Abstand einzuhalten, einige hundert Meter weiter Richtung Gauting hinkommen sollen, aber der Franz Diessl, der seine Villa an der Zumpestraße gebaut hatte, hatte Asthma und wollte es nicht so weit bis zum Bahnhof haben. Und hat den Grafen Schack gekannt, nach dem die Schackgalerie benannt ist, und der hat die zuständigen Stellen gekannt, an denen man so einen Bahnhof baut. Und dann wurde der Bahnhof beim Diessl seiner Villa gebaut. Und Stockdorf ist dann nach und nach so gebaut worden, dass man es relativ nah zum Bahnhof hat. Das Amigo-System hatte schon immer eine Menge Einfluss auf städtebauliche Planungen.

Franz Diessl selber war Geschäftsführer bei der Firma Wollenweber, dem Königlichen Hoflieferanten für Silberwaren. Seine Villa war seinerzeit das neunzehnte Haus in Stockdorf und stand so, dass man über ganz Stockdorf schauen konnte bis zum gegenüberliegenden Waldrand, aber die städtebaulichen Veränderungen stehen dieser Aussicht inzwischen im Wege. Und dem Franz Diessl seine Villa selber steht auch nicht mehr, obwohl seine Tochter Philomena hieß, aber deren Tochter wiederum ließ die Villa abreißen – wie überhaupt die Geschichte der einstmalen sehr hübschen Würmtal-Gemeinden eine Geschichte des Abrisses ist. Gar nicht abgesehen also vom Dauerwellen-Maier, der auch eine wunderschöne Villa hatte, welche jetzt eine Wohnanlage ist mit der Adresse Bergstraße 90 bis 94. Keine Gedenktafel erinnert daran, dass auch die Dauerwelle in Stockdorf erfunden worden ist. Und in einer Zeit, in der auch Autos die Form von Dauerwellen hatten, nahm die Firma Webasto ihren Aufschwung.

»Webasto« ist auch in Stockdorf erfunden. »Webasto« heißt, das weiß in Stockdorf jedes Kind: Wilhelm Baier Stockdorf, abgekürzt Webasto, ursprünglich eine Sägemühle, später, wie gesagt, weltweit, vor allem tätig im Kraftfahrzeugzubehör. So ist es kein Wunder, dass in diesen Tagen vier Herren mit Koffern derart sonnenbrillenbewaffnet in das Kaffeehaus vis-à-vis von Webasto einfallen, vollkommen übermüdet, aber trotzdem sehr, sehr laut, dass selbst ein nicht mit Vorurteilen Bewaffneter unwillkürlich an die Mafia denken muss. Flughafenzettelumwickelt sind die Handgriffe ihrer Koffer, ihre Hände greifen stets ums Handy: »Pronto«. Schwieriger gestalten sich die Verhandlungen nur in dem Kaffeehaus, wenn es um den Kaffee geht. »Espresso?!« »Ja, hamma!« »One, two, three, four, five«, sagt der italienische Delegationsleiter, »si« seine unentwegt handysierenden Begleiter, aber auch eine Mineralwasserschaft soll es noch sein: »con gas«, laut Bestellung, was ein Stockdorfer mit »ohne Gas« übersetzt. Wird aber sogleich korrigiert von einer Stockdorferin, dass »con gas« »mit Gas« heißt, also mit »Kohlensäure«.

Alles wird global, auch in Stockdorf, aber das war schon immer so, denn auch alte Stockdorfer und alte Stockdorferinnen sind mit einem ausgedienten Postbus bis nach Afghanistan seinerzeit, und wenn der ausgediente Postbus in Ost-Anatolien seinen Geist aufgegeben hat, dann sind sie trotzdem bis nach Afghanistan und der ausgediente Postbus ist in Ost-Anatolien geblieben, aber weil der ausgediente Postbus aus Stockdorf ist, fährt der ausgediente Postbus bis heut in Ost-Anatolien mit der Aufschrift »Rettet das Grubmühler Feld« in Ost-Anatolien herum.

Unterbrunn
Oder: Drum brauchen wir ein Brauchtum

Die unermessliche Weite vor Unterbrunn, sie ist nur vergleichbar vielleicht mit Minnesota, vor allem für jemanden, der Minnesota noch nie gesehen hat, vor allem dann. Sonst kommen einem einzeln stehende Bäume wie Schirmpinien vor mitten in der Pampa. Und am hellerlichten Tag schnürt gemächlich ein Fuchs über den Weg, der sich erst in der Weide wälzt, so dass er mit seinen wedelnden Ohren und dem Schweif aussieht, als schlüge ein Bussard mit seinen Flügeln um sich, eine Maus in seinen Fängen. So kommt man nach Unterbrunn herein, und auch in Unterbrunn selber ist alles so weit wie sonst nirgends. Das Zentrum von Unterbrunn ist ein Weiher und um den Weiher herum ist ein so großzügiger freier Platz herum angelegt, wie ihn in solcher Relation keine Metropole dieser Welt aufzuweisen hat, nicht einmal Paris oder Moskau mit ihren gewiss weitläufigen Stadtanlagen, also prozentual gesehen natürlich.

Selbst im Dehio, dem Handbuch der Kunstdenkmäler, der es sonst also mit den Kunstdenkmälern hält, ist von Anger und Weiher die Rede. Und der Bürgermeister von Gauting, wenn er nach dreißig Jahren Amtszeit seinen Abschied feiert, dann feiert er ihn im »Ortsteil Unterbrunn«, weil man da noch zu feiern versteht, wie er sagt. Schade ist nur, dass er »Ortsteil Unterbrunn« sagt, denn Unterbrunn ist Unterbrunn. In Unterbrunn ist das ganze Jahr etwas los, Fasching oder Wahlkampf zum Beispiel. An den Ortseingängen steht jeweils eine Tafel mit der Aufschrift »Willkommen in Unterbrunn«, und auf der weißen Fläche ist dann angegeben, was los ist. Einmal war zu lesen: »Willkommen in Unterbrunn – Keine Panik!«

Faschingszug in Unterbrunn

Der beste Platz, um den Faschingszug in Unterbrunn zu sehen, ist von dem Treppenaufgang zur Bäckerei aus, sozusagen eine Ehrenloge. Fünf bis zehn Menschen haben Platz auf dieser Tribüne. Lange rätseln diese fünf bis zehn Menschen, ob er kommt, der Faschingszug, denn man hört lange nichts. Den fünf bis zehn Menschen fröstelt etwas, denn in diesen Zeiten, da pfeift der Wind aus einem anderen Loch.

Die fünf bis zehn Menschen sind etwas maskiert, teilweise. Die Bäckerin hat einen Zylinder auf, zwei Zaungäste jeweils einen Hut aus der Meistersinger-Aufführung der Bayerischen Staatsoper; dazu haben sie sich Sonnenbrillen aufgesetzt, große weit geschweifte Sonnenbrillen, wie man sie in den siebziger Jahren getragen hat, wer sich in den siebziger Jahren zur absoluten Avantgarde zählen hat wollen, aus lila Glas. Fragt man sie, als was sie heuer in den Fasching gehen, wissen sie es nicht. Wahrscheinlich wissen sie überhaupt nicht so recht, wer oder was sie sind, aber sie sind ja auch nicht aus Unterbrunn.

Dann kommt die Polizei, aber die fünf bis zehn Menschen zweifeln, ob die Polizei eine richtige ist oder bloß ein Maschkera. Dem Polizeiauto flattern bunte Luftballons aus dem Fenster. Von den fünf bis zehn Menschen sind zwei bis fünf nicht maskiert, aber die Polizei ist gnädig und lächelt trotzdem. Die fünf bis zehn Menschen glauben langsam, dass der Faschingszug heuer das Thema »Umgehungsstraße« hat und von daher vielleicht eine andere Route genommen hat. Denn die Blasmusik, die man schon einmal von weitem, als der Wind einmal kurz geschwiegen hatte, gehört hatte, scheint über die Äcker verweht.

Ein Bauer, der mit seinem Traktor einen Odelwagen zieht, wird genau gemustert, ob vielleicht an ihm etwas Lustiges ist, aber an ihm ist nichts Lustiges. Die fünf bis zehn Zuschauer lachen nicht. Der traktorführende Bauer legt seine Rolle hintergründig so an, dass er sie gusseisern durchhält, übertroffen nur von seinem Odelwagen. Besonders lustig war, dass der Traktor mit dem Odelwagen in die entgegengesetzte, also falsche Richtung gefahren ist. Der eine Meistersinger fand das zwar schon lustig, hat sich aber nicht lachen trauen, weil die andern sich auch nicht haben lachen trauen.

Dann aber biegt wirklich die Blasmusik ums Eck, das heißt also, der Polizeiwagen war doch die Spitze des Faschingsumzugs gewesen. Der Polizeiwagen hält somit eine eigentümliche Mitte zwischen Wirklichkeit und Verkleidung. Die Blechinstrumente der Blasmusik spiegeln sich im Schaufenster der Bäckerei, so dass die Krapfen und Aus'zogenen für den Hauch eines »Mmpfdada« einen goldenen Heiligenschein erhalten. Der Basstubist hat sich in diesem Jahr als Mexikaner verkleidet. Er hat aus dem Vorjahr gelernt, denn im Vorjahr war er Neger, und auf einmal kommt wirklich ein Neger, ein echter Neger – oder Schwarzer, wie man jetzt sagt – nach Unterbrunn, und die beiden Herren haben sich tief, jedoch ratlos in die Augen geschaut. Man stelle sich einmal vor, ein Neger oder Schwarzer verkleidet sich als Unterbrunner, und der Unterbrunner merkt das!

Am meisten lacht immer die Bäckerin, die man hier noch Bäckin nennt. Efeuumrankt verkündet sie, dass sie im nächsten Jahr als etwas anderes geht, weil man diesmal den Sinn ihrer Verkleidung nicht auf Anhieb durchschaut und sie immer wieder danach gefragt wird: »Ich geh heuer als fossile Energie«, antwortet sie, »praktisch als Kompost, weil's Efeu nicht ausschlägt!« Und ihr Mann geht als Udo Lindenberg, weil erst kommt die Cowboyzeit, dann die Punkerzeit und dann ist es eigentlich meistens schon wieder vorbei.

Allerdings haben sich die Zeiten geändert. Ein noch ziemlich junger Bub auf dem Umzugswagen mit dem Thema »Pisa-Studie« liest *Playboy* in einer nachgebauten Schulstube. Der *Playboy* gehört eigentlich dem Papa, Weihnachtsgeschenk wiederum seiner Frau, weil der Nosbusch-Kalender in diesem Jahr schon aus war, oder es gab überhaupt keinen diesmal. »Der war nämlich wunderbar«, so wird von dem Kalender geschwärmt, nicht von dem Vater des jungen Burschen, sondern von der Frau, aber wie gesagt: Nichts war es damit für letztes Weihnachten. Zum Ausgleich hat man ihr den *Playboy* empfohlen, erzählt sie. Wo das war? In dem Schreibwarenladen am Pippinplatz in Gauting! Sie wollte, dass es am Heiligen Abend lustiger wird. Sogar am Heiligen Abend ist es lustig in Unterbrunn.

Ohne die Feuerwehr und die Burschenschaften geht aber nichts, schon gar kein Faschingszug zum Beispiel. Was man in den Burschenschaften tun muss, will der eine Gast auf der Tribüne wissen. »Weiwa klaun«, versteht er, fragt aber noch einmal nach, weil auch in Unterbrunn ist man ja nicht in Afrika. »Was?«, fragt der Gast, und im zweiten Anlauf versteht er richtig, was die Bäckerin meint: »Maibaum klaun!« Dann »den Betteltanz«, sagt die Bäckerin, und weil der Gast auch nicht weiß, was der Betteltanz ist, erklärt sie auch das: »Damenwahl bis Mitternacht, an Kathrein!« »Und das Kiesgrubenfest!« »Kiesgrubenfest?« »Ja, jede Burschenschaft hat ihre eigene Kiesgrube, das ist ganz wichtig!« Und was sie da machen? »Laute Musik hören!« Die Brauchtumspflege wird noch ganz hoch geschrieben, in Unterbrunn.

Den alten Maibaum sägen die Unterbrunner Burschen auseinander und zimmern eine gemütliche Sitzbank daraus. Die Sitzbank wird auf dem Hauptplatz von Unterbrunn aufgestellt und der Presse präsentiert. Die Pressepräsentation nutzt der neue Vorstand der Burschenschaft, um sich der Presse vorzustellen. Für das Pressefoto setzen sich die Burschenschaftler auf die neue Sitzbank, die auf der Unterseite noch in den Farben weiß und blau gefärbt ist, und naturgemäß tragen sie Lederhosen und stoßen ihre Maßkrüge gegeneinander. Die Burschenschaft teilt bei der Gelegenheit der Presse mit, dass die Burschenschaft jetzt auch eine E-Mail-Adresse eingerichtet hat. Die Burschenschaft ist unter der E-Mail-Adresse Burschenschaft@unterbrunn.de erreichbar.

In Unterbrunn weiß man wirklich noch, was Brauchtum ist. Anderntags, am Aschermittwoch, geht's gleich weiter, mit dem Vorverkauf für die Veranstaltung am Samstag mit Musik und Steinheben zur Eröffnung der Starkbierzeit. Die Karten gibt's in der Raiffeisenkasse.

Oberbrunn
Oder: Teilweise tolle Blicke

Wo es ein Unterbrunn gibt, muss es ein Oberbrunn geben, und so ist es. Vielleicht ist man im Herzen auch ein Oberbrunner, denn Oberbrunner sagen selber von sich, dass man ihnen, wenn es ernst wird, nicht mit dem Stecken zu kommen braucht; sie kommen gleich mit dem Bulldog. Vielleicht hängt deshalb noch immer ein uraltes Schild an einer Scheunenwand, noch im früheren Blau des Allgemeinen Deutschen Automobil-Clubs gehalten: »Allgemeiner Deutscher Automobil-Club. Oberbrunn. Fahrt vorsichtig!« Es hängt allerdings an einer Stelle, wo eigentlich ohnehin kaum einer vorbeikommt.

Kommt aber einer vorbei, merkt er, dass man von da oben teilweise tolle Blicke hat. Zum Beispiel, wenn man von der Altmoräne aus über das Dorf auf die Schotterebene hinausschaut, mit ihren vier Promille, nein vier Prozent Gefälle nach Norden. Und davor wächst das Dorf mit seinen Dächern aus der Ebene, von mächtigen Bäumen noch ein zweites Mal überdacht. Leider, die Hochspannungsleitung verdirbt den Blick etwas. »Die Leitung wenn nicht waar«, sagt ein Oberbrunner, »waar des ein Superblick. Do naus«, sagt er, »des gfoit ma hoid, woaßt, so owe durch!« So runter oben durch, über Oberbrunn drüber, da ist Oberbrunn schön. Die Umgehungsstraße allerdings, wenn einmal kommt, davon hat das Dorf natürlich schon etwas, aber die Ebene draußen kannst du endgültig vergessen. Und die Autobahnspange Süd, wenn doch kommt, daran darf man gar nicht denken. Abgeordnete der größeren Parteien von München Nord eint eine große Koalition niederträchtiger Hässlichkeit. Weil es bei ihnen schon so hässlich ist, soll, wo es noch schön ist, auch hässlich werden. Eine Autobahn mit einer Brücke über das Würmtal planen, das können nur Kriminelle, Schwachsinnige oder Schweine. Trost ist da nur im Jenseits möglich: »Das derleb ich eh nimmer«, sagt ein Würmtaler zum anderen, und der antwortet dem ersten: »Du hast es gut!«

Näher wenn man in das Dorf hereinkommt: Bauernhöfe sind das natürlich keine mehr. Unter hundert Hektar lohnt sich das nicht mehr, und die braunen Flecken draußen auf der Weide, die früher Kühe gewesen sind, das sind jetzt Pferde, in Oberbrunn vielleicht noch ein paar Ziegen. Und die plattenversiegelten ehemaligen Bauernhöf, die nennt der Architekt »Leberkasplattn« – oder wenn sie als Karomuster den Boden verunzieren: »Presssackplattn«, den Wechsel von schwarzem und weißem Presssack im Gestein nachvollziehend. Es ist schön, wenn jemand mit Steinen etwas anfangen kann – hebt zum Beispiel einen unscheinbaren Kiesel am Weg auf und sagt: »Werdenfelser Tiefseekalk.« Woran er das sieht? Das sieht man halt, er ist so dunkel.

Auf dem Dorfplatz, wenn man ihn noch so nennen kann, weil der Dorfplatz im Prinzip ein übrig gebliebenes Stück Nichts ist, auf dem Dorfplatz steht ein nigelnagelneuer Maibaum, das heißt, ein bissl verschrammt ist er an den Seiten, weil man beim Aufstellen etwas geschlampt hat. Und das Bier schon ausgeschenkt hat, gegen jedes Brauchtum, bevor der Baum überhaupt gescheit gestanden ist. Der das Sagen hat beim Aufstellen, der war sauer. Und nach so circa fünf, sechs Stunden, bei dieser Affenhitze an dem Tag, dem ersten Mai, ist neuer Brauchtumsverstoß ausgemacht worden, weil rote Lampions nun wirklich nicht vorgesehen sind, beim Maibaumaufstellen, aber die roten Lampions, das waren gar keine roten Lampions. Die roten Lampions haben sich nachher als Schädel von denen herausgestellt, die beim Aufstellen mitgewirkt haben und dann zu früh das Bier erwischt, so dass es ihnen den Schädel regelrecht aufbrennt hat und sie nur noch so durch die Gegend geleuchtet haben, genauer: über den Hauptplatz von Oberbrunn. An so einem Tag stehen dann Bierbänke und Tische auf dem Platz und man trifft sich und kommt miteinander zum Reden. Da gibt es auch in einem Ort wie Oberbrunn kein Tabu mehr, man spricht zum Beispiel ohne Weiteres über so ein heikles Thema wie über Schwule, selbst Frauen führen da ganz offene Reden. Eine sagt pfeilgerade, dass sie überhaupt nichts gegen Schwule hat, das hat ihre Gesprächspartnerin zwar auch nicht, schränkt allerdings ein: »Solange sie keine Krankheiten verbreiten!« Da kommt sie aber nicht gut an bei der ersten: »Du musst grad reden!«, sagt die.

Der Hauptplatz von Oberbrunn ist wie gesagt ein gewisses Nichts, das von Felsbrocken abgegrenzt ist, damit niemand hineinfährt in das Nichts, aus der scharfen S-Kurve heraus, die sich einmal rechts um den alten Vogelhof herumschwingt und dann gleich wieder scharf links um einen ebenfalls ehemaligen Hof, der sich in ein Studio für Wohndesign verwandelt hat. Im Angebot befinden sich zum Beispiel Jalousiensysteme, die als Muster aus der Fassade des ehemaligen Hofes herausrollen, ohne dass ein Fenster zu verdunkeln wäre. Allenfalls beschatten sie einen riesigen alten Holzschlitten, von dem man nicht ganz sicher ist, ob er auch zur Dekoration gehören soll. Er steht jahraus, jahrein auf dem Asphalt und tut nichts. Reichhaltig ist das Sortiment an PVC-Belägen, am nachhaltigsten aber bleiben auch dem nur Vorüberfahrenden die Leopardenstrukturen in Erinnerung, die das Firmenlogo ebenso Sessel und Wohnzimmersofas mit markanten Streifen versehen. Der Laden bringt einfach städtische Eleganz in dörfliche Umgebung. Die verschwundenen Misthäufen und Odelgruben davor hätten zumindest farblich sehr gut dazu gepasst.

Der Hof gegenüber, der Vogelhof, ist auch kein Hof mehr, sieht aber noch so aus, obgleich eine Firma für geophysikalische Geräte eingezogen ist. Über dem Eingang ist noch eine Inschrift zu erkennen: »Vogelscher Familienbesitz seit 1790«. Sogar ein Wappen hat er: einen Hof mit Ritterhelm. Der Hof war einmal eine Wirtschaft, in die ein seitlicher Eingang direkt in die Küche führte, in eine Art von Volksküche, benutzt von denen, die es eilig hatten – oder weil sie so dreckig waren oder auch so stanken, dass sie nicht gut in die Wirtsstube gehen konnten.

Unten im Parterre ist einmal ein LKW in der guten Stube gestanden, weil er die Kurve nicht erwischt hat, im Tanzboden springen aus der Hand einer Malerin Stiere, die so ähnlich aussehen wie steinzeitliche Höhlenmalereien – alles sehr archaisch in Oberbrunn, ein Ort, in dem man »Teufelshart« heißt oder »Doktor«, der aber Schreiner ist.

Hadorf oder Hausen

So viel Grün auf einen Haufen wie im Landkreis Starnberg gibt es kaum noch einmal in der gesamten Republik. Was wäre Hadorf zum Beispiel für ein hübsches Dörfchen ohne Golfplatz? So gesehen ist das nahe Hausen halt vielleicht doch noch hübscher als Hadorf. Hausen besteht praktisch nur aus einem Dorfteich, einem

Pferdestall, einem Kircherl und einer Metzgerei, die manchmal offen hat, und obgleich alles nichts miteinander zu tun hat, bildet es eine Einheit. Hanfeld sollte man übrigens auch nicht vergessen.

Im Winter ist allerdings das Grün in Hadorf gelegentlich weiß und die Golfer werden sozial. Sie legen Loipen an und Normalsterbliche dürfen auch einmal durch das weiße Green gleiten ohne Gefahr, worauf Warnschilder sommers wie winters hinweisen: »Verletzungsgefahr durch fliegende Bälle«. Im Winter ist Hadorf also noch schöner als im Sommer. Manchmal glotzt einen mitten im Dorf ein Zwölfender an.

Gauting
Marc Aurel, Karl der Große und Krapf

Wer zum Beispiel von München nach Gauting zieht, bekommt leicht zu hören, was man denn da wolle? Untertags stehst du im Stau, und wenn sich der Stau aufgelöst hat, werden die Gehsteige hochgeklappt, und du stehst wieder im Weg! Dabei wird Gauting ständig mindestens als »Würmtalmetropole« gehandelt oder als »heimliche Kulturhauptstadt des Landkreises«.

Nur wenige Wegstunden liegt es von der bayerischen Haupt- und Residenzstadt entfernt, von der Isar aus gesehen ein Flusstal weiter im Westen, ein uralter Ort, weitaus älter als diese »seichte Stelle an der Isar«, wie der Schriftsteller August Kühn München genannt hat, so richtig entdeckt erst von Hiltl, Begründer der Kolonie.

Wie es immer so ist mit Entdeckern: Es waren schon vorher welche da, der Schöpfer des bayerischen Wörterbuchs etwa, Johann Andreas Schmeller, den es oft nicht zwischen seinen Büchern hielt: »Lange so zu seyn würde, ich fühl es, meinen Körper wie meinen Geist nur noch schwerer und ungelenkiger machen. Darum wieder fort, wieder hinaus in die Weite!« Die Weite kann bei einem Fußgänger seiner Art schon im Würmtal bestehen: »Über Sendling (von Sand)« – hierin irrt Schmeller, aber der Wissende übersieht das großzügig – »Fürstenried, Gauting (Gaut, Wald) ... nach Starnberg« geht die Wanderung. Von Starnberg aus sind die zurückgelegten Tagesstrecken freilich beachtlich: am »18t« in »Andex«, am »19t« in Wessobrunn, kommt Schmeller am »20t« in Kempten an; über Pfronten und »Füßen« kommt er nach »Partenkirch« und wieder zurück.

Und noch viel früher waren noch ganz andere da, die haben zum

Beispiel das Porzellan der Antike, terra sigilatta genannt, benutzt, und das kam aus der Gegend von Lyon und nordwestlich von Nimes; und Tonstatuetten der Venus haben sie sich auch in den vorchristlichen Herrgottswinkel gestellt. Der Handel mit der terra sigilatta währte in Gauting etwa in der Zeit zwischen Nero und Commodus, zwei wahrhaft unseligen Herrschergestalten, gar kein Vergleich zu heutigen Prätendenten, selbst wenn auch diese einem nicht immer als Idealfall erscheinen wollen.

»Daß die Bajuwarenfrauen ihren Jungen noch die wettergebräunten Gesichter vorüberziehender römischer Legionäre zeigen konnten, dürfte wohl unrichtig sein«, meint Wolfgang Krämer in seiner Untersuchung »Neue Beiträge zur Vor- und Frühgeschichte von Gauting«, aber nächst den Römern waren es dann in jedem Fall Bajuwaren, welche die Siedlungskontinuität in Gauting fortsetzten, nicht mehr unten an der jetzigen Reismühle, sondern etwas weiter oben, sagen wir beim »Krapf«. Dort ist ohnehin einiges zusammengekommen, nämlich die heutige Bahnhofstraße, die Unterbrunner Straße, ein Feldweg von Süden und die Römerstraße. »Durch die allmähliche Vertiefung der Wege«, schreibt Wolfgang Krämer, »bildete sich zwischen ihnen eine Art Hügel, welcher als Gemeindeeigentum zur Abhaltung des herkömmlichen Marktes am Pfingstdienstag bzw. Pfingstmittwoch diente.« Der Hügel hieß deshalb »Pfingstmittwochbühel«, ein Name, der sich aber nur in gedruckter Form findet, sonst heißt der Pfingstmittwochbühel »Lamplberg«, und das nach dem alten Hausnamen der Bäckerei Krapf, die es natürlich auch längst nicht mehr gibt, nur noch als Namen der Wirtschaft.

»Es ist ein eigenartiger Fall«, schreibt Wolfgang Krämer, »daß sich an diesen frühesten Gautinger Friedhof, nur durch die Hauptstraße getrennt, der spätere christliche um die Frauenkirche anschloß und daß heute zwei Gotteshäuser, die katholische Frauenkirche und die evangelische Kirche ihn gewissermaßen einfassen, diesen altehrwürdigen Ruheplatz der Toten, an den kaum jemand denkt, der heute geschäftig zu Rad und im Kraftwagen vorübereilt«, was noch vorsichtig formuliert ist. Wer heute zum Krapf geht, dem pflastern Leichen seinen Weg. Einunddreißig Zentimeter lang ist die Speerspitze aus einem bajuwarischen Reihengrab, die man beim Bau der Sparkasse zu Tage fördert, den Rest macht die Sparkasse platt. Man schätzt, dass es sich um zwei- bis dreihundert Gräber handelt, die im Zeitraum zwischen 550 und 750 angelegt worden sind.

Dann gehörten die Gautinger zum agilolfingischen Hausgut, das beim Sturz Tassilos im Jahre 788 an die Karolinger fiel, entweder als Reichsgut oder als königliches Kammergut. Weitere tausend Jahre geht dann alles den bekannten Gang der Geschichte, aber dann taucht zum Beispiel ein Herr auf, namens Theodor Freiherr von Hallberg-Broichs, genannt der »Eremit von Gauting«. Sein zeitgenössischer Biograf Johannes Gistel schreibt von ihm: »Hallberg gehörte sein Leben lang zu den Leuten, die sich die Jugend nicht abgewöhnen.« Das erscheint manchen als schimpflich, andere halten das für ein Leben, das sich lebenslang aus sich selbst erneuert.

Ein Eremit zum Beispiel war der Eremit von Gauting ganz und gar nicht, er hatte diesen Namen nur, weil er etwas abseits lebte, im Schloss Fußberg, und ganz offenkundig ein rechter Kauz war, mit anderen Worten, er lebte anders als die meisten anderen. Seine beiden Hauptbeschäftigungen waren Lesen und Schreiben, auch das Sammeln von so ungefähr allem, was ihm in den Weg kam. »Hier blickt ihm das Brustbild einer Dame, dort eines Gelehrten entgegen, dazwischen grinsen Szenen aus Hallbergs Totentanz, oder Studentenwitze aller Art nehmen die Stelle zwischen Todesanzeigen, Theaterzetteln und den Konterfeis europäischer Nationaltrachten, nautischen und anderen landwirtschaftlichen Darstellungen ein«, schreibt Werner Bülow in seiner Darstellung über den Eremiten. Das erinnert an dadaistische Merz-Bauten des Kurt Schwitters in Hannover. Der Eremit ist »Weltenbummler, Militär, Ökonom, Casanova, Münchhausen und Eulenspiegel«. Von solchen gibt es manchen in der Gegend.

Der Schriftsteller Herbert Achternbusch gehörte eine Weile dazu, seinerzeit beliebtes Kultobjekt einer liberalen Presse, die sich gern ihre Liberalität bestätigt, indem sie hin und wieder über einen Nonkonformisten berichtet. So stand im »Stern« zu lesen: »Im Gautinger Gasthof Würmbad trifft Herbert Achternbusch sich jeden Abend mit den Arbeitern, Handwerkern und Bauern der Gegend. Die sind irgendwie stolz auf ihn, der schreibt halt das, was sich täglichem Unmut bei Bier nur Luft zu machen getraut. Der nimmt sie mit aus ihren Träumen in seine. Der lässt sie ein Leben spielen, das sie im Leben nicht spielen dürfen. Die da hocken, sind die leibhaftigen Darsteller seiner drei Filme. Und wer sie dann auf der Leinwand agitieren sieht, weiß, was im Volk rumort und bei ihm endlich einmal raus darf.« So ahnungslos kann nur schreiben, der weder vom Volk noch vom Leben eine Ahnung hat, aber ein Magazin wie der »Stern«, in dem wie in allen Magazinen weder vom Leben noch vom Volk die Rede sein kann, saugt begierig solchen Mist auf, weil die

Macher des Magazins wissen, dass solcher Mist vom Volk für das Leben gehalten wird. Der Streit um das Kriegerdenkmal wird mit Gewehren ausgetragen, aber auch das ist nur ein Film.

Den Platz des inzwischen abgerissenen Gasthofes »Würmbad« erdreistet sich jetzt ein Tengelmann, aber eigentlich spielt dort die »zweite Station« von »Der Atlantikschwimmer« von Herbert Achternbusch aus dem Jahre 1975. Die gesamte Schwimmroute verläuft vom Nordbad in München über den Walchensee zum Atlantik. Aus der Sicht des Würmtales wird die Welt immer weiter, uferlos.

Dem Münchner Autor Hartmut Riederer schreibt Achternbusch: »Wenn Du Dir das Foto mit Alex an der Gautinger Würmbrücke noch einmal anschaust, siehst du hinter der Araltankstelle ein widerwärtiges Gebäude, den Nachfolgebau unseres geliebtes Würmbades, das Du hier erblickst. Den Säufern eine Heimat, den Wildesten der Arbeiter: viele habe ich für meine Filme entdeckt ... Da sie dann in den Wienerwald übersiedelten, lief ich auch mit hin. Wenn ich in 2,5 Jahren auch nicht 600 mal hineingegangen bin, so dann doch annähernd so oft.«

Die Römer im Maskenzug der Vergangenheit

Längst bevor ein Napoleon seinen Code Napoleon hätte einführen können, gab es ein römisches Recht in diesem Land; das Zwölf-Tafel-Gesetz der Römer galt auch hier, im Würmtal und im ganzen Landkreis, die »leges duodecim tabularum«. Um 450 vor Christus auf bronzene Tafeln geschrieben, auf dem Forum ausgestellt, so dass also niemand sagen konnte, er hätte es nicht gewusst, wurde solchermaßen das Gewohnheitsrecht abgelöst von einem allgemein verbindlich festgelegten Recht.

Zum Beispiel war es vorgeschrieben, die Toten außerhalb der Mauern zu begraben, also braucht man einen Bestattungsplatz, der sich auch entlang der Ausfallstraße erstrecken kann. Dort entstehen im Lauf der Zeiten regelrechte Nekropolen, in Gauting zum Beispiel eine an der Straße in Richtung Augsburg, eine südliche in Richtung Kempten. Die erste liegt unter der Bahnhofsstraße, die zweite im Reismühler Feld, die weitgehend untersucht werden konnte. Durchs Feuer ins Jenseits ging der römische Bürger, aber man gab ihm vorsichtshalber etwas mit, Münzen natürlich, als Obolus für den Fährmann, Lampen, damit man sich im Dunkel des Schattenreiches besser zurechtfinden kann, kleine Tonfiguren, etwas zu essen, aber auch Haarnadeln, Fibeln, Ringe, wenn nicht gleich ein ganzes »Beauty Case«, damit die Damenwelt auch als Tote sich noch schick machen kann, inklusive Handspiegel aus polierter Silberbronze, magischer Träger des menschlichen Gesichtes, auch eventuell symbolisch gemeint als Attribut der Venus, von der ebenfalls Statuetten aus Ton gefunden wurden – und schließlich Würfel und Steine für das Brettspiel, damit es nicht zu langweilig wird im Jenseits. »Es ist endlehrreich, ohne Schmarrn!«, so empfand es ein Schüler, in der Ausstellung »Durchs Feuer ins Jenseits. Römische Gräber aus Gauting«, gezeigt an wechselnden Orten im Landkreis.

Viele bayerische Kaiser hat es bis in die Zeiten Beckenbauers nie gegeben in Bayern, entweder haben die anderen gefunden, dass sie keine sind, oder sie sind, wenn überhaupt, auf der Durchreise geboren wie Karl, der spätere Große, im Würmtal bei Gauting, was aber auch nicht sicher ist. Aber römische Kaiser, also wirkliche römische Kaiser hat es ohne Ende gegeben, die solchermaßen auch Kaiser über ein kleines Fleckchen Erde gewesen sind, in dem sich recht anmutig fünf Seen verteilen – vom großen Kaiser Augustus, der 15 vor Christus das Land nördlich der Alpen besetzte, bis zu seinem letzten unglücklichen Nachfolger Romulus Augustulus, für den es nur noch zu der Verkleinerungsform des Augustelchen gereicht hat.

In dieser langen Reihe sticht einer besonders hervor: Marc Aurel, der Philosoph auf dem Kaiserthron, meist jedoch als hehrer Reiter abgebildet – in Gilching auf dem römischen Meilenstein steht oder stand sein Name eingeschrieben. Seine Gedanken zu sortieren oder gar zu einem System zu formulieren, dazu fehlten Marc Aurel Zeit und Möglichkeit. Erstes und zweites Buch sind im Quadenland geschrieben, im heutigen Mähren, das dritte in Carnuntum, östlich von Wien, usw., alles nur in Form von Aphorismen, Bemerkungen, Gedanken, denn mehr Zeit hat er nicht gehabt.

Marc Aurel war ein »Kaiser wider Willen«, er wollte alles, bloß nicht »verkaisern«. Für einen, der nicht Kaiser sein will, für einen Kaiser wider Willen trifft es ihn allerdings doppelt und dreifach hart. Von den neunzehn Jahren, die Marc Aurel Kaiser gewesen ist, hat er sechzehn Jahre damit verbracht, sich mit den Markomannen herumzuschlagen. Ohne davon wissen zu können, sieht sich Marc Aurel mit den Vorboten dessen, was man Völkerwanderung nennt, konfrontiert.

Marc Aurel sagt uns in seiner stoischen Gelassenheit damals wie heute, was das Leben in seinem eigentlichen Sinne ist: eine »Haltestelle für Reisende«. Gleichwohl oder gerade deshalb gehört es zu den schöneren Aufgaben des Menschen, diese seine zeitliche Begrenztheit zumindest in der Umgebung seiner Haltestelle so nutzen, dass er, wie es Alfons Rosenberg, der Mystiker von der Insel im Wörthsee, vorschlägt, die Welt, die Natur, die Menschen und die Kunst als »Hieroglyphen« liest, als »heilige Einmeißelungen«.

Der Vatikan
Oder: Eine Kolonie Gautings, und wie es dazu kam

Nach all dem Hin und Her im Gefolge des Zusammenbruchs des Römischen Reiches war es historisch gesehen dann höchste Eisenbahn für einen wie Pippin, so genannter Hausmeier zuerst, später König, so genannter Pippin der Kurze, 751 bis 768. Der letzte Merowingerkönig wird mit höchster päpstlicher Zustimmung ins Kloster geschickt, Bahn frei für die Karolinger! Jetzt wird der Spieß umgedreht, der Süden wird nun vom Norden aus organisiert und Rom unter den Schutz des Herrn Pippin aus Gauting gestellt, was ihm den Titel »Patricius Romanorum« einbringt, »Schutzherr der Römer«, vom Papst gesalbt.

»Schenk mir nix, das kommt mir zu teuer«, so hat meine Großmutter stets alle Geschenke abgelehnt, aber Pippin lässt sich nicht lumpen und macht von sich reden durch seine Pippinsche Schenkung, welcher der Papst bis zum heutigen Tag seinen Kirchenstaat verdankt – weshalb der Vatikan im Grunde eine Kolonie von Gauting im Würmtal ist. Doch noch immer hat man im Würmtal keinen Helikopter gesehen, der einen Papst einfliegt, damit er sich auf den Boden werfe und küsse – lieber bleiben die Felsen Petri auf der Römerstraße, die sich nach Machart aller imperialistischen Ingenieure schnurgerade durch die magisch gewundenen Pfade des Keltenlandes zieht, ein Skandal mehr in der diesbezüglich außerordentlich langen Geschichte des Papismus. Dennoch ist gerüchteweise immer wieder von einer »Papstbesuchvorbereitungsgruppe« die Rede, welche das Gelände sondiert, um eine günstige »Bodenkussstelle« für den nicht mehr ganz so gelenkigen Papst zu finden; optimal wäre naturgemäß ein Winkel von 90 Grad, also praktisch ein senkrecht sich erhebender Boden, für den sich der Papst nicht einmal zu bücken brauchte. Dem Vernehmen nach hat die Gruppe solche nahezu idealen Bedingungen im Bereich der Gaststätte »Oberwürmthal« gefunden – mit der eiszeitlichen Moräne hofft man in etwa auf 75 bis 80 Grad zu kommen. Die »Papstbesuchvorbereitungsgruppe« soll sich in unregelmäßigem Rhythmus jeweils um 19.30 Uhr im Gasthof »Zum Bären« in der Pippinstraße treffen.

Neben seiner Schenkung widmet sich Pippin wie viele große Sponsoren noch der Zeugung. Zur Pippinschen Zeugung aber kam es so, dass sich im Vorfeld Pippins Situation herumgesprochen hatte: »Kunig Pipinus hätte keine Frauen und war jung und stark und hatt ein großes Lob in der Kristenheit von seiner Mannheit.« Davon hört der König von Britannien und hat auch eine schöne Tochter, von der er Pipinus wissen lässt. Pippin verlangt ein gemaltes Bild der Königstochter, »daß ihn der Herr der Jungfrauen Gestalt sendet gemahlt«, auch Pippin lässt sich malen. Pippin wählt sich seine Frau allein nach einem Bildnis aus – das hat Mozart'sches, hat Faust'sches Format, denn auch dieses Bildnis ist gar zu schön.

Jedenfalls ist Pippin natürlich so verliebt, dass er seinen Haushofmeister die Braut holen heißt. Aber dieser Saukopf wählt »einen starken Umweg in die tiefe Wildniß zwischem dem Würm- und Ammersee«, weil er sie dort umbringen lassen will – vermutlich unweit des späteren Kloster Andechs, welches von keinem anderen gestiftet wird als von dem Mörder der Agnes Bernauer, Herzog Ernst. Doch die Knechte, um wieder auf den Saukopf zurückzukommen, also die Knechte des Saukopfes verstecken das schöne Fräulein bei dem Müller der Reismühle »bei dem alten Heidenorte Gauting«. Sieben Jahre später verirrt sich Pippin in dem Wald und gelangt zur Reismühle, und es passiert, was passieren muss: »Der edle Kunig Pipinus hatte die Nacht mancherley zu kosen mit Perchten seiner edlen Frau.« Das ist die so genannte Pippinsche Zeugung: nämlich zeugt Pippin der Kurze Karl den Großen, und dieser wiederum einen Pippin, welchen man Pippin den Buckligen nannte.

Pippin der Kurze teilt vor seinem Ableben noch das Frankenreich in zwei Teile, als ginge es um die Kolonie in Gauting, womit dieses Mal die Künstlerkolonie gemeint ist, die von der Pippinstraße als Hauptachse geteilt wird, und zwar unter seine Söhne, Karl und Karlmann, doch stirbt Karlmann Gott sei Dank, so dass ein Bürger- und Bruderkrieg vermieden wird. Und Karl als Karl der Große übrig bleibt.

Und der Vatikan als Kolonie, die ihren Charakter als Kolonie einfach nie so recht ablegen konnte, auch nach der Unabhängigkeit nicht. Die Staatsform ist ein souveränes Erzbistum, der Staatspräsident immer ein Papst, selbst das Parlament besteht aus dem Papst plus Kardinalskollegium, die Bevölkerung ist hundertprozentig katholisch, die Arbeitslosigkeit allerdings gleich null, ebenso die Kindersterblichkeit.

Karl der Große, ein großer Gautinger

Zu Ehren von Karls Krönung pflanzt der Landrat von Starnberg und es pflanzt der Bürgermeister von Gauting und auch die Besitzerin der Reismühle pflanzt eine Eiche, zusammen pflanzen sie eine Eiche für Karl den Großen, genau 1200 Jahre nach seiner Kaiserkrönung. Nur weil es aber nichts so ganz Gewisses ist mit dem Karl dem Großen, ob er hier geboren ist, obwohl seine Wiege im Hausgang steht, ja, ob es ihn überhaupt gegeben hat oder ob er in ein Zeitloch gepurzelt ist, aus dem ihn nur Historiker wieder herausgeholt haben, die alle voneinander abgeschrieben haben, wie andere meinen – nur deshalb hat also die Zeitung ein bisschen hämisch als Bildunterschrift unter den drei baumpflanzenden Herrschaften vermerkt: »Der Glaube versetzt Erde.« Dabei gibt es selten ein schülerfreundlicheres Datum als diesen Heiligen Abend im Jahre 800, an dem die Kaiserkrönung stattgefunden hat, das kann sich nun wirklich noch der berühmte Letzte merken.

Karl der Große wird als erster Europäer gelobt, der Landrat sagt: »Die Eiche soll nicht nur an eine große Persönlichkeit der europäischen Geschichte erinnern. Sie soll auch durch ihr Wachsen und Gedeihen die geschichtliche Wiedererstehung eines gemeinsamen Europas symbolisieren.« Womit Gauting ein weiteres Mal zum Nabel der Welt mutiert, vermutlich rotiert die Welt um eine Erdachse, die aus einem Gautinger Eichenstamm besteht.

Sogar in der Schweiz, die noch keine so besonders guten Europäer sind, ist Karl der Große zu finden, als Stifter eines Klosters, in Münster oder Mustair, wie man dort sagt, denn man spricht dort noch und wieder Rätoromanisch, so dass sich der Unkundige vielleicht erst über die vielen Portugiesen auf den Straßen wundert, die sich alle mit »Bun Di« begrüßen. Sind jedoch Schweizer oder Rätoromanen eben. Aber so sehr man sich mit seinem Latinum über das Latein freut, verstehen tut man es nicht, aber weil man sich so freut, schreibt man sich ein paar Ausdrücke auf und wird prompt gefragt: »Duaschd du scribere?« So wird man Einhard, den Chronisten Karls des Großen gefragt haben, der in Treue seinem Herrn mit der Feder hinterdrein ist.

In der Klosterkirche von Mustair steht rechts vor dem Altar Karl der Große als Statue, Karl der Große ist nicht sehr groß, sagen wir einsfünfundsechzig. Aber er lächelt. Er hat ein kleines Bäuchlein. Seine Linke hält er auf dem Herzen, nach Art amerikanischer Präsidenten oder amerikanische Präsidenten nach Art Karl des Großen, seine Rechte den Reichsapfel. Nach einem solchen würde sich ein amerikanischer Präsident nicht nur die Finger abschlecken, sondern halb Südamerika drangeben.

Einen runden Kopf hätte er gehabt, der ihm auf einem Stiernacken gesessen wäre, also von daher hätte er schon in die Gegend gepasst, nach Mustair so gut wie nach Gauting. Auch hat er gern und gut und viel gegessen und gebadet und viele Frauen hatte er auch. Seine »Gemütlichkeit« diesbezüglich wird in der einen Quelle als »rücksichtslos« beschrieben, in einer anderen wird milder formuliert: »Er war der Frauenliebe sehr bedürftig.« Auch macht er keinen Unterschied zwischen ehelichen und unehelichen Kindern.

Hinter Karl dem Großen wird auf den Fresken, die zum Weltkulturerbe gehören, fleißig gepfählt und gesteinigt – oder befleißigen sich die Herrschaften eines frühmittelalterlichen Ballspiels? Das weißt du bei den Christen nie. Der Dohlen Liebesspiel am Turm aber achtet die fromme Schwester Nonne nicht, sie verschwindet hinter einer Tür mit der Aufschrift »Clausura«. »Cult Divim per plaschair nu disturbar«, wie es auf gut ladinisch heißt, also bittschön den Gottesdienst nicht stören, ihr Bewunderer des Weltkulturerbes, Gautinger oder nicht, die ihr früher so oder so ähnlich gesprochen haben mögt.

In der Reismühle spielen die Puppet Players die »Sage von der Reismühl zu Gauting«. In kühnen Versen wird das »Mahl- und Sägewerk von der Würm umschwommen«, zehn mal hundert Jahr geht es zurück, und auch in diesem Text heißt es leider von dem großen Karl: »Sein Äußeres empfahl ihn nur wenig.« Doch wird mutig weiter skandiert: »Er jagte das Ross von Ort zu Ort«, und als man das Mühlthal erreichte, heißt es von seiner Mutter: »So wurde Pippins Braut/Der Wildnis anvertraut.« Aber ein Rabe kommt, der bringt ihr Kirschen, ein Hirsch ein Kissen aus Gras im Geweih. Nur ein Bär brummt sie an, doch besänftigt sie ihn mit ihrer Zärtlichkeit, so dass sie auf seinem Fell schlafen kann. Diese Bertha sucht, woher das Flüsschen fließt und so entdeckt sie die Reismühle. Und so kommt es eben zu Karl dem Großen: »Trägt den edlen Sohne/ Karl der Große genannt zum Lohne«, und von dem wiederum heißt es: »Durch ihn bleibet Christentum ewig grün.« In dieser Sage wird auch noch des Kaisers Ende aus seiner Geburt her abgeleitet: »Hier ruht Karl der Große aus der würmumspülten Mühle.«

Kein Wunder, dass man ihn auch seitens der Eichenpflanzer im Kreise der Homer, Plato, Cicero, Vergil, Alexander und Aristoteles sieht, also absolut allererste Adresse.

Ein Mann namens Taube

Otto von Taube ist durch das nach ihm benannte Gymnasium und durch ein kleines, von der Starnberger Straße abzweigendes Gässchen vielen Gautingern vom Namen her bekannt – mehr aber meist auch nicht. Er gehört noch zu den großen Wanderern, sein Studium hat er sich buchstäblich erwandert, quer durch Italien. Ein Wanderer blieb er sein ganzes Leben lang. Zu Fuß ist er bis nach Sizilien, um sich selbst in der Kunstgeschichte zu unterrichten; nicht nur in den Bibliotheken, sondern aus eigener Anschauung wollte er sich ein Bild machen.

Taube ist 1879 in Reval geboren. Auf dem Gut in der alten Heimat besaß die Familie noch 500 Rinder, das prägt. Als preußischer Beamter fühlte sich Taube nicht wohl, er stand als Jurist noch in der staatsrechtlichen Tradition des Zarenreiches, im NS-Regime als bekennender Protestant in der inneren Emigration. Immer wieder schwebte ihm Südamerika als große Vision vor, er wollte dort eine Hazienda. Er setzt, inzwischen in Solln ansässig, zwei Anzeigen in die *SZ*: Wer ihm – zur Vorbereitung für sein Dasein als Farmer – das Schlachten beibringen könnte? Er findet jemand und erlernt sozusagen privatim das Metzgerhandwerk. Diese Passion begleitet ihn sein ganzes Leben lang, sie findet auch dichterischen Niederschlag. Einen ganzen Roman widmet er dieser Zunft – aus einer historischen Abhandlung des Metzgerhandwerks erwächst ein Roman: Die »Metzgerpost«. Der Titel erklärt sich aus der Tatsache, dass die Metzgerinnung in Baden-Württemberg das Privileg hatte, im Dreißigjährigen Krieg die Post zu befördern. Es geht um einen Pfarrersohn, der gern Metzger werden möchte, aber der Vater sträubt sich dagegen.

Von den Nazis wurde Taube mit Schreib-, Vortrags- und Reiseverbot belegt, er wurde ins berüchtigte Wittelsbacher Palais zitiert zur Gestapo – hatte letztlich aber noch Glück. Aus der Hazienda war zwar nichts geworden, aber das Handwerk kam ihm jetzt zugute, im Nationalsozialismus. Herr Bauer, seinerzeit Metzger beim »Bären« – das Schlachthaus befand sich direkt daneben in der Pippinstraße – war im Krieg, Frau Bauer suchte händeringend Ersatz. So kam es, dass ein Dichter von Buchendorf herüber Kühe nach Gauting getrieben hat; kam ihm eine Sau aus, hetzte er sie durch die Pippinstraße.

Deren Namensgeber hält er für einen gefährlichen Mann: »Da gibt es einen, der heißt Carlmagno (Karl der Große), und einen, der heißt Pippin. Und der ist sehr gefährlich; denn er ist sehr jähzornig und ist so klein, daß er sich im Reiten hinter seinem Sattelknopf verbirgt und niemand ihn treffen kann, und dabei handhabt er eine ganz ungeheure Lanze.«

Theaterforum

In einem Dorf hat die Kultur nicht nur etwas Schmückendes, quasi Beiwerkhaftes, im Dorf hat die Kultur etwas Soziales – so wie in der antiken Polis von Athen, in der jedes Mitglied, ein Polites eben, wie die Griechen sagen, also im Wortsinne ein Mitglied der Polis, des Stadtstaates, sein eigener Politiker ist, so ist auch ein jeder Dorfbewohner sein eigener Politiker. Wer aber nicht mitmacht, ist nach antikem Verständnis ein Idiotes, wortwörtlich ein Privatmensch, im übertragenen Sinne aber nach tatsächlich ein Idiot, der sich selbst um das Beste bringt, was er hat, nämlich sein soziales und sein kulturelles Leben, in dem sich sein Menschsein erst zu voller Blüte entfalten kann.

Das Theaterforum ist – ebenso wie unser Dorf in Weßling mit seinen Veranstaltungen im Pfarrstadel – so eine Art von Dionysos-Theater Athens in unserem Landkreis, in dem sich alles vereinigt, was ein soziales Wesen wie der Mensch braucht: Spirituelles, Politisches, Gesellschaftliches, Ästhetisch-Künstlerisches.

Hautnah sind Kabarettisten wie Jonas, Zimmerschied, Polt, Hube oder Ringsgwandl zu erleben, aus nächster Nähe Schauspieler wie Claus Eberth oder Stefan Hunstein, Josef Bierbichler oder Thomas Holtzmann. Tolstoi, Arthur Schnitzler oder Dante mit seiner »Göttlichen Komödie« sind in Gauting sozusagen Alltagsbrot, es ist einfach so. Es sind Menschen, und wir können sie nicht nur sehen, hören, wir können sie beinahe spüren, riechen, fühlen. Böse späht Thomas Holtzmann zu seiner Frau hinüber, die ja nicht nur als Sophia Tolstoj seine Bühnenpartnerin ist, sondern auch seine Ehefrau im wirklichen Leben, aber ganz offenkundig ist sie eben alles: Gustl Halenke, die bei Gustav Gründgens als Schauspielerin begann, Frau Holtzmann und Sophia Tolstoj. Und die zwei können das aber auch verdammt gut!

Da bekommt unverzüglich der eigene, fast schon mickrig kleinbürgerliche eheliche Diskurs eine ganz andere Wucht, der sich auf ganz anderem Niveau fortsetzen kann: Auf einmal bekommt auch der eigene Streit tolstoisches Format, man befindet sich offensichtlich in Augenhöhe mit Tolstojs Gut Jasnaja Poljana. Solcher Schlagabtausch erhebt sich deutlich über das Schema: Das hab ich ja gar nicht gesagt, was du meinst, dass ich gesagt habe, weil ich nämlich was ganz was anderes gemeint habe, als was du sagst und so weiter. Bei Tolstojs wird anders gerungen.

Der große Holtzmann: Noch ehe er überhaupt irgendetwas sagt, klingt seine Stimme schon, als knarrten die Sohlen alter lederner Schuhe über die Bretter des Bühnenbodens – auch diesen Augenblick großen, allergrößten Theaters spüren wir im Theaterforum, und im Theaterforum spüren wir ihn hautnah, weil wir so nah dransitzen. Wir sehen, wie Holtzmann, der große Holtzmann mit einem Finger, mit einem einzigen Finger zittern kann, während die anderen ruhen – als wäre das anatomisch überhaupt möglich. Auch wie sich seine Hand, die sich um eine Armlehne wickeln möchte, nicht in diese beruhigende Symbiose hineinfinden kann, sondern nun, in all ihren Gliedern zitternd, über dem Holz des Stuhls ruhelos flattert: Sie findet keinen Halt, der ganze Mann findet keinen Halt – Tolstoj …

»Sie ist ein Mühlstein an meinem Hals. Ich muss lernen, mit dem Mühlstein am Halse nicht zu ersticken«, sagt er, Tolstoj. Als Frau Sophia Tolstoj den Roman »Krieg und Frieden« ihres Mannes als Reinschrift abschreiben durfte, stellt sie fest: »Wenn ich anfange zu schreiben, werde ich mitgerissen in eine Welt der Poesie, und manchmal kommt es mir sogar vor, als sei nicht Dein Roman so gut, sondern ich so klug«, sagt sie, Sophia Tolstoj.

»Das Drängen des Geistes und die Macht des Fleisches, das sind die zwei Extreme in mir«, sagt er, Leo Tolstoj. »Die Leidenschaft der körperlichen Liebe steht der wahren, der geistigen Liebe im Wege«, sagt sie, Sophia Tolstoj. Auf dem Rückweg stapft ein Besucher-Paar durch den Kreuzlinger Forst, als wäre der Kreuzlinger Forst Tolstojs Gut Jasnaja Poljana und man könnte seine Konflikte auf ganz anderer, eben viel höherer, eben poetischer Ebene austragen. Die soziale Komponente, welche die Kultur in einer Gesellschaft mitträgt, reicht solchermaßen bis in die allerprivatesten Bereiche, die auf diese Weise neu reflektiert und diskutiert werden können. Das Theaterforum bringt in die tägliche Prosa unserer von uns selbst so erkannten Wirklichkeit die Poesie des Herzens.

Buchendorf
Oder: Ein Gegner der Zuwanderung würde unverzüglich auswandern

Wer sich über den bayerischen Charakter wundert, sollte nicht vergessen, dass, was bayerische Identität betrifft, nur eines zunächst einmal feststeht, dass im Gebiet der heutigen Bayern einmal Kelten gesiedelt haben: noch gut erkennbar an den vielen, über das ganze Land verstreuten Keltenschanzen, welche keine Verteidigungsanlagen gewesen sind, sondern Kulträume – ein weites Feld für Rutengänger, die nach Erdströmen und Kraftlinien fahnden, gefolgt von Esoterikern, welche sich mit dem Hintern auf die Stelle des möglichen ehemaligen Kultschachtes setzen – meist in der Nordostecke der Schanze –, um damit eine Energiequelle für eigene Zwecke anzuzapfen. Leider sind aber in diesen bis zu dreißig Meter tiefen Kultschächten nicht nur Reste tierischer Opfergaben gefunden worden, sondern auch solche menschlicher Herkunft, so dass die Matriarchats-Theorie, welche die Kelten als mutterrechtlich organisierte Nomaden so wohlwollend ins Auge gefasst hat, gewisse Rückschläge erleiden musste, zumindest im Bereich der bayerischen Feldforschung. Immerhin ist uns aber die Sichel der keltischen Muttergöttin geblieben, welche natürlich eine Mondgöttin gewesen ist, so dass unsere heutige Mutter Gottes auch oft auf einer Mondsichel abgebildet zu sehen ist: geschickte Übernahme einer Vorgängergottheit, welche den Übergang vom naturreligiösen zum christlichen Glauben erleichtert hat – in jedem Fall unsere Patrona Bavariae.

Sternwarte oder kosmische Meditationsstätte den einen, geomantische Energiequelle den anderen, auf jeden Fall eine Art von Denkloch; das hat lange Tradition in diesem Lande. Das sind unsere Vorfahren. Jede Art von Schrift lehnten sie ab, gegolten hat nur das gesprochene Wort und der symbolische, also virtuelle Bildausdruck. Natürlich keine Chance gegen so welche wie die Römer, lange nicht, bis die Römer von selber wieder zusammenbrechen.

In den fünf Jahrhunderten römischer Herrschaft blieb ein Teil der keltischen Bevölkerung, vermischte sich aber natürlich zunehmend mit den Römern, die ja ihrerseits beileibe auch nicht nur Römer gewesen sind, sondern Spanier, Briten, Syrer, Illyrer und so weiter, zum Beispiel ägyptische Tempeltänzerinnen, afrikanische Kameltreiber, britannische Söldner, thrakisch-bulgarische Reiter, griechische Hauslehrer, jüdische Händler, sudanesische Kantinenwirte, irakische

Bauchtänzerinnen, syrische Haarauszupfer und noch einmal so weiter – ein Gegner der Zuwanderung von heute würde bei solchen Zuständen unverzüglich auswandern.

Wie mag es aber, falls er überhaupt noch dageblieben ist, einem römischen Beamten ergangen sein im Land zwischen den fünf Seen, als eine Schlagzeile nach der anderen aus der Hauptstadt kam: »Wahnsinn: jetzt reicht's! Rom gestürmt, geplündert, erobert!« »Imperium Romanum am Ende!« »Odoaker verbreitet blanken Vandalismus!« Jedenfalls ist es aus und vorbei mit aller Macht und Herrlichkeit Roms, im Jahre 476 endgültig. So eine Art »warlord« soll er sein, der Odoaker, von germanischen Söldnern zum Heerkönig ausgerufen.

Ein Beamter, dem die Zentrale abhanden kommt, gerät immer in die Krise. Ein Beamter schätzt Ordnung, Sicherheit, klare Strukturen, und wenn ihm auch noch der lieb gewohnte Geldfluss aus seinem Ministerium unterbrochen wird, kann er regelrecht hysterisch werden. Der Geldhahn und seine ganz persönliche Loyalität zum Staat stehen in einem recht innigen Zusammenhang. Dass Odoaker seinerseits von Theoderich ermordet wird, im Anschluss an eine so genannte »Rabenschlacht« im Jahre 488, und damit die Ostgoten in Rom residieren, kann unserem römischen Beamten im Landkreis auch wurst sein.

Er spürt die Häme der Kelten, die am Gartenzaun lehnen und auf die Römerstraße hinausschauen: »Ällerbätsch, des habts jetzt davon, ihr alten Imperialisten!« Aber natürlich hatten sie keinen Gartenzaun, die Kelten, und hatten sich zum Großteil wohl schon mit den Römern vermischt. Und dann kommen diese Männer, Boii genannt, von denen auch kein Mensch so recht weiß, woher sie eigentlich kommen. Später wird die multikulturelle Gemeinschaft noch vervollständigt durch weitere Fußkranke der Völkerwanderung sowie unter anderem durch Awaren, Magyaren, Franzosen, Schweden und zuletzt Amerikaner, ergänzt durch Italiener, Griechen und Türken usw. Die so genannte »Sauhaufentheorie« gilt in der Wissenschaft nach wie vor als unwiderlegbar, so dass man beim Volk der Bayern allenfalls von einer urindoeuropäischspanischskythischkeltischrömischlevantinischhunnischgermanischslawischen Universalnation sprechen kann, keinesfalls jedoch von einem homogenen Menschenschlag – sei er nun in Buchendorf angesiedelt, in Unterbrunn oder in Aufkirchen.

Komantschen kommen noch dazu, Komantschen aus dem Film von Herbert Achternbusch, für den er folgende Drehorte angibt:

Ein Lungensanatorium im Bayerischen Wald, Haus Achternbusch in Buchendorf, das baufällige Undosa-Bad in Starnberg, bayerische Barockkirchen, ein Stammtisch im Wienerwald Gauting, ein Bierdepot mit vier Särgen, eine Nachtbar, das Olympiastadion in München, wo Rummenigge das 1 : 0 für den FC Bayern schießt, und Sri Lanka, wo man vom Paradies nur noch vierzig Meilen entfernt ist.

»Wissen ist Gegenwissen«, schreibt der ehemalige Buchendorfer Achternbusch. »Warum muß ich mir gefallen lassen und akzeptieren, was die anderen mir als ›Gegensatz‹ vorschreiben? Warum kann ich nicht einfach ein denkender Mensch sein, der nichts von denen hält, die immer wissen, was sie wissen müssen? Die Wissensbezüge, die bei uns herrschen, sind so verkehrt, dass ich mich gar nicht mehr auf ›wissen‹ berufen mag. Warum soll ich nicht Unvernünftiges machen?« Sein Freund Heinz Braun, Maler, längst verstorben, sagte einst zu Herbert Achternbusch: »Lieber ein Idiot als ein Beamter.«

Insofern ist keine Zeit so richtig lustig, aber die Zeit, in der das Römische Reich untergegangen ist, ist schon gar nicht lustig, und man muss von Glück reden, nicht in eine solche hineingezeugt zu werden, auf dass aus einer Zelle zwei werden und man auf Grund weiterer Zellteilungen für den Rest seines Lebens als Namensträger einer solchen zufälligen Zusammenballung an Molekülen als Zeitgenosse, als Mensch herumlaufen darf. Möglicherweise einen kurzen Rest: Die Insassen der Gräber um die Bajuwaren-Kirche herum in Herrsching wissen ein trauriges Lied aus ihren zerborstenen Schädeln zu pfeifen.

Im heutigen Buchendorf gibt es außer Römerstraße und Keltenschanze noch einen Wasserturm, eine Mariensäule und sehr gute Komposterde.

Der Todesmarsch durchs Würmtal

Kann man so etwas wie ein KZ in diese Reihe von Montgolfieren und Trüffeleien einreihen? Man kann es nicht, natürlich nicht. Tut man es aber nicht, tut man so, als gäbe es so etwas nicht, hätte es nie gegeben. Und das stimmt auch nicht.

Mitten durch dieses bezaubernde Würmtal ist der Todesmarsch gegangen, den die Nazis noch in den letzten Tagen vor der Befreiung Deutschlands den wenigen Überlebenden des KZ Dachau aufgezwungen haben, um sie in die Berge zu verschleppen, von Dachau nach Bad Tölz, wo dann Schluss war – für diejenigen, die auch dieses Martyrium noch überlebt haben. Siebentausend Menschen. Bis zur Kolonie in Gauting hinauf hat man die Holzpantoffeln der Häftlinge klappern hören, deren Bewohner sich erst nicht erklären konnten, was das für ein Geräusch ist. Dann wussten auch sie es.

Um diese Geschichte im Bewusstsein wach zu halten, wurden in den Gemeinden, durch die der Marsch ging, Denkmäler aufgestellt, welche die Geschundenen auf ihrem Weg zeigen, gebeugt, erniedrigt, dem Tode nahe. Von Gautings Bürgermeister Knobloch ging die Initiative aus, nicht alle Gemeinden wollten so ein Denkmal, zumindest nicht sogleich. Aber die Hartnäckigkeit hat sich ausgezahlt. Einer der Gäste aus Israel gibt einen Dialog wieder, wie er in seiner Heimat geführt worden ist. »Kennt ihr Deutschland?«, wird einer gefragt und er antwortet: »Ja, Gauting!« Und »habt ihr da Freunde?« wird einer gefragt und er antwortet: »Ja, Dr. Knobloch!«

Zur Verabschiedung des Gautinger Bürgermeisters Knobloch nach dreißig Amtsjahren kommen noch einmal Überlebende ins Rathaus, die Gruppe Massel Tov singt: »Frajnacht soll sajn auf där ganzn Wäld«, denn es ist die Nacht zum ersten Mai, Walpurgis und Freinacht, »Schabbes soll sajn auf där ganzn Wäld«, »Schalom soll sajn auf där ganzn Wäld«. »Du bist eine Quelle von Zukunft, von die Leute, die glauben, dass wir eine bessere Zukunft haben werden«, sagt einer der Redner zum Bürgermeister, aber »es ist nicht leicht herzukommen; jedesmal: Wer fährt, wer fährt nicht? Unsere Delegation wird immer kleiner, leider, von Biologie, nix zu machen – ach, wenn ich nur sprechen könnte in Hebräisch!« Und der Nächste sagt: »Wir sind Kinder von Shoa, in zehn Jahren wird niemand mehr da sein!« – »Doch, ich«, sagt einer der Überlebenden. Er ist der nächste Redner: »Wir sind komplizierte Leute«, sagt er, »manche Dinge nehmen wir sehr ernst, manche Dinge nehmen wir sehr lustig – is gut für Selbsttherapie!« Allerdings wird er dann bissl nervös, denn der alte Bürgermeister hat nur noch dreieinhalb Stunden Amtszeit und die neue Bürgermeisterin sitzt schon da, und wenn er schöne Frauen sieht, wird er aufgeregt, sagt er. Dann überreicht er ihr ein Bild mit der Aufschrift: »To Lord Major Brigitte Servatius and all the people of Gauting.«

Einmal im Jahr wird ein Teil der Strecke zur Erinnerung noch einmal gegangen, von Überlebenden, viele, die aus Israel kommen, von Menschen aller Altersgruppen aus dem Würmtal. Schüler aus den Schulen der anliegenden Gemeinden halten kleine Reden, zitieren aus der Literatur, zeigen, dass auch sie das Wissen um das Geschehen weitertragen werden.

Dennoch ist dieser Marsch keiner, auf dem nicht Geschichten erzählt würden, von heute, aus der Vergangenheit, von Juden und Nichtjuden. Einmal ist in der evangelischen Kirche von Stockdorf, der Friedenskirche, Halt gemacht worden und alle versammeln sich in den Kirchenbänken. Die Enkel und Urenkel der einst zum Tode Geweihten versprühen mehr als Leben und sausen in der Kirche umher. »Für uns sind die Kinder der Sieg über das, was wir erlebt haben«, sagt der Vorsitzende des Vereins, zu dem sich die Überlebenden zusammengeschlossen haben, und dann stellt er seine Mitüberlebenden vor. Wüsste man es nicht besser, käme man sich vor, als wären sie seine Kumpel von einem Langstreckenlauf von vor langer Zeit. Das können nur Juden, so etwas.

»Da is unser Freund Blume!«, ruft der Vorsitzende, »wo isser?« Kein Blume zu sehen, »aber da isser! Steh auf, komm schon! Und daneben mein Freund Menachem! Und Lewitz, der mit mir zusammen im Ghetto war und auf dem Todesmarsch neben mir lief. Herr Perl aus Jerusalem: Das wird Sie vielleicht freun! Daneben sitzt die Familie Heimowitz, Sattelstein, Dr. Gareis, komm steh auf, alter Junge! Die Familie Simon und neben der Familie Simon sitzt meine ehemalige Braut. Frau Katz, warum is der Mann weggelaufen? Und wo ist der Sohn? Habt Ihr gestritten, Familie Katz?« Und so geht das weiter.

Nur Juden können solche Witze miteinander machen, auch übereinander. Als Nicht-Jude darf man sie nicht machen, eigentlich dürfte man sie nicht einmal weitererzählen. Doch zeugen sie von der jüdischen Überlebensfähigkeit – und das in der größten menschlichen Katastrophe, die es je gab. »Das jüdische Volk hat den Humor quasi erfunden. Es ist Teil ihrer Gene«, sagt Roberto Benigni, Regisseur von »Das Leben ist schön«, der zum großen Teil im KZ spielt.

Während also alle zu Fuß von Lochham über Gräfelfing, Planegg,

Krailling und Stockdorf nach Gauting gehen, fährt Max Mannheimer in seinem Tatra vor. Er parkt ihn vor dem Friedhof von Gauting an dem Denkmal für den Todesmarsch. Er hält eine Rede, die aber keine Rede ist, sondern eine Aneinanderreihung von Geschichten, die er erzählt. Wie er fertig damit ist, was allerdings dauert, denn wenn er mit einer Geschichte fertig ist, fällt ihm die nächste ein, zum Beispiel, dass er einem Briefschreiber, der ihn als humpelnden alten Jud bezeichnet, geschrieben hat, dass das kein Wunder ist bei seinem Knie, wenn er über den Kies vom KZ muss, dass er humpelt, weil er da schon einmal länger war, in dem KZ, und so weiter.

Der Tatra ist ein unglaubliches Fahrzeug, weil man nicht glaubt, dass es so ein Fahrzeug gibt, selbst wenn man es sieht. Man glaubt, der Prototyp eines futuristischen Flugzeugentwurfes ist abgestürzt, und ein Bastler hat aus den Resten dieses Konstruktionsplanes ein wahnwitziges Auto zusammengesetzt, ein verrückter, ein total durchgeknallter, mit allen Patentanwälten dieser Welt gescheiterter, aber über alle Maßen gescheiter Konstrukteur – ein Genie, an dem jedes Bemühen um Verständnis vergeblich ist.

Ich soll mitkommen und so absolviere ich den letzten Rest des Gedenkzuges, im Tatra. Wir brausen an dem ganzen Zug, der Absperrung, den Polizisten, den wartenden Autos vorbei, auf der linken Spur. Zu Zwi Katz, der neben Max Mannheimer vorne sitzt, sagt er, dass er seinerzeit auch nicht gegangen ist, weil ihn die SS in den Zug gesetzt hat; »also fahr ich jetzt auch«, sagt er und Zwi Katz lacht, obwohl er sich damals zu Fuß durchgeschleppt hat. Ein Rennradler wischt gerade noch am rechten Kotflügel vorbei, »macht nix«, sagt Mannheimer, und als ein entgegenkommendes Fahrzeug sich entsetzt vor dem Ungetüm auf den Gehsteig rettet, lacht Zwi Katz und sagt: »Macht auch nix!« Allerdings findet er, dass der Tatra ein neues Öl bräuchte. »Kein neues Öl«, berichtigt ihn Max Mannheimer, »er braucht einen neuen Fahrer!«

Man muss nichts für Autos übrig haben, wahrhaftig nicht, um in Ehrfurcht vor diesem Gefährt stehen zu bleiben, vor der Ästhetik einer von Menschenhand geformten Materie – selbst der Ökofreak dehnt vor Bewunderung die Träger seiner Latzhose rhythmisch. Erst beim Verbrauch allein des Motorenöls wird er eventuell wieder nachdenklich. Max Mannheimer bemisst ihn nach »Kannen«, bekommt aber Rabatt.

Der Lieferwagen von Max Mannheimers Vater, ein Chevrolet mit sechs Zylindern, Baujahr 1931, trug die Aufschrift »Jak. Mannheimer Novy Jicin Tel. 268 MARSMALZ«. Auf der anderen Seite des

Chevrolet stand statt »Novy Jicin« der deutsche Name des Ortes: »Neutitschein«. »Neutitschein« steht noch heute auf den Kanaldeckeln von Neutitschein, als gäbe es ein ewiges Österreich. Sein Vater diente sieben Jahre in der K. und K. österreichischen Armee, davon drei Jahre an der Front, ausgezeichnet mit einem Kreuz. Den Chevrolet mit den sechs Zylindern, Baujahr 1931, konfiszierten die Nazis. Die Aufschrift »Jak. Mannheimer Novy Jicin Tel. 268 MARSMALZ« überklebten sie mit Hakenkreuzen, Neutitschein auch.

Bis auf seinen Bruder wurde die gesamte Familie Mannheimer von den Nazis ermordet. Seine Frau, an der Todesrampe von Auschwitz-Birkenau sieht er seine Frau Eva Bock zum letzten Mal, Ende Januar 1943 an der Todesrampe von Auschwitz-Birkenau.

Wer je an der Todesrampe von Auschwitz-Birkenau stand, selbst wer ein halbes Jahrhundert später, bloß als Besucher, der lange gezögert hat, an diesen Ort kommt, der braucht keinen Adorno, damit ihm Gedichte vergehen können.

Wer von den marschierenden Häftlingen hinfiel, wurde von der SS erschossen. Alle fünfzig Meter lag ein Toter, erinnern sich diejenigen, die am Ende des Zuges liefen. Am Abend des 26. April 1945 begann der Abmarsch in Dachau, der Weg ging über Karlsfeld, Allach, Unter- und Obermenzing, Pasing, Lochham, Gräfelfing, Planegg, Krailling, Gauting, Leutstetten – sechs Kilometer vor Starnberg war die erste Rast, am 27. April um 11 Uhr. Um 18 Uhr entsteht unter der SS große Aufregung: Hitler wäre tot und die Amerikaner stünden am Ammersee. Am Starnberger See kommt ihnen die zurückflutende Reichswehr entgegen. Aber es wird weitermarschiert, bis Tölz, bis die letzten Überlebenden am 2. Mai von den Amerikanern befreit werden.

»Schalom«, sagt Zwi Katz auf dem Parkplatz vom Tengelmann in Gauting, auf den Max Mannheimer seinen Tatra abstellt, und spricht über das Handy mit seinem Enkel in Jerusalem.

Sechste Runde
Starnberg, südlich von Kyoto
Rieden · Leutstetten · Starnberg

Eine neue Kartographie des Landkreises

Wären diese Texte und Bilder eine topographische Karte, die sich über den Landkreis legte, sie stünde in der Tradition des Surrealismus und seiner eigensinnigen Behauptung, dass es neben der Wirklichkeit, die wir gewohnt sind zu sehen, noch andere Wirklichkeiten gibt, darüber, darunter, dazwischen ... Dabei braucht man nicht so weit zu gehen wie die Surrealisten, die ganze Geographie neu zu schaffen, es genügt schon eine andere Art von Kartographie, die den zwei Dimensionen von Raum und Zeit eine dritte hinzufügt, welche nicht mehr einer konventionellen Hierarchie zwischen Wichtigem und Unwichtigem folgt, sondern der alles gleich wichtig erscheint, was sich vom Konventionellen auf überraschende Weise eben unterscheidet.

Im Bereich der bildenden Kunst führt eine solche neue Kartographie der im Allgäu geborene Stephan Huber vor, auf dessen Landkarten sich nicht nur Länder und Kontinente neu sortieren, sondern sich über die herkömmlichen Benennungen sehr persönliche schieben, so dass sich eine »Weltgeistscharte«, ein »Gnadenhorn«, ein »Gottgletscher« ebenso wie die Unterschrift König Ludwigs und die Grundrisse seiner Schlösser als Inseln über Meere erheben, deren Buchten sich »Wer-zittert-ist-schuldig-Bucht« nennen, deren Strände »Happiness is a warm gun Beach« und deren Halbinseln »Nirwana's End«. Im fernen Osten findet Huber Bayern wieder, in Japan liegt konsequenterweise Starnberg, südlich von Kyoto. Die Heimat verankert sich in fremdem Territorium, das Nahe wird fern, und erst über diesen Umweg wird aus dem Vertrauten auch wieder das Neue.

In ganz ähnlicher, verwandter Weise baut Lothar-Günther Buchheim sein Museum auf: als »Fest fürs Auge« und nicht von »steißtrommlerischer Systematik« geplagt. Ihn, Buchheim, faszinieren die Nebenwege mehr als die ausgetrampelten Hauptstraßen –

»Wiesenpfade der Kunst« möchte er seinen Besuchern eröffnen. Er folgt darin den Malern der »Brücke«, deren Gemälde er bei sich versammelt, in ihrer radikalen Absage an akademische Traditionen und bürgerliche Normen. Buchheim wird nicht gern »Sammler« genannt, eher sieht er sich als »Zusammenträger«, als »Wiederausbreiter«. Er möchte Ideen und Vorstellungen verdeutlichen und dabei »jenes Entdeckungserlebnis nachvollziehbar machen, das die Brückemaler hatten, als sie zum ersten Mal über die Schwelle eines ethnographischen Museums gegangen waren«.

In diesem Sinne stellt sich der ganze Landkreis zwar nicht als ethnographisches Museum, aber als ethno-, bio- und geo- und überhaupt graphisches Neuland dar.

Rieden
Ein Nobelpreisträger und das Königreich beider Sizilien

In Rieden, einst Hofgut des letzten bayerischen Königs Ludwig III., am Rande eines Golfplatzes inzwischen, liegt in der Kapelle eine Tochter Ludwigs III., die Prinzessin Mathilde von Sachsen-Gotha, in rotem Marmor liegt sie als Epitaph über sich selbst, geformt von Knut Akerberg, einem Schüler des Münchner Bildhauers Adolf von Hildebrand, und es liegt da auf dem kleinen Friedhof Ferdinand von Bourbon, Herzog von Calabrien, und es liegt da ein leibhaftiger Nobelpreisträger, Feodor Lynen, 1964 ausgezeichnet – und zwar für seine »Entdeckungen über den Mechanismus und die Regulation des Stoffwechsels von Cholesterin und Fettsäuren«.

Barbara von Wulffen, in Stockdorf ansässige Biologin und Schriftstellerin, erinnert sich an ihn: »Der strenge, seit einem Skiunfall mit beschädigtem Knie stark hinkende spätere Nobelpeisträger, der sich im ›Akademischen Skiklub München‹, dem ›ASEM‹, von den Studenten vertraulich mit ›du Fitzi‹ anreden ließ, war von allen Schülern gefürchtet. Schon um acht Uhr früh schnürte der jugendlich liebenswürdige Herr beutesuchend durch das Labor, wo einige Doktoranden wie Sträflinge an ihren Arbeitstischen in einem Gewirr gläserner Apparate bereits schuften mussten, um nicht als Faulpelze zu gelten; er fahndete mit dem Blick eines Getriebenen nach ersehnten Substanzen. Reine Kristalle wollte er sehen ...« – und den Nobelpreis gewinnen vor und gegen die Japaner; er bekam ihn dann mit ihnen. Sein Grab pflegt trotzdem niemand; ein Bodendecker, mehr deckt auch einen Nobelpreisträger nicht.

Bescheiden verschweigt der Grabstein die hohe Ehrung, ein Nachbar namens Josef Kastert muss da schon mehr ringen. In falscher Bescheidenheit lässt er sich den lateinischen Sinnspruch eingravieren, dass es ihm nicht um vieles ging, aber um viel schon: »Non multa sed multum«, und er möchte schon gern, dass dieser Grabstein gleich bedeutend ist mit der zusätzlichen Aufschrift: »Ein Meilenstein im Kampf gegen die Tuberkulose«. Wenigstens der Nachwelt sei es gesagt. Feodor Lynens Forschungen schufen die Voraussetzung zur Behandlung von Herz- und Kreislauferkrankungen und der Arteriosklerose, aber das steht nicht auf seinem Grabstein.

Die Feststellung ist banal, aber im Tod sind sie halt doch alle gleich, ob Ferdinandus Borbonius Calabriae Dux Utriusque Siciliae Regine Stirpis Caput, geboren in Roma XXV Julii MDCCCLXIX, also am 25. Juli 1869, und gestorben in Lindavia VII Januarius MCMLX, 1960 mithin, ob Gemahlin von obigem, also uxor Maria Ludovici III Bavariae Regis Filia. Für die Principessa Urraca di Borbone, immerhin also auch noch eine Bourbonin, um die sich einst halb Europa geschlagen hätte, reicht es nur noch zum schlichten Holzkreuz nebst nicht bepflanzter Tonschale – man ist schon direkt froh um eine Familie, die einfach »Gans« heißt und ihr Grab mit Blumen schmückt.

Mit einem Requiescat in pace ist es ohnehin nichts in solcher Gegend, vis-à-vis vom Parkplatz der Golfer, der allein schon ungefähr doppelt so groß ist wie das Gebäude des einstigen Hofgutes; etwas, was die Golfer vermutlich Musik nennen, scheppert aus diversen Radios über das Friedhofsmäuerchen, aber wer immer nur Einlochen im Sinn hat, von dem kann man auch nicht so viel verlangen. Gelegentlich schlagen sie sich auch gegenseitig nieder, etwa ein Sportchef eines Fernsehsenders einen Unternehmensberater. Der Sportchef des Fernsehsenders nimmt die weiteste Entfernung zum Loch, den so genannten Profi-Abschlag, doch behindert er mit seinen amateurhaften Versuchen die nachfolgenden Spieler. Nachdem wieder ein Ball statt im Loch in der Prärie landet, spöttelt der Unternehmensberater, riskiert damit aber Löcher an der Stelle, an der üblicherweise die Zähne mit der Nummer 11 und 21 stehen. Interessanterweise hat der Unternehmensberater das Handicap 11, sein Kontrahent, der ihn niederschlägt, das Handicap 24, und das ist viel schlechter, der Abstand zwischen den Handicaps aber entspricht in etwa dem zwischen den Zähnen im Mund des Unternehmensberaters.

Die Fausthiebe am Loch 7 gehen aber noch in eine nächste gerichtliche Runde, weil der Sportmoderator Widerklage erhoben hat. Ein weiterer Moderator, ebenfalls vom Fernsehen, aber aus anderer Abteilung, zeigt sich als Zeuge fassungslos über »so ein Benehmen auf dem Golfplatz«. Auch er selbst sei bereits an Loch 5 oder 6 als »Greenfeespieler« beschimpft worden, es ist unglaublich. Der Kläger bestreitet das. Die Richterin findet kein rechtes Urteil, denn die Beleidigung ist »bis jetzt nicht bestätigt«. Auf jeden Fall nehmen wir ein neues Schimpfwort in unser Vokabular auf: »Greenfeespieler«.

Leutstetten
Die Zusammengehörigkeit von Unzusammengehörigem

In dem kleinen Kircherl von Leutstetten, dem St. Alto geweiht, ist auf dem linken Seitenalter ganz artig in gotischer Manier das Pfingstwunder dargestellt, aber rechterhand fußt die christliche Darstellung der heiligen Anna, des heiligen Joseph und des Joachim auf einer römischen Grabplatte mit der hinreißenden Inschrift einer gewissen Clementia Popeia, die »dem besten Ehemann und für sich selbst zu ihrer Lebzeit« diesen Stein gesetzt hat: »Dem Publius Julius, dem Sohn des Gaius Pintanus aus der Bürgerabteilung Quirisana, der aus Augusta Bracara in der Provinz Hispania citeria stammte, dem Veteranen, der als Ducurie einer Reitertruppe diente, dem Stadtrat des Municipium Aelis ...« und so weiter hat Clementia Popeia, seine Frau, dem besten Ehemann und für sich selbst zu ihrer Lebzeit diese Inschrift gesetzt.

Dieser wurde erst 1963 bei einer Renovierung entdeckt, er war praktisch in den Altarsockel eingemauert, das war »von Vorteil«, sagt der Mesner, denn die Inschrift ist vollkommen unversehrt, so dass man bis zum heutigen Tag auch den Namen dieses besten Ehemannes lesen kann: Publius Julius hieß der Mann, Sohn des Gaius Pintanus, aus der Provinz Hispania citeria stammt er und diente einer Reitertruppe ebenso wie dem Stadtrat, ein Spanier also, das heißt, genauer gesagt, ein Portugiese aus heutiger Sicht, denn Bracara Augusta heißt heute »Braga« und liegt im Norden Portugals zwischen Porto und dem weltberühmten Santiago de Compostella im spanischen Galizien. Ein weiter Weg für Herrn Gaius Pintanus, in Gegenrichtung zum Jakobsweg späterer Zeiten ist er hierher gekommen. Gefroren mag es ihn haben an den Wadln mit seinen Lederriemen-Sandalen und hineingepfiffen wird es haben unter die

Tücher seiner Toga. Und gemurrt wird sie haben, die treu sorgende Popeia, dass er diesen Job angenommen hat, in diesem bitterkalten Land, umgeben von Kelten, finsteren Gesellen, die kein Schwein versteht. Soll der Blick auf ein Moor entschädigen, vielleicht noch auf den See vom Hügel der villa rustica aus, aber was ist ein See, der spätere Starnberger See im Vergleich zum Atlantik, für Levantiner aus Braga? Wie kann man sich versetzen lassen aus Braga nach Leutstetten? Heute ist Braga ein Stadt gewordenes Barocktheater aus Palästen, Brunnen, Toren und Plätzen, auf denen man sich bewegt, als spielte man in einem Theaterstück, dessen Handlung man nicht kennt, eine Rolle, von der man ebenfalls nichts weiß, weder Text noch Bedeutung, doch ist es kein Albtraum.»In Lissabon lebt, in Porto arbeitet und in Braga betet man«, sagt man in Portugal – Braga ist das Rom Portugals, und Leutstetten: Leutstetten hat zwei Theater, ein Amphitheater und ein Theater am Hof. Das Amphitheater ist kein griechisches, sondern ein geologisches und das ist noch viel älter als das griechische. Der Prähistoriker gerät ins Schwärmen:»Die mächtigen, halbkreisförmigen Wälle, die der Amper-, Würm- und Isargletscher an ihrer Zunge aufgeworfen haben, die so genannten Moränen-Amphitheater vor Grafrath, Leutstetten und Hohenschäftlarn bilden das Entzücken nicht nur des Geologen, sondern jedes Naturfreundes.« In alten Zeiten verstand sich auch der Naturwissenschaftler noch als Poet, der sein Bild von der Landschaft mit Begeisterung zeichnet:»Ungehemmt schweift der Blick über die glitzernde Seefläche und deren Verlandungsstellen im Norden und Süden oder über die weite, von Rinnsalen und weißen Kiesbändern durchsetzte Talebene des Gebirgsstroms bis zur blauenden Alpenkette mit der Königin Zugspitze«, so formuliert es der Kollege Heinrich Geidel in seinem Buch »Münchens Vorzeit« aus dem Jahre 1929 und setzt noch eins drauf:»Wohl an keiner Stelle erklärt sich sinnfälliger das Werden unserer Landschaft.« Zweihundert Meter dick lag das Eis über dieser Gegend, mehr als der halbe Landkreis lag darunter, weithin über das Gebiet des heutigen Starnberger Sees, des heutigen Ammersees gelagert, die er zurückließ – und Leutstetten war so ungefähr das Ende dieses Gletschers; seine Randmoränen bilden das Leutstettener Amphitheater.

Außer dem Amphitheater, das ungefähr ein paar Jahrtausende alt ist, gibt es ein Theater, das zwanzig Jahre alt ist, das Theater am Hof, wie gesagt, der einzige Theatersaal im Landkreis, der von einem festen Ensemble bespielt wird. Und von sich selbst lebt und nicht subventioniert wird. Ihren Schirm über das Theater halten

Prinzessin Irmingard und Prinz Ludwig von Bayern, Enkel des letzten bayerischen Königs, aus dem gegenüberliegenden Schloss der Wittelsbacher, erbaut aus den Steinen der alten Burg, hoch über dem kleinen Ort, zugeschrieben Karl dem Großen, womit sich ein Kreis schließt, denn die Steine der Karlsburg sind aus dem Amphitheater.

Während Ludwig III., der letzte König der Bayern, wie an jedem Tag so auch am 7.11.1918 seinen gewohnten Spaziergang im Hofgarten der Residenz unternimmt, versammeln sich geschätzt 50000 Menschen auf der Theresienwiese zu einer Kundgebung der SPD und der USPD. Ausgerechnet ein Arbeiter, so will es die Legende, rennt dem König hinterher und warnt ihn: »Majestät, gengan'S hoam, Revolution is!« Etwa 2000 Kundgebungsteilnehmer ziehen unter Anführung der von der SPD abgespaltenen USPD zu den Kasernen, Soldaten schließen sich an – das ist auch für den zunächst noch zögernden Kurt Eisner der Zeitpunkt, die Revolution einzuläuten. Im Mathäserbräu wird der Arbeiter- und Soldatenrat gegründet. Abends um halb acht Uhr erhält Ludwig III. von seiner Regierung die Mitteilung, dass sie die Sicherheit seines Lebens nicht mehr garantieren könne. Sie bittet den König deshalb, München zu verlassen. Dem König verschlägt es die Sprache, damit hatte er nicht gerechnet. Niemand hatte ihn informiert, wie ernst die Lage war – und das schon seit langem.

Die Zeitung »Bayerischer Kurier«, das Blatt der Bayerischen Volkspartei, fasst in einem Sonderdruck mit dem Titel »König Ludwig III. und die Revolution« 1921 die Vorgeschichte der Bayerischen Revolution zusammen. Massiv werden die letzten Minister des Königs angegriffen, die ihn weder informiert haben, dass der Krieg nicht mehr zu gewinnen ist, noch ihm die hohe Wahrscheinlichkeit einer Revolution vor Augen führten. Sie hätten ihm gegenüber nur immer von der »Schwarzseherei« derer gesprochen, die solche Szenarien entwickelten. Als »die staatsmännische Tätigkeit, die man so anschaulich als Politik des Fortwurstelns bezeichnet« – so wird die Kritik an der bürgerlichen Regierung im »Bayerischen Kurier« formuliert.

Ludwig beklagt sich, dass ihm niemand »klaren Wein einschenkte«, es bleibt ihm aber nichts anderes übrig, als mit mit der Königin, drei Töchtern, Prinz Albrecht und einem kleinen Gefolge zu fliehen. Die Eisenbahn kann er nicht nehmen, das ist zu gefährlich. Die im königlichen Besitz sich befindlichen Kraftwagen sind nicht fahrbereit, abgesehen davon, dass der Chauffeur nicht aufzufinden ist. Wo der war? »Der wird halt bei irgendsoeiner sozialistischen Veranstaltung gewesen sein«, mutmaßt sein Enkel, Prinz Ludwig, noch heute.

Gegen 23 Uhr tritt der soeben gegründete Revolutionäre Arbeiter- und Soldatenrat im Landtagsgebäude zusammen: Kurt Eisner ruft den »Freien Volksstaat Bayern« aus und wird provisorischer Ministerpräsident. In der Zwischenzeit hat man in der nahen Residenz drei Mietautos für die Königlichen Hoheiten aufgetrieben und sucht das Schloss Wildenwarth unweit des Chiemsees zu erreichen, doch landet eines der Autos in der Wiese, weil sie ohne Licht fahren mussten, es war kein Gas vorhanden, um die Scheinwerfer zu betreiben. Am Morgen des 8.11. erklärt Kurt Eisner die Dynastie der Wittelsbacher für abgesetzt. 738 Jahre Herrschaft sind zu Ende, der »Freie Volksstaat Bayern« lebt, doch dankt der König niemals ab. Allerdings entbindet er am 13.11., inzwischen vom Schloss Anif bei Salzburg aus, auf einer maschinenschriftlichen Erklärung, alle Beamten, Offiziere und Soldaten »des mir geleisteten Treueeides. Anif den 13. November 1918. Ludwig«.

Auf dieses Jahr 1918 beziehen sich noch die Erinnerungen seines Enkels, Prinz Ludwig, in diesem Jahr feierten seine Großeltern noch vor der Revolution ihre goldene Hochzeit. Vor allem erinnert sich der Enkel des Königs deshalb, »weil man als Kind fein säuberlich gewaschen wurde und schön angezogen«, wie er erzählt und lacht. Mit dem Pferdewagen sind sie dann von Schloss Nymphenburg in die Residenz gefahren, woselbst ihn als kleinen Buben zwei Wachposten furchtbar erschreckt haben, weil sie mit ihren Hellebarden in mächtigen Ausfallschritten vor ihn hintraten, zum Salutieren.

Prinz Ludwig lebt noch immer auf Schloss Leutstetten, mit seiner Frau, Prinzessin Irmingard, Tochter des Kronprinzen Rupprecht. Schloss Leutstetten gilt als Urtyp des altbayerischen Hofmarkschlosses aus dem 16. Jahrhundert, 1869 vom späteren König Ludwig III. erworben. Ludwig hielt auf saubere Ställe, auf prämierte Kühe aus guter Zucht – entsprechend qualitätvoll fiel die Milch der wittelsbachischen Landwirtschaft aus. Mittags stattete er seinen Ställen eine königliche Visite ab, auch seine Töchter mussten mit, »in langen Kleidern mit Hüten und Handschuhen«, wie seine Enkelin Prinzessin Irmingard erzählt. Seine Mustergüter waren ihm wichtiger als sein Schloss. Der Ort, an dem auch der sprichwörtliche König allein und zu Fuß hingeht, blieb zeitlebens ohne Wasser. »Man musste«, erzählt Prinzessin Irmingard, »eine Schaufel voll Torf hineinwerfen und bei starkem Wind schnell den Deckel schließen, damit man nicht wie ein Neger herauskam.«

Auch Prinz Ludwig bedient sich durchaus rustikaler Ausdrucksweise, vor allem wenn ihm etwas zuwiderläuft; zum Beispiel erzählt er lachend, wie man mit dem abgekürzten Namen eines früheren Landwirtschaftsministers seinerzeit Blödheit gemessen hat: »1 Lüb«, »2 Lüb« und so weiter. Sollte er diese Anlage von seinem königlichen Großvater haben, was durchaus zu vermuten ist, dann kann man sich gut vorstellen, weshalb sich ein Ludwig II. veranlasst gefühlt haben mag, seinen Vetter, Prinz Ludwig, in einem Brief solchermaßen abzukanzeln: »Wie schon früher habe ich auch bei Gelegenheit des jüngsten Besuches Euerer Kgl. Hoheit bemerkt, daß Dieselben mit Mir in einem zu freien und die verwandtschaftlichen Beziehungen unpassend hervorkehrenden Ton Sich bewegen, wie solcher vor dem König nicht angemessen erscheint. Ich bin der Überzeugung, daß EW. Kgl. Hoheit in künftigen Fällen jede Form des Benehmens wählen, welche in Gegenwart des Königs von allen Unterthanen beobachtet werden muß.« Die Folgen dieses Anpfiffes waren unangenehm: Prinz Luitpold, der nachmalige Prinzregent, und sein Sohn Prinz Ludwig durften nicht mehr bei der königlichen Hofjagd mitmachen, ein herber Verlust für die passionierten Jäger.

Prinz Ludwig sucht es 1883 in seiner Eigenschaft als Aufsichtsrat der Bayerischen Hypotheken- und Wechselbank später dem königlichen Vetter heimzuzahlen – und zwar in der Form, dass Ludwig II. von der Bank kein Darlehen bekommen sollte. Der Versuch misslang – die ungleiche Situation im königlichen Hause blieb bestehen: Ludwig II. butterte Millionen in seine Schlösser, der nachmalige Ludwig III. konnte schauen, dass er sein Schloss Leutstetten über Wasser hielt – und zwar mit den Erträgen der dem Schloss zugehörigen landwirtschaftlichen Güter, Gut Schweige und Rieden.

Man ist, sitzt man unter Gobelins am Tisch bei den Königlichen Hoheiten, die Enkel des letzten Königs sind, nahe an einer Geschichte, die man schon längst für Sache der Geschichtsbücher hält. Im Übrigen betrifft das ja nicht nur Ludwig III., sondern auch dessen Vetter Ludwig II., die beide im gleichen Jahr geboren sind, nämlich 1845. Wäre Ludwig II. nicht so früh gestorben, wären auch für ihn noch Zeitzeugen am Leben.

Zu denen, die den letzten König der Bayern ebenfalls noch gut gekannt haben, gehört auch Otto von Habsburg, Sohn des letzten

Kaisers von Österreich, Karl I. Das reicht alles weit zurück. Hinter dem Sarg des österreichischen Kaisers Franz Joseph sieht man auf einem Foto auch unseren Bayernkönig gehen, Ludwig III. Und wer geht neben ihm? Der kleine Otto von Habsburg, Sohn des letzten Kaisers von Österreich. Die Monarchie in beiden Ländern geht zeitgleich unter, mit ihnen treten jeweils Familien, die nahezu das ganze zweite Jahrtausend in Mitteleuropa geprägt haben, aus der Geschichte der politischen Herrschaft aus.

Fast zeitgleich sterben auch die beiden letzten Majestäten, die ihre jeweilige Krone auch beide nur ganz kurz haben tragen dürfen: Ludwig III. in ebenjenem Ungarn, von dem aus Kaiser Karl an Ostern und im Oktober 1921 zweimal noch vergeblich versucht hatte, die Monarchie zu restaurieren; im selben Herbst 1921, am 18. Oktober, bricht König Ludwig auf dem Gut Sárvár, das er trotz Magenblutungen aufgesucht hatte, zusammen – nachdem er noch einen Rehbock geschossen hat. Die Jägerkluft wäre ihm eh lieber gewesen als eine königliche Gewandung, heißt es, nun war er in die ewigen Jadgründe hinübergetreten, in denen er nur ein halbes Jahr auf den letzten Kaiser von Österreich warten musste, der ausgerechnet an einem ersten April verschied, der endgültige Abschied der Habsburger kein Aprilscherz; und das auf der Insel Madeira unter ziemlich kläglichen Umständen, auf der einst seine wittelsbachische Tante Sissy Erholung suchte von ihrem Lungenleiden.

Die langen Gänge im Schloss Leutstetten, mit ihren Wechseln von Licht und Schatten, mit Hirschgeweihen und Ahnenbildnissen, halten noch immer das Abbild des irdischen Lebens einer königlichen Familie fest. »Das ist übrigens Maria Stuart«, sagt Prinzessin Irmingard im Vorbeigehen über ein verhältnismäßig kleines Porträt an der Wand, dem man kaum Aufmerksamkeit geschenkt hätte. Man gibt ein interessiertes »Mhm« von sich, denkt mit begrenztem Vergnügen an Schiller, ehe Königliche Hoheit hinzufügt: »Gehört zu unseren Vorfahren.« Ah so, alles klar – manchmal weht der Mantel der Geschichte seinen Saum schon sehr nahe an das eigene kleine späte Leben. Im Übrigen wären die Stuarts schon hier gewesen, aus Schottland, hier, in Leutstetten. Aber jetzt wundert einen schon gar nichts mehr, nicht einmal die Geheimtür durch die Bibliothek im dritten Stock, die zu ihrer »Hütte« führt. Die Hütte ist eigentlich ein Turmzimmer, das aber eingerichtet ist wie eine Jagdhütte. Hoch über dem Leutstettener Moor schwebt also eine Hütte, in die sich Prinzessin Irmingard gelegentlich zurückzieht – und weil sie das auch in ihrer Kindheit in den zwanziger Jahren so gehalten hat, rutscht sie, deren hochaufgerichtete Gestalt einem schon beim Gang durch das Treppenhaus beeindruckt hat, auch jetzt noch einmal über das Geländer die drei Stock im Schloss hinunter.

Das Unkonventionelle des letzten bayerischen Königs, der einmal in der Woche mit Münchner Bürgern zum Kegeln ging – es hat sich in der Familie gehalten. Wer solche biographische Brüche, wie es ein »Berufswechsel« vom König zum Bauern mit sich bringt, verkraften will, braucht eine außerordentlich stabile Psyche. Seine Nachfahren, die Verfolgung und KZ erdulden mussten, haben auch das geerbt und dann sich selbst erworben.

Ein Ort mit zwei Theatern und einem Königsschloss könnte eigentlich schon den Anspruch vertreten, eine eigenständige Gemeinde zu sein, auch wenn man nur eine kleine Stätte ist, wie schon der Name sagt: »liucilstat«, also nicht Stätte der Leute, etwa aus der Rubrik »Leute von heute« in Boulevardzeitschriften, wer alles auf der Party vom FC Bayern gewesen ist, sondern »liucil« im Sinne von »lützel«, also »klein«. Aber dem ist nicht so, nicht mehr so, Leutstetten hat seine Selbstständigkeit verloren, eine Inschrift vor der Gaststätte gibt, als handelte es sich auch hier um einen Grabstein, diese bedauerliche Auskunft: »In Erinnerung an die Gemeinde Leutstetten, die am 30. April 1978 ein Opfer der Gemeindegebietsreform wurde.« Seitdem wird auf dem Stadtplan von Starnberg das schöne Dorf Leutstetten als »Stadtteil Leutstetten« ausgewiesen. Dazu passt, dass ein gewisser Urmüller das Schloss von Leutstetten 1565 errichtet hat, Kämmerer seines Zeichens von Herzog Wilhelm von Bayern, und dieser Mann mit dem wunderbaren Namen »Urmüller« zierte in vergangenen Zeiten einen Fünfzig-Mark-Schein. Tempi passati, und dass der österreichische Kaiser Franz Josef und Elisabeth hier am 24.4.1854 ihre Verlobung bekannt gegeben haben, passt auch.

Vielleicht gehört Leutstetten zu den Orten, an denen das scheinbar nicht Zusammengehörige Zusammengehörigkeit gefunden hat. In der Kirche, gleich hinter dem Eingang rechts, leben die drei Nornen oder Schicksalsgöttinnen »Ainpet, Gerpet und Firpet« fröhlich als christliche Jungfrauen fort.

Am Gasthaus in Leutstetten befindet sich außen ein alter, heftig verschnörkelter, schmiedeeiserner Ausleger, der früher am Gasthaus in Petersbrunn hing, das es nicht mehr gibt; es zeigt einen, der auf dem Rücken eines Drachens rudert, der Drache will ihn verschlingen, aber er wehrt sich. Den hat Moritz von Schwind für sein berühmtes Gemälde »Die Hochzeitsreise« übernommen.

Starnberg
Ein Stoff wie aus dem zu träumen

Eigentlich liegt Starnberg am Meer, denn ein Meer ist eigentlich der Starnberger See. Bei Sturm, wenn man beispielsweise auf dem Steg vor dem Undosa steht, da haut es eine Brandung hin, an das Ufer, nicht anders und so donnernd, als stünde man an einer Küste in weiter Ferne. Man spürt sie direkt körperlich, die Wellen, an so einem Tag, als Wummern in der Magengrube. Und eine Gischt fährt in die Luft, die keines Reisebüros bedarf. Das haben natürlich nicht immer alle so gesehen. Einem Herrn Zimmermann war dann das Landleben am See doch zu wenig und die Schiffe nur »Spielschiffe« und der See auf Dauer zu klein.

Dieser Herr, mit Namen Heinrich Zimmermann, Kurpfälzer von Geburt, am 25. Oktober 1741 in Wiesloch zur Welt gekommen, Gürtler von Beruf, also einer, der Sattel- und Zaumzeug herstellte, dem wurde es daheim zu eng und er ging nach Genf und wurde Vergolder, nach Lyon als Glockengießer, nach London als Zuckergießer – und ging mit Capitain Cook 1776 auf dessen dritte und letzte Reise in die Südsee, an Bord der »Discovery«. Nach seiner Rückkehr beschrieb er seine Erlebnisse in dem 1781 erschienenen Buch »Reise um die Welt mit Capitain Cook«. Kurfürst Karl Theodor ernannte seinen erfolgreichen Untertanen »in Anbetracht seiner durch mehrjährigen Seefahrten unter dem königl. grosbritanischen Commodore Cook sich erworbenen stattlichen Kenntnisse« zum »Churfürstlichen Leibschiffmeister«. Er hatte die Aufsicht »sowohl über die Jagdschiffe am Starnberger See, als auch über die auf den Kanalen zu Nümphenburg vorhandenen welsche und deutsche Schiffe, Gondollen und dergleichen«, außerdem oblag ihm die Beratung bei der »Anschaffung der Schiffsequipage«.

Der Mann aus der Südsee, der Cooks Ermordung mitverfolgt und beschrieben hat, am Starnberger See: Da haben wir's. In eigener Regie baut er zwei Boote »auf englische Art, dergleichen man in dieser Gegend noch nicht gesehen hat«. Leider stößt er mit weiteren Reformen auf taube Ohren – oder sagt man auf See: auf schlappe Ohren? Er bricht also noch zweimal auf in die Welt, nach China, und später noch einmal nach Bengalen. Seinen Tod vermerkt hinwiederum das Kirchenbuch von Starnberg, für den 3. Mai 1805; sein Grab ist unbekannt.

»Wer nie partheyisch war, wird es hier, wenn es sich sagen läßt, daß mans hier werden kann, und wer viele schöne Landschaften in der Welt gesehen hat, nennt im Taumel der Lust diese die schönste, hoft nie wieder eine schönere zu sehen.« Zu solchem Jubel lässt sich gern der Herr Professor Lorenz von Westenrieder in seiner »Beschreibung des Wurm- oder Starenbergersees und der umherliegenden Schlösser etc. samt einer Landkarte« aus dem Jahre 1784 hinreißen. Auch die Mischung des den See frequentierenden Publikums hat sich weitgehend erhalten: »Dieser See war einst und immer der Freudenort der Fürsten zu Baiern, und der Einwohner zu München gewesen.«

Starnberg ist eine schöne Stadt, an sich, aber Starnberg hat es wie alle Hauptstädte dieser Welt nicht leicht: Sie ersticken schier am Verkehr, denn zu allem Überfluss liegt diese Stadt auch noch an einem See, an den alle wollen, und zumindest die Hälfte all derer, die da hinwollen, müssen durch Starnberg hindurch, meist mit einem Kennzeichen an ihrem Kraftfahrzeug, das mit »M« beginnt. Die Münchner verwechseln den Starnberger See gern mit ihrer eigenen Badewanne. Ein Busfahrer aus der Region, der mit seinem Bus im Stau der Badenden mit dem Kennzeichen M stecken geblieben ist, wurde solchermaßen gehört: »Jetz ham sa si olle im See ausbrunzt, jetz kennas wieda hoamfahrn!« Das Problem ist altbekannt und wird in seinen Auswüchsen von Karl Valentin so beschrieben: »Einer alten Sage nach aus dem Jahre 1925 sollen sich vom Undosabad aus vorigen Sommer aus unbekannten Ursachen Tausende von Menschen in den See gestürzt haben; dieselben konnten sich aber dank ihrer guten Schwimmkenntnisse alle selbst aus den Wellen befreien.« Es hätte aber noch schlimmer kommen können, denn die Zerstörung Münchens durch den Zweiten Weltkrieg war so flächendeckend, dass allen Ernstes daran gedacht wurde, die Stadt am Starnberger See wieder aufzubauen. Da hätten sich die Starnberger aber gefreut, wo sie die Münchner ohnehin schon an jedem Wochenende auf den Gehsteigen haben und in den Straßen und am Seeufer.

Es ist von daher nicht ganz leicht, stillere Winkel dieser Stadt zu finden, aber es gibt welche, oben am Schloss zum Beispiel, das zwar in der Nacht zusammen mit der Josephskirche weithin über den See leuchtet, beinahe wie eine Fata Morgana, aber doch nur von viel zu wenigen gekannt wird. An der Außenfassade des Schlosses ist noch einmal der Bucentaurus zu sehen, jenes legendäre Prunkschiff bayerischer Herrscher, das leider 1758 wegen Baufälligkeit abgewrackt worden ist, und von dem nur noch zwei Figuren im Undosa unten übrig sind, an der Stirnseite des Speisesaales. Leider ist das Schloss inzwischen ein Finanzamt, das dem Treiben auf dem Bucentaur nicht von 1663 bis 1741 zugeschaut hätte, mit all seinen Lakaien, Zofen, Kutschern, Treibern, Jägern, Fischern, Musikanten, Köchen, Feuerwerkern, Kanonieren und sage und schreibe dreihundert Ruderern. Dem Staatsschiff des venezianischen Dogen ist es nachgebaut, namens »Bucintoro«. Aber da oben, zwischen Schloss und Kirche, da ist ein kleiner Park, in dessen akkurat abgezirkelte Buchsbaumwege sich selten einer verirrt, und noch weniger erklettert einer die Stufen eines zinnenbewehrten Türmchens, von dem man aus den Starnberger See fast noch einmal allein für sich haben kann, und das im dritten Jahrtausend. Und auch vor dem Ignaz-Günter-Altar in der Josephskirche ist es still und licht und hell – aber das hat sein Ende, wenn man weitergeht, in Richtung des Almeida-Schlösschens, das einmal auf alten Landschaftsbildern so vollkommen allein über dem See residierte. Und da, wo jetzt diese barocke Gartenanlage zwischen Schloss und Kirche ist, da war einmal ein Weinberg. Das passt gut: So wurde aus dem Weinberg ein Weinberg Gottes, und der Wein am Starnberger See war ohnehin sauer.

Geht man den Prinzenweg immer weiter, gerät man von einem Wechselbad der Gefühle ins andere. Die Almeidas, Besitzer des gleichnamigen Schlösschens, trifft man unterhalb des Mausoleums von Prinz Carl Theodor von Bayern, dem jüngsten Bruder Ludwigs I., die Almeidas haben da ihre Gruft. Ein Paul Anton Maria Graf d'Almeida zum Beispiel, k.k. Rittmeister und Gutsbesitzer zu Starnberg, was eine gute Mischung ist, geboren in Lissabon, den 28. August 1861, gestorben zu Starnberg, den 13. Februar 1942, was ebenfalls nach einer gelungenen Lebensbahn aussieht, jedenfalls was die äußeren Daten betrifft. Seine Frau, eine geborene Prinzessin Hohenlohe, vulgo Marie Gabriele Gräfin d'Almeida, ist bei ihm, Leberblümchen und Buschwindröschen wiegen sich im Wind auf dem kleinen Hügel, aber leise ist es hier nicht; direkt dahinter entstehen Gebäude aus Glas und Stahl, große Gebäude, gesichtslos, geschichtslos. Und geht man noch weiter, kommt man in einen Ort, der »Am Waldspielplatz« heißt, aber ausschaut wie Neuperlach, und dann kommt Neusöcking.

In Söcking selbst spielt eine Geschichte von Georg Queri, und zwar »Vom Zeppelin«. Sie findet beim »Schalperwirt« statt, »anno 1912«. Der Glas und der Beni und der Moar und der Bader geraten in einen weitschweifigen Diskurs über das Land Preußen, für das man ein Retourbillett braucht, wenn man schon hinauffahrt, über

Grafen, die nach dem Weg nach Maising fragen und die man natürlich auf den falschen schickt, und schließlich und endlich zum Thema Zeppelin und seinem nach ihm benannten Luftschiff. Der Glas weiß Bescheid, nämlich dass man in der Luft nicht aussteigen darf, auch wenn es einem schlecht wird, und damit sich der Beni das auch merkt, wird er zur Bekräftigung als »Rindviech« bezeichnet, und zwar als »kaiserlichs«. Außerdem wäre der Beni ein »Meerschiff«, weil seine Räusch sein Meerschiff sind. Im Luftschiff aber fahren die höchsten Herrschaften, »Kaiser und Kini und Fürschtn« und am End noch der »Bapst z' Rom«. Mit dem Luftschiff kommt man so hoch hinauf, dass man mit unserem Herrgott »dischkariern« kann, zum Beispiel über die Ernte, dass er die Erdäpfel nicht so austrocknen lässt wie im letzten Jahr und dass man die Steuern noch derzahlen kann. Manchmal hilft nur der Blick über den See oder die Literatur oder beides. Da trifft es sich gut, wenn ein fantastischer Autor namens Gustav Meyrink Ruderwart gewesen ist und sich überlegt hat: »Wer weiß, vielleicht sind Unterbewußtsein und Mutter Gottes ein und dasselbe.« Und Sätze geschrieben wie: »Dann kannst du sagen: ich habe ein Ziel gefunden, weil ich keines gesucht.«

Noch in den fünfziger Jahren wird der Leser auf der Rückseite von »Des deutschen Spießers Wunderhorn« vor der Lektüre gewarnt: »Dies ist ein seltsames und seltsam weitgespanntes Buch.« Ganz unberechtigt ist der Hinweis nicht. In der Erzählung »Das Wildschwein Veronika« wird selbiges zum Theaterstar, und es kommen Sätze vor wie: »Die Vöglein pfiffen, es glitzerten die Gräser, und hie und da stank ein Bauernlakl vorbei.« Das Wildschwein Veronika nimmt gewaltigen Anlauf, tut plötzlich einen furchtbaren Satz, wirft einen Schutzmann um und erstürmt die Bühne, auf der hinter einem Leinwandfelsen Wilhelm Tell lauert, um aus dem Hinterhalt auf einen ahnungslosen österreichischen Beamten abzudrücken. Daraus wird nichts. Das Schwein »vollführte ein idiotisches Getrappel auf den Brettern«. Wilhelm Tell war geflohen und fing zu weinen an, den Souffleur hatte der Schlag getroffen, nur im Publikum rührte sich nichts, lange nichts. Dann aber bricht es los wie ein Erdbeben, ein Schweizer Kritiker ohne Hemdkragen röchelt: »Alppenkunscht, Alppenkunscht, der Dichter ischt sichcherlichch ous der Schwiez gsi.« »Veronika«, schreibt Meyrink, »war ein gemachtes Schwein von Stund an. Immer wieder mußte es den famosen Schuhplattler wiederholen und Arm in Arm mit dem Herr Regisseur unzählige Male vor der Rampe erscheinen.« Nur ein gewisser Charcutier Schoißengeyer bleibt skeptisch: »I woaß nöt, i glaub halt allaweil, ´s is a Sau!« Und ein degenerierter Zugereister hält sich zitternd in der Toilette verborgen. Aber Veronikas Ruhm ist nicht mehr aufzuhalten, Schliersee, ihr Geburtsort ist in aller Munde, kein Stück, das nicht mindestens fünfhundert Meter über dem Meeresspiegel spielt, darf die Zensur passieren.

Immer wieder aber reichen die Wellen des Starnberger Sees an den Strand des Indischen Ozeans heran und bis weit ins Innere Asiens hinein. In der Geschichte vom Löwen Alois wird der Föhn vergleichsweise zum lauen Lüftchen: »Und immer wilder wurde das Pundshab und immer finsterer das Gesicht, das die Landschaft schnitt. Die steinernen Finger der Berge von Kabul krallen sich in die Niederungen – Bambusdschungel starrt wie gesträubtes Haar, und auf den Sümpfen treiben träge die Fieberdämonen mit lidlosen Augen und atmen vergiftete Mückenschwärme in die Luft.«

Seit 1911 lebt Gustav Meyrink am See, geboren 1868 in Wien, gestorben 1932 in Starnberg, ist hoch engagierter Ruderwart des Rudervereins »Bayern«, Mitarbeiter der Wiener Zeitschrift »Lieber Augustin« und des »Simplicissimus«, Feuilletonist, Lustspielautor und Romancier, von Franz Blei als »Mondkalb« satirisch gezeichnet. Mit einem Modewort würde man seine Geschichten heutzutage als »durchgeknallt« bezeichnen. Solche Sachen sind seinerzeit noch am See geschrieben worden, wie zum Beispiel die »Erstürmung von Serajewo«, die Meyrink aus seinen imaginären Kriegserinnerungen beisteuert, 1913 erschien in drei Bänden »Des deutschen Spießers Wunderhorn«. Die Herren Oberleutnante vom dreiundzwanzigsten sitzen im Café Fensterl und schauen, »ob net ein fesches Weib vorübergeht«. Die Nachricht, dass Krieg ist, trifft sie wie der Blitz, und es war auch ein Versehen, denn Alois der Dritte, der Gütige, will eigentlich nur die Rindviehausstellung eröffnen. Er zieht ein Stück Papier aus der Tasche und beginnt seine Rede mit den Worten: »Diese Brücke dem Volke …«, merkt aber, dass er die falsche erwischt hat, also die falsche Rede, beginnt die nächste mit »Hurra«, muss aber auch diese abbrechen: »Nein, die ist es auch nicht!« Der wiederum nächste Versuch gerät zwar pathetisch: »So läute denn, Glocke, fürder«, ist aber auch falsch: »Sapperlot, wieder falsch!« Der Monarch wird nervös, verhaspelt sich in der Formulierung: »Sehen Sie nur zu, daß die Verhältnisse so rasch wie möglich zu einem gedeihlichen Ende kommen!« und ruft plötzlich aus: »Ich – erkläre – den – Krieg!« Und so kommt es halt zum Krieg.

Respekt vor vaterländischer Gesinnung geht Meyrink vollkommen ab. In der Erzählung »Bologneser Tränen« hört man das schneidige »Gwääh – Gwegg – Gwääh – Gwegg« der Vaterlandsaffen, dem Titel »Wozu dient eigentlich Hundedreck?« wird als Motto beigesellt: »Ans Vaterland, ans teure, schließ dich an!«

Ein Redakteur beim Simplicissimus namens Geheb wirft Blätter, die aus Meyrinks Hand stammen, in den Papierkorb: »Das Zeug hat ein Wahnsinniger geschrieben. Schade, es wäre sonst einiges daran nicht so übel.« Ludwig Thoma fischt sie wieder heraus und fragt danach: »Ja, was wär denn jetzt des?!« Geheb wiederholt sich: »Das Eingesandte eines Wahnsinnigen!« Thoma stimmt halb zu, aber eben nur halb: »Wahnsinnig? Vielleicht. Aber ein Genie. Ja, ja, Geheb, Genie und Irrsinn! Merken Sie sich aber nebenbei den Namen Meyrink. Und schreiben Sie dem Mann, ob er nicht noch mehr von solchen Sachen hat. Wir drucken's umgehend.«

»Wos for Tieffsinnen und Geheimbnus in denen Worten und Ausdrücken lieget!«, zitiert Meyrink einmal einen erfundenen Gelehrten aus dem Mittelalter und spottet damit von vorneherein jeder eindimensional esoterischen Auslegung. »Talmi-Kophtas« nennt er solch Klientel, aber solch Klientel liest solches nicht. In der Geschichte »Amadeus Knödlseder. Der unverbesserliche Lämmergeier« wird selbiger Knödlseder gleich zu Beginn vom bayerischen Steinadler Andreas Humplmeier rüde angeherrscht: »Knödlseder, schleich dich!« Es geht nämlich um das Fleischstück, das des Wärters spendende Hand durchs Gitter gesteckt hat. Knödlseder gibt sich indigniert: »Sauviech, verfluachts«, schimpfte, vor Wut außer sich, der hochbetagte, in der langen Gefangenschaft bereits kurzsichtig gewordene Lämmergeier; dünn spuckt er auf seinen Widersacher. Letztendlich erschleicht sich Knödlseder jedoch die Freiheit, will sich eine Maß Bier gönnen, wofür er aber zu früh dran ist und beschließt schließlich, sich eine Krawatte in der Handlung von Barbara Mutschelknaus zu erwerben. Barbara Mutschelknaus findet eine passende und flötet dem Lämmergeier ins Ohr: »No, die steht Eahna ... und ausschaugn tuan'S (wie ein Schnallentreiber, hätte sie beinahe gesagt) – wie ein leibhaftiger Baron.«

»Ich kenne keine Stadt«, schreibt Gustav Meyrink, dessen »Golem« natürlich in Prag spielt, natürlich auf der Kleinseite, »ich kenne keine Stadt, die wie Prag, wenn man in ihr wohnt und geistig mit ihr verwittert ist, einen so oft verlockt, die Orte der Vergangenheit aufzusuchen.« In Starnberg aber, nicht in Prag, hat Gustav Meyrink seinen Golem fertig geschrieben, wir müssen uns den Golem praktisch im Undosa vorstellen. Sein größter Erfolg wird 1915 in Starnberg beendet. »Golem« ist hebräisch und bedeutet »Tonklumpen«. Von einem Rabbi wird der Tonklumpen zum Leben erweckt nach verloren gegangenen Vorschriften der Kabbala, alle dreiunddreißig Jahre erscheint er, immer wenn die gleiche astrologische Sternenstellung ist wie bei seiner Erschaffung. Auf den Erfolg des »Golem« hin wohnt Meyrink im »Haus zur letzten Latern«, Unterer Seeweg 4, das jedoch 1928 von ihm aufgegeben werden muss. 1933 wird es abgebrochen.

»Es ist«, schreibt Meyrink in seiner Erinnerung an Prag, »als riefen die Toten uns Lebende an die Stellen, wo sie ihr Dasein verbrachten, und raunten uns zu, daß Prag nicht umsonst den Namen ›Schwelle‹ führt, daß es in Wirklichkeit eine Schwelle zwischen Diesseits und Jenseits ist ...« Wir sollten vorsorglich jedem weißen Hund zublinzeln und leise sagen: »Hey, Gustl, wie geht's?« Denn Meyrink glaubte an solche Reinkarnationen und wollte sich solcherart jeweils aus dem Jenseits melden, schon am Tag seines Todes tat er das. Dergleichen ist keine Seltenheit. Einer Frau Berta Eckstein erschien ein solcher weißer Hund, und unverzüglich in Starnberg anrufend, erfuhr sie vom Tod Meyrinks. Der Kollege Thomas Theodor Heine lässt vom Ammersee herübergrüßen und erzählt die gleiche Geschichte.

Schon 1913 schreibt er »Meine Qualen und Wonnen im Jenseits«, denn er hat sich, wie es sich für einen Schriftsteller deutscher Nation geziemt, eines unnatürlichen Todes gestorben; durch spiritistische Klopflaute teilt er sich aus dem Jenseits mit. Der erste Vorsitzende des Ruderklubs »Charon« persönlich nimmt ihn mit auf die Barke, allerdings muss er sich von den Schemen abgeschiedener, höherer bayerischer Ehrenbürger Anspielungen in Schnadahüpflform auf sein Glaubensbekenntnis evangelischer Konfession anhören: »Protestantischer Zipfi,/Steig aufi am Gipfi,/Fall abi in d'Höll'/Bist 'm Teifi sei Gsell!« Von einem Kameltreiber werden die Toten durch ein Nadelöhr gescheucht, unglücklicherweise trifft Meyrink auf den Leiter des Fegefeuers, den Oberlehrer Sassafraß, der sogleich auf ihn deutet: »Das ist der Meyrink Gustav, der gegen den Stachel gelöckt hat.« Auch auf einen Dr. Schmuser trifft er, unschwer als Rudolf Steiner zu erkennen, der »unverbesserliche Gewohnheitsprophet und Gründer der theoposophisch-anthroposophisch-rosicrucipneumatotherapeutischen Gesellschaft«, der auf den Wolken wandelt und wieder einmal seine Getreuen anführt, eskortiert von einer Ehrengarde von zwölf ausgewählt vermögenden alten Damen. Meyrink rät am Schluss: »Hängen Sie sich auf, meine Herren, hängen Sie sich auf! Ehe es zu spät ist. Mit eiligem Hosianna, Ihr aufrichtig verstorbener Gustav Meyrink.« Auf seinem Grabstein sind vier große Buchstaben zu erkennen: VIVO, ich lebe.

Vermutet man schon den »Golem« nicht am Starnberger See, sondern in Prag, aber wenn er denn hier fertig geschrieben worden ist, ist T.S. Eliot auch nicht weiter verwunderlich. »Summer surprised us coming over the Starnberger See/With a shower of rain« beschreibt 1922 in hymnischer Form seine Stimmung am Starnberger See der englische Dichter T.S. Eliot, den man überall, aber nicht da vermuten könnte, in seinem Gedicht, das allerdings den Titel »The waste Land« trägt.

Das literarische Leben in Starnberg ist ungebrochen rege bis zum heutigen Tage. In der Bahnhofsbuchhandlung steht eine Goethe-Büste, die von so manchem Besucher nicht nur ehrfürchtig bewundert wird, sondern nach der sich auch beim Besitzer erkundigt wird: »Ist das der Firmengründer?« Andere wissen, dass die Tochter von Oskar Maria Graf in Starnberg lebt, es ist die Marianne Koch. »Die Welt wird immer absurder. Nur ich bin weiter Katholik und Atheist, Gott sei Dank!« Dieser schöne Spruch von Luis Bufluel hängt bei dem Kollegen des Buchhändlers, in der »Bücherjolle«.

Meyrink blieb die Ächtung seines Werkes durch die Nationalsozialisten erspart, weil er vorher starb, Graf musste sie miterleben, aber vielleicht musste er erst einmal nach New York in die Fremde, um so »Altmodische Gedichte eines Dutzendmenschen« schreiben zu können, in denen sich der See so entfaltet:

»So grün hab' ich das Gras noch nie gesehen,
noch nie den See so blau.
Ich muß verwundert stehenbleiben
und frage mich: ›Was ist geschehen?‹
Ich kenne doch die Gegend so genau
Und könnte blind das kleinste Ding
beschreiben ...«

Auch in seinem Buch »Das Leben meiner Mutter« gerät die Gegend zum Heilmittel, für ihn selbst und für uns Leser: »Mit meinem letzten Geld fuhr ich nach Starnberg und lief stundenlang in den Wäldern der Umgebung herum. Ich kannte jeden Weg, jeden Strauch, der frische Tag war voll aufgewacht. ... Langsam verwich meine Jämmerlichkeit.«

Schaut man aus größerer Entfernung, zum Beispiel vom Gipfel der Benediktenwand aus dem Süden, auf den Starnberger See, liegt er da als eine lang gestreckte Badende zu Füßen der Berge und die hellen Türme der Dorfkirchen weisen in das sie umgebende Grün, weil Gott und Natur sich einig geworden sind in dem, was hier Kultur geworden ist. Auf dem Friedhof an der Hanfelder Straße liegen Meyrink, Queri und auch Otto Falckenberg, auf dessen Grab diese Inschrift zu lesen ist: »Die Ganze Welt ist Bühne und alle Fraun und Männer bloße Spieler. Und so von Stund zu Stunde reifen wir und so von Stund zu Stunde faulen wir und daran hängt ein Märlein.«

Ausgerechnet in einem so von Hedonismus geprägten Ort wie Starnberg muss freilich der dem Lustprinzip verpflichtete Philosoph der Befreiung, Herbert Marcuse, sterben. Noch immer gilt, was er in seiner Analyse des »Eindimensionalen Menschen« geschrieben hat: »Die Erzeugnisse durchdringen und manipulieren die Menschen; sie befördern ein falsches Bewußtsein, das gegen seine Falschheit immun ist.« 1970 – allein im Monat des Erscheinens musste dieses Buch 25 000-mal nachgedruckt werden. Jürgen Habermas, sein letzter Kollege, Vertrauter, wenn nicht Verbündeter der »Kritischen Theorie«, bei dem Marcuse häufig in Starnberg zu Besuch war, ist für eine Veranstaltung zu Ehren von Herbert Marcuses allerdings nicht zu gewinnen. Dafür hat er nun wirklich keine Zeit!, bescheidet er knapp ins Telefon.

KD Wolff, ehemaliger Bundesvorsitzender des revolutionären SDS, inzwischen Verleger des Verlages Stroemfeld/Roter Stern, bekannt durch die Werkausgaben von Hölderlin, Kleist und Kafka, übernimmt den Part, wird allerdings immer wieder von einer Frau, die zunächst niemand kennt, unterbrochen. Ungefragt, wenn auch honorarfrei gibt sie eine Art von Ko-Referat, in dem sie Herrn Wolff als »Mörder« bezeichnet, als Mörder des Philosophen Theodor W. Adorno. Irgendwann stellt sich die fremde Dame dann doch als Frau Habermas vor – tatsächlich könnte man sich unter Kommunikation etwas anderes vorstellen. Doch vielleicht hat der führende Kommunikationsforscher der Republik, Jürgen Habermas, nicht zuletzt deshalb über »Theorie und Praxis« gearbeitet: Dass das zwei Paar Stiefel sind, daran wollen eben er und seine Frau vielleicht auch die nötigen praktischen Beweise liefern.

Der einstige Studentenführer KD Wolff aber steckt die Kopie eines Briefes in die Tasche zurück, der Habermas aus Sicht des Instituts für Sozialforschung zum Abschuss freigibt. Horkheimer schreibt 1958 aus Montagnola an »Teddie«, dass »der dialektische Herr H.« sich »zu ungeheurem Scharfsinn anstachelt«, freilich tut er damit »der Philosophie so viel Gewalt an wie der Soziologie«. Horkheimer konstatiert bei Habermas eine »mit Geist gekoppelte Blindheit«, welche »unsere Anstrengung durch Verzerrung vereitelt«. Aus Höflichkeit und Respekt einer älteren Dame gegenüber, liest Wolff diese Briefe gegen Habermas nicht vor. Der alte Kämpfer zeigt sich weise – lachen konnte er schon immer und tut es auch jetzt noch, zum Beispiel, als er auf dem Weg zum Veranstaltungsort an einer Leuchtschrift mit den Initialen »SDS« vorbeikommt. Freilich ist ein SDS in diesen Tagen kein »Sozialistischer Deutscher Studentenbund« mehr, sondern der »Starnberger Digital Service«.

Siebte Runde
Starnberger See West

Pöcking · Possenhofen · Roseninsel · Feldafing · Garatshausen · Tutzing

Global, total, regional

Dass das Ganze immer auch im Teil vorhanden ist, der Makrokosmos im Mikrokosmos, ist eine alte Weisheit, aber wer denkt, wenn er denn überhaupt an Werner Heisenbergs Theorien zur Atomphysik denkt, an den Starnberger See? Kaum jemand, es sei denn man wäre in Werner Heisenbergs Autobiografie »Das Teil und das Ganze« auf eine Stelle wie diese gestoßen: »Es mag im Frühjahr 1920 gewesen sein ... da war ich an einem hellen Frühlingstag mit einer Gruppe von vielleicht zehn oder zwanzig Kameraden unterwegs ... und die Wanderung führte, wenn ich mich recht erinnere, durch das Hügelland am Westufer des Starnberger Sees, der, wenn eine Lücke im leuchtenden Buchengrün den Blick frei gab, links unter uns lag und beinahe bis zu den dahinter sichtbaren Bergen zu reichen schien. Auf diesem Weg ist es merkwürdigerweise zu jenem ersten Gespräch über die Welt der Atome gekommen, das mir in meiner späteren wissenschaftlichen Entwicklung viel bedeutet hat.« Zieht man zur genaueren Verortung die sonst schwer vermittelbare Heisenbergsche Unschärferelation $\Delta p \cdot \Delta q = h$, also »Delta-p mal Delta-q entspricht h« hinzu, kann man leicht als ein praktisches Beispiel dieser Theorie auf die Ilka-Höhe kommen. Die Ilka-Höhe und Werner Heisenberg – wer wäre je beim Anblick dieser von allen so geliebten Höhe auf Heisenberg gekommen?

Auch Carl-Friedrich von Weizsäcker ist einer, der viel zu Fuß geht, bis nach Seewiesen geht er zu Fuß, zu Konrad Lorenz und dem »Leib-Seele-Kolloquium«, und er geht nach Kerschlach, wo ihm die Kirche St. Ulrich eine Erleuchtung nach der anderen eingibt. Und von Kerschlach zum nahen Hartschimmelhof, wo Albrecht Haushofer lebte, der von den Nazis ermordete Dichter. Und nach Tutzing in die Evangelische Akademie, alles zu Fuß – so wie er auch als Student von Berlin, wo er studierte, nach Stuttgart, seiner Heimat, wanderte, in fünfunddreißig Tagen. Seit zweiunddreißig Jahren lebt er am Starnberger See, sein Denken bewegt sich in Kreisen und Spiralen, sein Denken kommt aus der Natur, aus dem Gehen in der Natur. Und er geht weit, er geht in die millionenfache Ausdehnung unseres irdischen Lebensraumes, in die Milchstraße, die aber ihrerseits wiederum nur Teil eines unaufhörlich sich ausdehnenden Universums mit Milliarden weiterer Milchstraßensysteme ist – ganz abgesehen von den berühmt-berüchtigten schwarzen Löchern dieses nicht vorstellbaren Raums, aus denen eben dieser nicht vorstellbare Raum entsteht und wieder in sich zusammenfällt, alles vom Ufer des Starnberger Sees aus betrachtet. Eines von Weizsäckers zentralen Geboten lautet: »Glaube nicht an etwas, das du verstanden hast, bevor du es nicht mit einfachen Worten sagen kannst, so dass jeder es versteht.« Er kann sogar bairisch, in Schüttelreimen: »Jetzt gehn ma an den Ammersee, am Starnberger, da samma eh!«

Pöcking
Was von Österreich übrig geblieben ist

Ödön von Horváth, der 1936 noch ein letztes Mal seine Eltern in ihrer Wohnung in Possenhofen besucht hat, war der Meinung, dass die Wahrheit keine Pointe habe. Da muss man ihm ausnahmsweise einmal widersprechen. Sie hat eben schon eine Pointe, manchmal, in Pöcking zum Beispiel, wenn man von Possenhofen den steilen Hang heraufkommt, am Bahnhof vorbei, in dem der kaiserlich-königliche Wartesalon blau seiner Vergangenheit hinterherträumt, die Brücke hinter der scharfen Linkskurve überquert mit dem schmiedeeisernen Gitter, das vermutlich keiner weiteren automobilen Attacke mehr standhalten wird, sondern dem Fahrzeughalter die Bahn frei macht zum Absturz auf die tief darunter liegende Bahnstrecke, dann liegt rechterhand bald eine hochherrschaftliche Villa auf ebenso hochherrschaftlichem Hügel mit einer Parkanlage, die weiß ist im Winter und weiß im anbrechenden Frühjahr, solche Teppiche von Schneeglöckchen breiten sich über dem Boden aus. Die Villa heißt »Austria«, nachdem sie vorher »Australia« hieß.

»Österreich ist der Rest«, hat der französische Ministerpräsident Clemenceau nach dem Ende des Ersten Weltkrieges gesagt, der Rest ist Österreich, und damit war in etwa das heutige Österreich gemeint, übrig geblieben als ein Zehntel des riesigen Habsburgerreiches, der Kaiserlich-Königlichen Monarchie Österreich-Ungarn. Und die Habsburger mussten per Beschluss der Alliierten das Land verlassen, auf immer, wie es hieß, und der Sohn des letzten Kaisers, des Kaiser Karl I. und seiner Frau Zita, Otto von Habsburg kam nach dem Zweiten Weltkrieg nach Pöcking, so dass die Villa Austria in Pöcking so gesehen der Rest von der Kaiserlich-Königlichen Monarchie Österreich-Ungarn ist.

Allerdings ist er in gewisser Weise auch wieder zu Hause. Wer kann schon von seiner Tante als »meine Tante Sisi« reden? Einer kann es: Otto von Habsburg, der Sohn des letzten Kaisers von Österreich-Ungarn.

In dem neugeborenen Kind, schreibt die Neue Freie Presse in Wien am 21.11.1912 und meint damit Otto von Habsburg, zeigt sich dem Kaiser Franz Joseph »der künftige Träger der Herrschergewalt in der österreichisch-ungarischen Monarchie ...« Endlich, wird Kaiser Franz Joseph sich gedacht haben, wird er gehofft haben, nachdem sich sein unglücklicher Sohn und naturgemäß eigentlicher Thronfolger Rudolf in Mayerling umgebracht hatte, 1889; sein Bruder Maximilian als Kaiser in Mexiko erschossen worden war, 1867; der zweitjüngste Bruder Karl Ludwig sich auf einer Pilgerfahrt ins Heilige Land nicht abhalten hat lassen, Wasser aus dem Jordan zu trinken, worüber er an Typhus verschied, 1896, und seines Neffen Franz Ferdinands Kinder als Thronfolger nicht in Frage gekommen wären infolge morganatischer, also kurz gesagt »falscher« Ehe mit einer gewissen Gräfin Chotek. Dessen Bruder wiederum, Erzherzog Otto, verstarb schließlich ebenfalls früh, 1906, worüber man allerseits allerdings eher erleichtert war. Durch diese unglaubliche Verkettung privater Tragödien war des jetzigen Ottos Vater Karl und damit auch Otto selbst überhaupt erst in die Nähe der Krone mehr gerutscht, als dass man daran in irgendeiner Weise hätte denken können.

»... ein Kaiser«, wie die Neue Freie Presse fortfährt, »der nach menschlicher Wahrscheinlichkeit wohl erst im letzten Viertel des zwanzigsten Jahrhunderts berufen sein wird, die Schicksale dieses Staates hoffentlich in ruhigeren Tagen zu lenken, als wir sie jetzt erleben.« Aber auch das letzte Viertel des zwanzigsten Jahrhunderts ist vergangen, ohne dass Otto von Habsburg Kaiser von Österreich-Ungarn wäre, sondern nur Abgeordneter der CSU im Europaparlament, was natürlich auch nicht schlecht ist, vergleichsweise freilich bescheidener. Die Wahrscheinlichkeitsrechnung der

Wiener Neuen Freien Presse enthält einen menschlichen Fehler, nämlich nicht in die Zukunft schauen und infolgedessen auch nicht das seinerzeit alsbaldige Ende der Monarchie absehen zu können.

Kurz vor diesem Ende aber sieht man noch auf Fotos den kleinen Otto am großen Kaiser Franz Joseph lehnen, ein wenig ratlos vom Fotografen hingestellt in seinem Mädchenkleid, während sich das Bild mit dem eigenen Vater umkehrt. Da ist es der kleine Otto, der mit mädchenhaft prächtig langen Locken stolz und schön aus dunklen Augen am Betrachter vorbeischaut, größer als sein Vater, der im Sitzen hingegossen an seinen Sohn fast hilflos wirkt und unendlich traurig seinen Blick noch weiter am Betrachter vorbeiverliert als sein kleiner Sohn, dessen rechte Hand fast begütigend auf der Uniformhose des Vaters liegt. »Wird schon, Papa«, scheint der Kronprinz zum Kaiser und König sagen zu wollen, obgleich er selbst als Kind schon zu wissen scheint, dass es nicht mehr wird. Da hilft auch kein Krönungsornat mehr, in dem man den Prinzen kleidet und fotografiert – zu sehr ist das alles schon von einer anderen Welt, einer Welt, die es nur noch für Augenblicke geben wird.

Am 20. November 1912 wird Otto von Habsburg auf Schloss Wartholz geboren, der Sommerresidenz seines Vaters, unweit von Reichenau an der Rax, mit Bahnstation zum Semmering hinauf, an den zu Beginn des Jahrhunderts die Wiener Ringstraßenwelt ins Grüne hinausgezogen war, die Bürger und die Adligen in eine wahrhaft österreichische Seelenlandschaft. Im Garten des Schlosses Wartholz freilich hat am 28. Juni 1914 das künftige Thronfolgerpaar die Nachricht vom Attentat in Sarajevo erreicht.

Der Krieg beginnt, Franz Joseph wollte ihn auch wieder beenden, doch stirbt er vorher, 1916. Hinter seinem Sarg sieht man unseren Bayernkönig gehen, unseren letzten, Ludwig den Dritten.

Ottos Vater Karl wird Kaiser, der Krieg geht verloren, Revolutionen hüben wie drüben – im März 1919 sieht sich der letzte Kaiser der Österreicher zur Ausreise gezwungen. Zwar fühlt er sich an nichts gebunden, was die Regierung in Wien beschlossen hat, auch hat er nie abgedankt, weil, was auch immer diese provisorische Nationalversammlung verlautbaren lässt, »für Mich und Mein Haus null und nichtig ist«, aber die Macht des Faktischen erweist sich in revolutionären Zeiten als stärker denn legitimistische Deklarationen und behält insofern die Oberhand. Auch wenn etwa Gordon Brook-Shepherd in seiner Zita-Biografie etwas trübe vermerken muss, dass damit eine »Dynastie, die vor sechseinhalb

Jahrhunderten von Rittern auf die Bühne der Geschichte geführt wurde ... nun von Universitätsprofessoren verabschiedet« wurde.

Immerhin kann Karl als Kaiser ausreisen, er wünscht sich eine letzte Messe auf österreichischem Boden, ein Bischof zelebriert sie, sein siebenjähriger Sohn Otto ministriert. »Nach dem Ende der heiligen Handlung stimmten die Versammelten die Kaiserhymne an. Wahrscheinlich ahnten sie, dass diese Melodie zum letzten Mal in Anwesenheit eines österreichischen Monarchen gesungen wurde«, schreibt Gordon Brook-Shepherd. Die Familie Habsburg geht ins Exil, quer durch Österreich führt sie ihr Weg, am zugefrorenen Zeller See vorbei, über Kitzbühel, Wörgl, Innsbruck in die Schweiz.

Otto von Habsburg hätte auch noch 1921 Kaiser werden können, aber eine Abdankung kam selbst für seinen inzwischen gefangenen Vater nicht in Frage. Am 1. April 1922, als wäre das Ende der österreichischen Monarchie nur ein Aprilscherz, schließt der definitiv letzte Kaiser seine Augen: An einem ersten April endet, was 1122 Jahre zuvor an einem Heiligen Abend mit der Kaiserkrönung Karls des Großen begonnen hat.

Kein Aprilscherz; und das auf der Insel Madeira unter ziemlich kläglichen Umständen, auf der einst seine Tante Sisi Erholung suchte von ihrem Lungenleiden. An einer Lungenentzündung ist denn auch Kaiser Karl verstorben, doch starb er mit einem Lächeln auf den Lippen, denn er hatte nie Angst vor dem Tod. »Er nahm ihn als einen Übergang, einen Wechsel, eine Flucht in das ewige Leben.« Otto hatte dem Tod seines Vaters beizuwohnen, damit der Bub sieht, wie ein Kaiser christlich stirbt. Er hat wirklich alles mitgekriegt, was ein künftiger Kaiser braucht, aber er wird es nicht.

Es gibt vermutlich überhaupt nur einen einzigen Menschen, der Seine Majestät, seine hoch geschätzte, hochverehrte Majestät anherrschen kann, ob nun sie, Majestät, oder er, der Schriftsteller Joseph Roth, »Legitimist« wäre. So – der Legende nach – geschehen, wie Joseph Roth den legitimen Thronfolger Österreichs, Otto von Habsburg, dem die Rückkehr in seine Heimat von der republikanischen Regierung verboten war, in einem Sarg nach Wien schmuggeln will, und dann mit Hilfe von österreichischen Patrioten und Truppen das Kaiserreich ausrufen. Roth plant bis in die Details: »Wir brauchen natürlich eine Leiche. Einen Österreicher, der in Frankfurt lebt, und nach seinem Tod auf Wunsch seiner Familie offiziell nach Österreich überführt werden kann.« Eine Geschichte, über die Otto von Habsburg nur herzlich lachen kann; er weiß nichts davon. »No ja, bsoffn wird er halt gwesen sein, der Roth«, sagt er, lässt aber sonst nichts auf ihn kommen: »Der Treuesten einer!«

1961 verzichtet Otto von Habsburg auf den Thron, worüber seine Mutter Zita enttäuscht ist. Sie verzichtet nie, das kann sie gar nicht, sagt sie. Sie kann nicht auf etwas verzichten, was ihrem Mann, dem Kaiser, gehört, und der hat auch nie verzichtet. Aber Otto verzichtet und betritt 1966 erstmals wieder österreichischen Boden, kommt dann öfters, wird teils umjubelt, teils streiken sozialistische Arbeiter. Doch ermöglicht hat ihm die Einreise eben gerade ein Sozialist, nach dem Krieg der größte, praktisch ein Sonnenkönig unter Kanzlern und Sozialisten: Bruno Kreisky. Die größte Schwierigkeit aber, so wird berichtet, wäre für die Österreicher aus dem Doktortitel des Otto von Habsburg erwachsen, nachdem seine Rückkehr einmal beschlossene Sache war: »Die Anrede Dr. Majestät schien unhandlich, die Bezeichnung Dr. Kaiser irreführend und die Weglassung des Doktortitels unhöflich.«

Was bereits in Geschichtsbüchern zu vergilben droht: In Otto von Habsburg lebt ungebrochen die unglaubliche Geschichte eines Mannes fort, der noch auf dem Schoß des legendären Kaisers Franz Joseph gesessen, vom alten untergegangenen österreichisch-jüdischen Galizien erzählt, von den Hausjuden, die sein Vater gehabt hat, wie er in Garnisön dort gewesen ist. »Garnisön», sagt Otto von Habsburg in diesem leichten Mischdialekt, der manchmal seiner Sprache Ausdruck verleiht, einem Mischdialekt, in dem sich alle Sprachen des alten Österreich-Ungarn zu vereinigen scheinen. »Der Hausjud von meim Vadda hat Abraham Allerhand gheißen«, erzählt Otto von Habsburg, und wenn man den Abraham Allerhand um etwas gebeten hat, selbst wenn es vom anderen Ende der Welt gewesen ist: In ein paar Tagen hat er es beschafft gehabt. Der erste Tote des Weltkrieges war auch so ein Hausjud, Jakob Dukatenzähler mit Namen; er ist vom Dach gefallen. Ein Schriftsteller, der solche Geschichten erfindet, wird keine Gnade vor seinem Lektor finden, aber die österreichische Geschichte übertrifft alle Geschichten.

Die »Villa Austria« in Pöcking ist einer dieser Orte, in der sie noch fortlebt – auch wenn das Haus, wie es der Teufel will, die Adresse »Hindenburgstraße 15« bekommen hat, benannt nach jenem Generalfeldmarschall, dessen Kaiser Wilhelm II. mit seiner Nibelungentreue zu Österreich-Ungarn dieses und auch das eigene deutsche Reich in Grund und Boden gerissen hat, und, weil aus der

Geschichte offenbar nichts zu lernen ist, auch noch die Weimarer Republik ruiniert, indem er Adolf Hitler zum Reichskanzler ernennt. Ich aber werde meinen Enkeln auch erzählen, dass ich noch mit dem Menschen, dem Sohn des letzten Kaisers gesprochen habe, der von sich sagen konnte: »Meine Tante Sisi«. Und ich hoffe sehr, dass sich meine Enkel dermaleinst diese Geschichte so zu Ende erzählen, dass der Kaiser zu mir gesagt, ich wäre der Treuesten einer.

Was über den Triumph des Willens triumphiert

Gleich ums Eck lebte auch Leni Riefenstahl. In ihren Filmen wird Adolf Hitler ebenso zum ästhetischen Dokument wie der Stamm der Nubier oder ein Tiefseefisch. Den Absturz eines Hubschraubers während der Dreharbeiten zu einem neuen Film in Afrika überlebt die gut Neunzigjährige ohne Weiteres, allerdings nehmen sie die Vorbereitungen zu ihrem hundertsten Geburtstag so sehr in Anspruch, dass sie ihre Pläne für ein Museum vorläufig zurückstellen muss. Leni Riefenstahl ist genauso alt wie der Landkreis, aber zwischen Kreisheimatmuseum Starnberg und Buchheim-Museum in Bernried bleibt zum hundertjährigen Jubiläum des Landkreises vorderhand noch eine Museumslücke. Es soll auf ihrem Nachbargrundstück entstehen, in der Gotenstraße, benannt nach jenem Volk, das schon einmal einem Reich den Untergang bereitet hat.

»Der Triumph des Willens« heißt ihr Dokumentarfilm über den sechsten Reichsparteitag der NSDAP 1934 in Nürnberg, 1936 folgt der Film »Olympia« über die Olympischen Spiele 1936 in Berlin. Vorwürfen, sie hätte Propaganda für die Nationalsozialisten gemacht, entgegnet sie, sie hätte nur das gefilmt, was ohnehin vorhanden war.

Das Gegenprogramm zur faschistischen Ästhetisierung kommt ebenfalls aus dem Würmeisbecken, es ist ein anarchisches Gegenprogramm, das Nichtprogramm des Karl Valentin. Karl Valentin hat Pech mit den Olympischen Spielen in Berlin, er kommt »nur einen Tag zu spät und dennoch zu spät!«.

Seine einzige Unterhaltung im weiten Rund des Olympiastadions besteht im »Warten«: »Zuerst wartete ich langsam, dann immer schneller und schneller, kein Anfang der Olympischen Spiele ließ sich erblicken ...«

Auch fürchtet er sich allein schon der Eisenbahnfahrt wegen grundsätzlich vor Berlin. Von seinen Bekannten, den Grunauers in Planegg, will er, schon unterwegs, telefonisch eine Garantie, dass ihm nichts passiert. Darüber verpasst er beinahe den Anschlusszug. Es passiert aber doch etwas, was er sogleich per Telegramm aus Berlin vermeldet: »Fuß beinahe gebrochen – stop – geschieht Ihnen recht – stop – Valentin.«

Karl Heinz Ludwig vergleicht Valentin und Platon und kommt zu dem Schluss: »Valentins gesamtes Werk ist eine Todesanzeige auf den Rationalismus, auch und besonders da, wo es ein Versuch seiner Rettung ist. Anstatt eine Ideenlehre zu vermitteln, demonstriert er die Leere bloßer Ideen.« Über den Triumph des Willens triumphiert der Triumph einer Logik, die es nicht gibt.

Auf Anfrage, ob Frau Riefenstahl nicht nur auf den Malediven, sondern auch im Würmsee getaucht habe, eine allerdings wirklich und auch im Wortsinne nassforsche Frage, kommt ein einziges winziges, kleines Wörtchen zur Antwort: »Nein!«

Possenhofen
Oder: Der Klee beim Hirn

In Possenhofen mündet in den Starzenbach, der wegen seines starken Gefälles ein Sturzbach ist, der ebenfalls steile, wenn auch kurze Schaffer-Graben, mit dem zusammen er im Lauf der Zeit, also in den Jahrtausenden seit der Eiszeit, den Schwemmkogel aufgeschüttet hat, auf dem das Schloss Possenhofen steht. Man denkt gar nicht, welche Schluchten sich zwischen Uferstraße und Eisenbahn da auftun.

Das Schloss gibt es seit 1536, ein altes Hofmarksschloss, für Herzog Wilhelm V. erbaut. Noch immer steht aus dieser Zeit ein Stück Mauer, auch der eine oder andere Turm, mitten in der Badewiese, die jetzt »Paradies« heißt. Herzog Max in Bayern erwarb es 1834 und baut es im Maximiliansstil um, der aber nicht nach ihm benannt ist. Seine am 24.12.1837 geborene Tochter Elisabeth, die spätere Kaiserin von Österreich, verbrachte da ihre Kindheitstage in den Jahren von 1838 bis 1853.

»Kaiserin Elisabeth«, sagt eine Stimme am anderen Ende der Telefonleitung, und es ist tatsächlich »Kaiserin Elisabeth«, wenn auch nur das Hotel gleichen Namens in Feldafing. Allerdings hat sie wirklich da gewohnt, die Kaiserin von Österreich, nachdem es im Schloss Possenhofen zu eng geworden ist, wenn sie Sommer für Sommer auf Besuch gekommen ist. Vier Wochen Ferien machte sie hier, in ihrer alten Heimat, von ihrem 16. bis zum 21. Lebensjahr im Schloss mit Hofstaat und Tieren, bis das Schloss zu eng wurde und man im nachmaligen Hotel »Kaiserin Elisabeth« extra für ihre Aufenthalte anbaute. Man kann sich nicht vorstellen, steht man vor der mächtigen Hufeisenanlage von Possenhofen, die Sisis Vater, Herzog Max zusätzlich zum Schloss errichten hat lassen, man kann sich nicht vorstellen, wie hier zu wenig Platz sein sollte. Wohl kam Sisi mit ihrem kompletten Hofstab und vor allem auch mit den Pferden, aber wie gesagt: zu eng. Also geht sie nach Feldafing ins Hotel Straub, wie es damals hieß – auch da musste man noch ein zweites Hotel hinbauen, damit sie Platz hat, und Stallungen auch.

Und der Bahnhof muss natürlich modifiziert werden. Der Bahnhof von Possenhofen hat schon von außen etwas Besonderes, man weiß vielleicht noch nicht gleich, was. Er hat einen Wartesalon, einen königlichen, einen kaiserlichen. Am meisten wurde er genutzt von Kaiserin Elisabeth und den Geschwistern. Acht Uhr abends ging ihr Zug in Feldafing los und morgens um acht war er in Bad Ischl.

Wenn der Wartesalon im Bahnhof von Possenhofen der Öffentlichkeit für eine Ausstellung zugänglich ist, kann man eine Fahrkarte mit den jeweiligen Endstationen »Possenhofen« und »Bad Ischl« sehen – zwei Orte, die längere Zeit für die Kaiserin Elisabeth zwei Pole ihrer Existenz ausmachten. Die Fahrkarte war ausgestellt auf die Stationen Schaftlach, Gmund, Holzkirchen, Prien, Salzburg und so weiter.

1864 wird die Eisenbahn von Starnberg nach Tutzing weitergebaut, da ist Ludwig II. achtzehn Jahre alt. In dem königlichen Wartesaal hat auch König Ludwig II. auf seinen Zug gewartet. Acht Meter lang, vier Meter breit und sechs Meter hoch ist der Raum, gegliedert mit einem Pilaster, wie man so sagt. Ludwig II. ist im geduckten Bogen zu erkennen, so wird es einem erklärt, denn wenn man Glück hat, wird eine Ausstellung in dem Wartesalon gezeigt, welche die Geschichte des Wartesalons zeigt. Der Starnberger Antiquar Heinemann setzt sie in die Szene, wenn ihn nicht ein Wassereinbruch daran hindert.

Sisis Vater, Herzog Max, hat seine Zither auf all seine Reisen mitgenommen. Sogar auf der Cheops-Pyramide spielte er zum Erstaunen seiner ägyptischer Zuhörer – Sisis Vater, der Zither-Maxe auf der Spitze der Cheops-Pyramide: Schade, dass es davon keine Lithographie gibt! Dafür ein Gedicht aus seiner Feder: »Drum ist mir wohl bei ihr allein/weil sie, die einzige, mich versteht./Ich laß die Menschen Menschen sein/Und spiel auf ihr von früh bis spät./Die Menschen treiben auch ein Spiel/Doch ists ein ander Instrument/

Sie spielen auf dem Menschen viel/Der ihre Falschheit noch nicht kennt.« Der lyrische Apfel Sisis fällt bei solchem Stamm nicht weit: »Lebet wohl, ihr kahlen Bäume/ Und ihr Sträucher, klein und groß/ Treibt ihr wieder frische Keime/Bin ich weit von diesem Schloß«, dichtet Sisi zum Abschied von Possenhofen.

Beim Abschied aus München wischt sich Sisi die Tränen aus den Augen, heißt es, aber im Sisi-Film sagt der Herzog Max zu seiner Tochter, wie sie auf dem Schiff die Donau hinuntergleiten, an Passau aus Bayern hinaus nach Österreich hinein: »Ein schönes Land, Dein neues Land!« Am 20.4.1854 bricht sie auf, der Weg führt über Landshut, Straubing, Passau und Linz. Das Unglück, das in Bad Ischl als Glück begann, nimmt seinen Lauf.

Man muss das Drehbuch des legendären Dreiteilers »Sisi« einmal in Bezug auf das Verhältnis zwischen Bayern und Österreich lesen – und man wird staunen: »Majestät, der spinnt, ich bin doch kein Nihilist!«, sagt Sisi, die bayerische Sisi in einem der ersten Sätze, die sie überhaupt zu Seiner Majestät sagt. Und wer da spinnt, ihrer Meinung nach, ist ausgerechnet ein österreichischer Gendarm – gespielt übrigens von Joseph Meinrad, Träger des Iffland-Ringes. Aber Majestät, Franz Joseph, der Kaiser von Österreich, sagt nur: »Und aus Bayern ist sie auch ...« Ihr Vater freilich, der Herzog Max in Bayern, haben nicht geruht, seiner Majestät in Bad Ischl zum Geburtstag zu gratulieren, noch zur Verlobung mit einer seiner Töchter zu kommen – mit welcher, war zu diesem Zeitpunkt noch nicht ganz klar. Mein Mann hat ein paar unaufschiebbare Dinge zu erledigen, entschuldigt ihn seine Frau beim österreichischen Hofe – Filmschnitt: Die unaufschiebbaren Dinge bestehen im Kegelschieben, welches Herzog Max mit größtem Vergnügen mit seinen Saufkumpanen betreibt.

Mit dem Repräsentieren haben es nicht alle bayerischen Majestäten so wie ihre österreichischen Kollegen: Auch Ludwig II. ist mit einem Mal unauffindbar verschwunden gewesen in der Hinterriß, wie Franz Joseph, der Kaiser von Österreich, ihn hat besuchen wollen.

Herzog Max aber lässt sich auch nicht drausbringen, als ihm ein Kurier des bayerischen Königs ausrichten lässt, er möchte doch jetzt bittschön dran denken, dass, also dem Kurier wollen nicht die rechten Formulierungen einfallen, in dem Moment, aber dass sich der Herr Herzog in Anbetracht eines kaiserlichen Schwiegersohns in Österreich irgendwie doch majestätischer aufführen sollte. Der soll aber so bleiben, wie er ist, findet die Frau vom Herzog Max, die nicht immer etwas zum Lachen gehabt hat mit ihrem Mann, dem Herzog Max. Das weiß der Herzog Max auch, und weil er es weiß, findet er es so riesig von seiner Frau, dass er sie, hätte er sie nicht schon seinerzeit geheiratet, jetzt auf jeden Fall heiraten würde, sagt er ihr und stemmt sie in die Höhe, mit dem kaum nachvollziehbaren Triumphgebrüll: »Wiggerl«, schreit er, »du bist ein Mordskerl!«, sagt er seiner Frau. Dem Kurier aber gibt er Bescheid, und zwar Bescheid dahingehend, dass er ihm, also der Kurier dem König von Bayern ausrichten kann, zwar nicht, was Götz von Berlichingen einstmalen seiner kaiserlichen, also in dem Fall habsburgischen Majestät hat ausrichten lassen, aber doch, dass alles beim Alten bleibt. »Und wenn ihm was nicht paßt«, brüllt der bayerische Herzog und meint seinen bayerischen König damit, »dann werd ich Österreicher!«

Es waren einmal zwei Königskinder, die hatten einander so lieb, doch sie konnten nicht zueinander, das Wasser war viel zu tief. Das eine Königskind, Franz Joseph, war zumindest Enkel des letzten Kaisers, Ferdinand mit Namen, der abdanken musste, obwohl er sich nicht sicher war, ob die das dürfen, die Revolutionäre in Wien 1848. Das andere Königskind stammt zwar nur aus einer Seitenlinie, aber immerhin war die Mutter eine Schwester des Bayernkönigs, und sie selbst durfte sich immerhin Tochter eines Herzogs heißen, Elisabeth mit Namen.

Gäbe es nicht einen Film mit Romy Schneider über sie, wäre sie wahrscheinlich nicht zu dem Mythos geworden. Aber die Geschichte mit der Liebe zwischen den beiden Königskindern ist vermutlich sogar wahr, zumindest die der allerersten Tage in Bad Ischl. Jedoch ein Aktenknecht und eine Frau, die nichts mehr liebt als die Freiheit, unterwegs zu sein, zu Fuß, auf dem Pferd, mit dem Schiff, die trennt ein Wasser, das keine aus Liebe gebaute Brücke überwinden kann – auch ein Tattoo auf Sisis Schultern, ein Anker, konnte da keinen Halt mehr bieten. Sie fanden nicht zueinander, aber das geht auch anderen so, die erst meinen, die große Liebe, sie hätten sie gefunden. Ernst Jünger ist drei, als die Kaiserin stirbt – so lange kann das also noch gar nicht her sein, dass die Kaiserin tot ist, denn eben erst ist Ernst Jünger gestorben.

1864, Ludwig ist König, Elisabeth Kaiserin, machen sie lange Spaziergänge in Bad Kissingen. Sisi ist ganz »beglückt über ihre Gleichgestimmtheit, von vielen gemeinsamen Stunden«. 1867 fahren sie zusammen mit der Eisenbahn von München Richtung Bad Ischl, für Ludwig gehören »die im Waggon zugebrachten Stunden« zu den »glücklichsten« seines Lebens, so schreibt er es seiner Cousine.

Es legen sich allerdings auch Schatten über die beiden, zum Beispiel, als Ludwig aus heiterem Himmel sein Verlöbnis mit Sophie, der Schwester Sisis, auflöst. Dafür heiraten dann Erika Mann und Gustav Gründgens im Hotel Kaiserin Elisabeth – auch so ein Paar. 1867 verlobt sich Ludwig mit Sophie, aber dem König ist so wenig nach Prinzessinnen zumute wie Gustav Gründgens, nichts erleichtert ihn mehr als diese Zeilen, die er sich selbst eingesteht: »Sophie abgeschrieben. Das düstere Bild verweht, nach Freiheit verlangte ich, nach Freiheit dürstet mich, nach Aufleben nach qualvollem Alp. Nicht ging das Entsetzliche in Erfüllung.« Voller Erleichterung wirft er sogar ihre Büste aus dem Fenster. Sisi in Wien ist allerdings stinksauer und fragt sich: »Ich begreife nicht, wie er sich wieder kann sehen lassen in München.« Er lässt sich eben, so es gut geht, überhaupt nirgends sehen. Und Sophie, seine Braut, geht einen unheilvollen Weg, heiratet einen Enkel des französischen Königs Louis Philippe, den Herzog von Alencon, wird dann Dominikanerin in Paris und heißt fortan Schwester Marie Madeleine und stirbt im Kino, als sie bei einem Brand ihre Schützlinge retten will, 1897; die Verdunkelungsvorhänge hatten sich am Petroleum-Projektor der kinematographischen Vorführung der Gebrüder Lumière entzündet – ihr Tod passt in die seltsam düstere Reihe dieser doch scheinbar so glücklich und hoffnungsfroh ins Leben gegangenen jungen Leute mit dem blauen Blut in den Adern am Starnberger See.

Fast prophetisch, auch was Ludwig und Sisi betrifft, hat Lorenz Westenrieder eine solche Situation vorausgesehen: »… groß genug wäre die Insel, um darin irgendeinen Kummer zu begraben, auch groß genug, zwei Herzen aufzunehmen, die jetzt in der süßesten und glücklichsten Schwärmerei ihrer Seelen nichts bedürfen als sich selbst und nichts wünschen als Gebüsche, ihr Glück vor den Augen des Neids zu verbergen.«

Jährlich besuchen sie sich bei Sisis Sommeraufenthalten, von 1872 bis 1878 regelmäßig im geliebten »Possi« – manchmal verlaufen die Begegnungen auch eher komisch: »S.M. beabsichtigte eines Tages der in Possenhofen weilenden Kaiserin von Österreich von Berg aus einen Besuch abzustatten. Er war in Uniform, und da es regnete, als er aus seinem Dampfer stieg, trug er in der einen Hand seinen besonders großen Regenschirm und in der anderen den Helm. Dieser Anblick war so überaus komisch, dass die Kaiserin, die gerade am Fenster stand, in ein lautes Gelächter ausbrach, in das die Begleiter SM unwillkürlich einstimmten. Der König war sehr erzürnt und äußerte: ›Ich werde mir doch meine Frisur nicht verderben‹.« Gottfrid von Böhm, ein Augenzeuge berichtet das.

In Possenhofen haben die beiden unglücklichen Regenten sich getroffen, vor allem auf der im Starnberger See gelegenen Roseninsel – oder sie haben sich auch verpasst. 1885, auf Ferien in Bayern, besucht sie die Roseninsel, aber Ludwig ist nicht da. Sie hinterlässt ihm ein Gedicht, die Seemöwe dem Gebirgsadler, zur Erinnerung an eine gemeinsame Bootsfahrt im Jahre 1881, als ihnen ein Mohr, Rustimo mit Namen, auf der Gitarre Lieder vorspielte.

»Du Adler, dort hoch auf den Bergen/Dir schickt die Möwe der See/einen Gruss von schäumenden Wogen/Hinauf zum ewigen Schnee.// Einst sind wir einander begegnet/Vor urgrauer Ewigkeit/ am Spiegel des lieblichsten Sees./Zur blühenden Rosenzeit.// Stumm zogen wir nebeneinander/Versunken in tiefe Ruh'…/Ein Schwarzer nur sang seine Lieder/im kleinen Kahne dazu.« Erst im September bekommt Ludwig Nachricht von der Nachricht, eilt darauf aber unverzüglich über den See auf die Insel und dichtet zurück: »Der Möve Gruss vom fernen Strand/Zu Adlers Horst den Weg wohl fand,/Er trug auf leisem Fittigschwung/Der alten Zeit Erinnerung.«

Im Jahr darauf ist Ludwig tot, Sisi versucht auf spiritistische Weise mit ihm in Kontakt zu bleiben.

Ödön von Horváth hat das Schicksal der beiden Herrschaften so beschrieben: »Hier wurde eine Kaiserin von Österreich geboren, und drüben am anderen Ufer ertrank ein König von Bayern im See. Die beiden Majestäten waren miteinander verwandt und als junge Menschen trafen sie sich romantisch und unglücklich auf der Roseninsel zwischen Possenhofen und Schloss Berg« – sozusagen ein Parallelschicksal Anna und Harry, die in Ödön von Horváths Roman »Der ewige Spießer« an den See fahren, aber wenig Freude aneinander haben. In dem Seerestaurant in Feldafing öden sie sich nur an, obgleich es so vielversprechend beginnt: »In Feldafing sitzt man wunderbar am See. Besonders an solch einem milden Herbstabend. Dann ist der See still, und du siehst die Alpen von Kufstein bis zur Zugspitze und kannst es oft kaum unterscheiden, ob das noch Felsen sind oder schon Wolken.«

Im August 1936 besucht Horváth seine Eltern zum letzten Mal in Possenhofen. Ihre Villa in Murnau hatten sie verkauft, um dem Druck der Nazis auszuweichen, und sich stattdessen eine Wohnung in einem Landhaus gemietet. Es gibt Fotos von Ödön und seinem Vater auf dem Balkon dieses Hauses, beide im Anzug mit Krawatte, beide rauchend, beide augenscheinlich noch recht vergnügt. Das

Haus steht, bevor es auf der viel befahrenen Straße nach Pöcking hinaufgeht, auch heute noch – erkennbar an dem Balkon mit den ausgesägten Rauten im Geländer.

Auf einem anderen Foto lehnt Horváth an dem hölzernen Geländer jenes Badesteges, den jeder kennt, der hier zum Baden geht. Horváth schaut nicht in die Kamera. Gegenüber liegt Berg, die Stelle, an der Ludwig II. ertrunken ist, und Heimat des Oskar Maria Graf. Horváth hat einen Anzug an, keine Lederhose wie auf so manchen Fotos aus der Heimat, einen Zweireiher, der spannt über dem Bauch. Er ist ein bisschen dick geworden. Er schaut auf den Boden des hölzernen Steges, nicht einmal ein gequältes Lächeln kann er sich abnötigen. Ihm wurde mitgeteilt, dass er binnen vierundzwanzig Stunden Deutschland zu verlassen habe.

Sein Aufenthalt findet sich im Archiv der Gemeinde Pöcking im Rathaus eingetragen. Unter »Beruf« steht bei Horváth: »Schriftsteller«, unter seinem Namen steht eine Wera Lissem. Das ist seine Freundin – so spät kann man noch erwischt werden! Unter der Rubrik »Beruf« steht bei ihr nichts. Schauspielerin war sie, wie so viele Freundinnen Horváths, 1934 hat er sie in Berlin kennen gelernt. Unter Familienstand steht bei Horváth: »gesch.«, bei Wera Lissem: »led.«, unter Geburtsort bei Horváth: »Fiume (Italien)«, bei Wera Lissem: »Altona/Elbe«, unter »Hier Wohnung genommen« bei Horváth und Wera Lissem: »Faistbauer 49½«, bei »Ankunft« bei Horváth und bei Wera Lissem: »7. VIII. 35« bei Abgang: »18. IX. 35« und unter Bemerkungen: »nach Wien«. In die Dominikanerbastei 6 sind sie gezogen, als »seine Braut« galt sie.

Die Roseninsel
Oder: Wir lassen uns den König nicht zur Sau machen

Die einen sagen, sonst wäre das Schloss von allein zusammengefallen, und die anderen sagen, die Filmer hätten ihm beinah den Rest gegeben. Es gibt keine Ebene, auf der die Meinungen, was den Film »Ludwig II« von Luchino Visconti aus dem Jahre 1972 betrifft, nicht hart aufeinander prallen. Sicher ist, dass sie überall einfach Gipsplatten hingenagelt haben und Farbe drübergeschmiert, die aber wegen den heißen Scheinwerfern gleich wieder heruntergelaufen ist: Also so kannst natürlich nicht mit einem Schloss umgehen! Dem Casino auf der Roseninsel wird noch übler mitgespielt, weil da die Requisiteure gleich ihre Nägel mitten in die Fresken hineinhauen, damit sie da ihre Vorhänge aufhängen können! Dass man der Sisi, die wieder einmal von Romy Schneider gespielt wurde, immer Nachschub auf die Insel bringen musste, ist ihre Sache, respektive Bier beziehungsweise Cognac in dem Fall. Und dass der Ludwig-Darsteller Helmut Berger gesoffen hat wie ein Scherenschleifer, ist auch seine Sache. Und dass der Visconti einen Wutausbruch nach dem anderen gekriegt hat, na ja. »Alles Scheiße«, hat er gesagt, und der Reuber Franzl muss den toten Gudden sechsmal hintereinander aus dem See ziehen, während die Feldafinger Feuerwehr dafür sorgt, dass es nur so schifft. Und die Kapitäne für das königliche Schiff »Tristan« sind dem italienischen Regiegrafen alle zu dick, und den königlichen Baldachin haut es ihnen in den See, weil die italienischen Filmleute ihn nicht gescheit festschrauben, und da liegt er heute noch.

Die Königstreuen haben gesagt, lieber sprengen sie die Roseninsel in die Luft, als dass so eine Sauerei hier passiert, von wegen dass der König schwul ist, aber die Italienischen haben sich unter den ihrigen mehr so die Größeren ausgesucht, achtzig an der Zahl, und die haben dermaßen aufgepasst, dass die Königstreuen nicht so recht hin haben können zum Sprengen. Also haben sie es beim Verteilen von Flugblättern sein lassen müssen: »Wir lassen uns den König nicht zur Sau machen!« Und gedroht, dass sie ersatzweise Neuschwanstein besetzen. Und gedroht, dass sie ihren Resturlaub dafür hernehmen, so richtig Königstreue wie der Haindl kennen da keinen Bahnhof. Und beim Bundespräsidenten protestiert, aber der war seinerzeit zum ersten Mal in der Geschichte der Republik ein Sozialdemokrat und hat gesagt, dass er seine Frau mehr liebt als seinen Staat – bei dem war nicht so viel zu holen.

Natürlich gehört es sich nicht, dass man jemand unter die Bettdecke schaut, das macht man einfach nicht, aber deshalb gleich eine Insel in die Luft jagen? Die Roseninsel zumal? Da kennen die Königstreuen nichts. Da sind sie wie die Engländer mit Helgoland. Gott sei Dank gibt es ja Helgoland noch. Und die Roseninsel auch.

Von den Kelten war sie besiedelt und von den Römern auch. Ein Zentrum iroschottischer Mönche ist sie für ihre Mission in karolingischer Zeit gewesen, und von den Fischern heißt es im schönsten Chronik-Stil: »Sie ernteten Getreide und mähten die Wiese. Sie hielten Kühe und Federvieh. Obstbäume schenkten ihnen Apfel, Birnen, Quitten, Kirschen, Pflaumen und Walnüsse.« »Sie bringt alles, was zur Oekonomie gehört, hervor«, so beschreibt sie der Historiker Lorenz Westenrieder, »sie hat einen Acker, Wiesen, einen Garten, Obstbäume, aber dieß alles ist, wie leicht zu erachten, nicht hinlänglich, um den Bauern, welcher sie bewohnet, und eben darum auch immer ein Fischer ist, mit einer Familie zu ernähren.«

Seit 1500 sind ihre Namen in Urkunden erwähnt: Gebhard, Thoma, Glas, Greinwald, Lenz oder Kugelmüller. Diese Namen gibt es zum Teil heute noch am Starnberger See, »Glas« zum Beispiel heißt die Bootswerft und der Schiffsverleih und »Glas« heißt die Enkelin von Oskar Maria Graf und ihr Mann.

1821 erweitert die Familie Kugelmüller das Fischerhaus zur Gastwirtschaft, mit einer Kegelbahn im Freien, das muss wirklich eine schöne Zeit gewesen sein, aber dann kauft König Max II. 1850 das ganze Anwesen für 3000 Gulden, die Roseninsel für 3000 Gulden samt Kegelbahn und alle neune; ausgekegelt hat es sich damit. Der König will eine Hochschule errichten, eine Hochschule auf der Roseninsel, der Plan wird verworfen, die Hochschule wird nach München verlegt. Stattdessen plant er den Bau eines Schlosses, auf dem Festland, gegenüber der Insel: 173 Meter lang, die Grundmauern werden gelegt, aber 1854 stirbt der König; die Ziegel der Grundmauern werden für die Bahnhöfe verwendet, allerdings ausgesuchte schöne Bahnhöfe, der in Possenhofen oben zum Beispiel: Umwandlung eines Schlosses in einen Bahnhof, man sieht es dem Bahnhof heute noch an. Das Plateau des Schlosses ist inzwischen ein Golfplatz.

1853 ergeht ein Auftrag an den großen Landschaftsgärtner Lenne zur Anlage eines Landschaftsgartens. Von Feldafing nach Berg über den See hinüber hätte es ein Gesamtkunstwerk werden sollen, vom Feldafinger Park aus, entworfen vom preußischen Gartendirektor Joseph Lenne, Freund Beethovens, ausgeführt von Karl von Effner, in den Jahren von 1855 bis 1863, sozusagen allererste Sahne im Entwerfen idealer Landschaften, die Roseninsel als Sprungbrett über den See nutzend, um nach Berg hinüberzukommen, in den königlichen Schlosspark, so dass sich eine einzige voralpine Würmseelandschaft ergeben hätte, südlich, romantisch, ein Hawaii in Bayern, dem Maximilian II. und seiner Gemahlin ein Potsdam. Aus Potsdam kommt der Mann für den Garten, aus Wien der andere, für das Gebäude, eine gute Mischung oder auch Melange genannt: Ingenieur Peter Kreuter, der eine kleine, aber feine Villa auf der Insel errichtet. Pompejanische Wandmalereien zieren das Innere, am Kamin versammelt Max seine gelehrte Tafelrunde, ein Speisesalon lockt mit Loggia und Rosenblick, ein verglaster Turm mit Alpenblick. Das »Casino« genannte Gebäude sollte eine Einheit aus Haus und Garten bilden. Gartensaal, die Säulen praktisch aus Efeu, das ganze Gebäude eingegrünt, so sollte es in den Garten übergehen, in das Blumenrondell mit den Rosen, von denen man sich erzählt, sie hätten über den ganzen See geduftet, denn Flieder kanalisiert den Duft der Rosen; im Ersten Weltkrieg sind sie freilich alle eingegangen, alle Rosenstöcke. Die Liebe verträgt sich nicht mit dem Krieg.

Marie von Preußen, der Frau des Königs, aber sollte ihr heimatliches Potsdam vor die Füße gelegt werden, an das Ufer des Starnberger Sees, bei dessen Anblick Lenne sagt: »Wenn mein königlicher Herr das in Potsdam hätte, was Bayerns Herrscher hier hat, brauchte er mich nicht.«

Und der königliche Herr in Preußen hatte immerhin unter anderem die Pfaueninsel in der Havel, an die ich persönlich insofern eine ungute Erinnerung habe, als sie mich beinahe zum unfreiwilligen Einsiedler gemacht hätte, weil mir der dortige Fährmann, lachend ins Kreuz hauend nach einem halben Tag vergeblichen Rufens und Winkens von der Insel aus ans Festland mitteilen sollte: »Hab ick dir jlatt vajessn!« Und das mitten im Winter. Das kann einem an der Roseninsel nicht passieren. Dieser Fährmann hat eine Lederhosen an und er singt: »Es ist die Roseninsel im Starnberger See, der Fährmann bringt dich mit seiner Gondel dahin, es kommt dir vor so wie ein Traum und du spürst, was Schöneres gibt es kaum«, und dahinter steht die Zugspitz, aber schon so, und man weiß nicht, ob man lachen soll oder weinen, auf jeden Fall: Die Träne quillt. »Des timing mitm Sonnenuntergang haut no ned ganz so hi, aber jetz muaß i eich leider wieda in die Wirklichkeit entlassen!«, sagt der Fährmann zur Ankunft auf der Roseninsel, die den Besucher in diesen Tagen mit einem WC begrüßt. Gäbe es noch den Churfürstlichen Leibschiffmeister Heinrich Zimmermann, Herr Pohlus, denn so heißt der Fährmann, oblägte seiner Aufsicht in Sachen vorhandenen welschen und deutschen Schiffen, Gondeln und dergleichen, aber so ist Meister Pohlus ein freier Mann.

Im Sommer 1863 besucht der abgedankte Ludwig I. mit seinem Enkel, dem nachmaligen, ein Jahr später zum König gekrönten Ludwig II., seinen Sohn, den amtierenden König Max II. Danach rudern sie nach Possenhofen hinüber und besuchen die dortige Verwandtschaft. Die Roseninsel und der See, in dem sie liegt, wird den König nicht mehr loslassen. Wie alle Chaoten ist Ludwig II. sehr genau strukturiert: Pünktlich an jedem 11. Mai verlässt er die ungeliebte Stadt München samt Residenz und kommt zum Starnberger

See auf sein Schloss Berg, aber weil es ihn natürlich auch da wieder nicht hält, treibt es ihn, meist auf seinem Schiff »Tristan« über den See zur Roseninsel hin, ein Unseliger auf eine Insel der Seligen.

Noch dreißig Jahre nach dem König-Ludwig-Film von Visconti müssen sich die Königstreuen wehren, dass das alles gar nicht stimmt, dass sie seinerzeit die Roseninsel in die Luft sprengen wollten, und das Plakat, auf dem steht, dass sie die Roseninsel in die Luft sprengen wollten, ist eine Erfindung, aber nicht von ihnen. Und Neuschwanstein wollten sie auch nicht besetzen, bloß einen Sitzstreik wollten sie machen, den nun wirklich, aber den haben sie nicht gemacht, weil er ihnen sinnlos vorgekommen ist. Aber dass die Premiere nicht im Nationaltheater stattgefunden hat, das haben sie schon verhindert, aber das schreibt wieder keiner. Die Premiere hat am 18. Januar 1972 in Bonn stattgefunden, aber da waren die Königstreuen nicht eingeladen. Und zu einem mehrtägigen Symposium in der Evangelischen Akademie im März 2002 über Ludwig II. auch nicht, wahrscheinlich, wie sie befürchten müssen, weil sie katholisch sind.

Wie die Königstreuen den Film haben anschauen dürfen, haben sie gesagt: »Ah so?!« – ja, wenn sie das jetzt wieder gewusst hätten, hätten sie überhaupt nichts dagegen gehabt. Auch der damalige Stammeshäuptling aller Bayerischen, der Strauß Franz Josef, hat nichts Anstößiges sehen wollen, allerdings war das bei dem mit dem Anstößigen auch wieder eine andere Sache. Allerdings haben sie denen auch fast eine Stunde herausgekürzt bei der Vorführung, wogegen Visconti erst beim Landgericht München eine einstweilige Verfügung erwirken musste. Es dauert auch nur sechs Jahre, bis er Recht bekommt und auch die Königstreuen sehen dürfen, wie ein nackerter Kammerdiener aus dem Starnberger See steigt und der König recht schaut. Blöd ist so eine Art von Schuhplattler mit Nackerten schon, aber da regt sich heute natürlich auch niemand mehr auf.

Unerhörte Geschichten ranken sich trotzdem noch immer um das Eiland, Rudolf Reiser hat sie aufgeschrieben: »Der Stern des Kaisers Augustus leuchtet über dem Starnberger See. Was der Römer vor über 2000 Jahren verehrt und begehrt, strahlt heute der königliche Pavillon ... wider!« Da haben wir es: schon wieder die Römer! Und so wie dem Kaiser nicht die Geburt wichtig ist, sondern seine Zeugung für die Bestimmung seines Sternbildes, so verfährt auch der spätere Besitzer der Insel, König Max II. Außerdem leuchtet ihm zu seiner Geburt ein Komet. Und er glaubt an die Kraft seines Namens »Maximilian«, also praktisch der Größte. Und identifiziert sich wie

Augustus mit der antiken Siegesgöttin Victoria. Und das alles spiegelt sich im Bildprogramm des Casinos wider, symbolisch in allem, was Sternzeichen, Siegesgöttinnen und andere Größen hergeben. Und bei Ludwig II. muss sein beliebter Mond herhalten. Und in all das nageln sich diese italienischen Filmemacher hinein!

Fast so schlimm, wie wenn die Preußen kommen, Kronprinz Friedrich zum Beispiel, dem es überhaupt nicht gefällt, aber dafür wird er später auch nur für 99 Tage deutscher Kaiser. Thomas Mann ist auch nicht besonders beeindruckt: »Sah die Überfahrt zur Roseninsel und öffentliche Badeanlagen.«

Da war eine Zarin schon von anderem Holz geschnitzt, Maria Alexandrowna, aber für sie hat es Ludwig auch noch einmal so richtig krachen lassen, 1868 war das. Erst fährt er ihr, ganz Kavalier, bis Pasing entgegen, der aus Russland kommenden Zarin, immerhin bis Pasing, und dann wird nichts mehr ausgelassen, was man seit den Zeiten des Bucentaurus auch schon lange nicht mehr gesehen hat am Starnberger See. Prophetisch sagt die Mutter des Oskar Maria Graf: »So was sieht man nie wieder!« Und so war es auch.

Da, wo Sisi geboren ist, in der Ludwigstraße in München, war lange die Bayerische Landeszentralbank untergebracht, das Schloss in Possenhofen wurde in den neunziger Jahren in Eigentumswohnungen aufgeteilt, das ist der Stoff, aus dem in der Zwischenzeit Eigentumswohnungen geworden sind. Aber schließlich wurden in dem Schloss nach dem Krieg auch schon Mopeds und Pralinen produziert.

Andererseits war der Maler Paul Klee zu Gast in Possenhofen, in Sichtweite des Schlosses, bei der Familie Hirn, Klee bei Hirn.

Feldafing

Partnerstätte: Goldenes Horn von Byzanz und andere Tropen

Auch Feldafing ist ein erstaunlicher Ort. Es wird mit dem Goldenen Horn verglichen, ja, mit dem von Istanbul. Wer es nicht glaubt, kann es gerne nachlesen in dem von Hermann Schmid und Karl Stieler verfassten Buch »Aus deutschen Bergen«:

»Der Wurm- oder Starnberger See gehört zu dem Lieblichsten, was auf der Erde zu schauen ist, und es war ein treffendes Wort, wenn Julius Braun, der geistvolle Ägyptologe, nachdem er nahezu die ganze Welt durchwandert, von dem Aussichtspunkte bei Feldafing den See und die Berglandschaft überblickend ausrief: es gebe auf der weiten Erde nur Einen Punkt – das goldene Horn bei Byzanz – der mit diesem an hoher, immer wechselnder und doch immer unveränderter Schönheit zu vergleichen sei.«

Dass dies keine Übertreibung ist, das bestätigen gerne und oft gerade auch Gäste aus fernen Gegenden, zum Beispiel in der Villa Waldberta, in der die Stadt München Literaturstipendiaten fashionabel unterbringt. Der indische Dichter Dilip Chitre zum Beispiel ist so begeistert von der Landschaft, dass er von sich sagt: »Also I am Feldafinger«, auch wenn ihm sein Übersetzer Wieland Grommes vielleicht noch treffender in den Mund legt: »I'm a Bombayer!«

Dieser Bombayer jedenfalls, der unter anderem in großen Hymnen den indischen Dichtergott Tukaram feiert, berichtet von seinen persönlichen Begegnungen mit König Ludwig, der ihm erschienen ist. Man muss dazu wissen, dass Dilip Chitre vor allem von Apartment C in der Villa Waldberta schwärmt, von dem aus kannst du über den ganzen See schauen und in die Berge hinein und zu König Ludwig hinüber – mehr noch König Ludwig kam zu ihm:

»He came over the sea on a white horse
And he came through the door«
– Alles natürlich in Apartment C –
»And talked to me about the future of the world
Bavaria was the centre of the Cosmos …«

Es gibt Orte, die verbindet man überhaupt nicht mit dem Namen, der sie mit dem Ort verbindet. Bei »Zauberberg« zum Beispiel denkt auch der literarisch Bewanderte nicht an Feldafing, sondern an Davos. »Aha«, sagt er, »natürlich, kenn ich, oberhalb von Davos, eine knappe Stunde zu Fuß«, da ortet er das schöne, noch immer im Stil der Gründerzeit erhaltene Hotel. Wahrscheinlich fällt dem gebildeten Menschen auch noch das Kirchner-Museum in Davos ein, denn auch der Maler Ernst Ludwig Kirchner hat sich in der schönen Schweizer Gegend aufgehalten. Rein aus Zufall wären freilich einige von Kirchners Werken um ein Haar in Feldafing zu sehen gewesen, hätten sich die Feldafinger und Lothar-Günther Buchheim nicht überworfen, so dass sie mit den anderen Expressionisten ein paar Ortschaften weiter gerückt sind, nach Bernried. Vielleicht hat auch umgekehrt das Hotel »Kaiserin Elisabeth« Thomas Mann an das Lungensanatorium in Davos erinnert, wie auch immer: Das Villino des Thomas Mann ist trotz zwischenzeitlicher

Übernahme durch die NSDAP, als Bestandteil eines Lagers für jüdische Displaced Persons, sowie als Büro der Standortverwaltung der Bundeswehr-Fernmeldeschule stehen geblieben, Dirk Heißerer hat es wiederentdeckt. In diese kleine Villa hat sich also Thomas Mann zurückgezogen, auf der Flucht vor politischen Unbilden, familiären Unbilden, sprich aus seiner Sicht: vor Revolution und erneuter, inzwischen sechster Schwangerschaft der Frau Gemahlin. Selbige ist übrigens, und insofern kommen ganz Gewappelte eben doch auf Feldafing, wenn von den Manns die Rede ist, selbige Katja von Pringsheim ist eine gebürtige Feldafingerin. In einer Vitrine des Villino ist auf einem Autograph Thomas Manns der Hinweis nachzulesen, dass seine Frau im Waldsanatorium »Arosa« untergebracht sei.

Man denkt aber auch bei Polling nicht an den »Doktor Faustus« von Thomas Mann und auch bei Bad Tölz nicht und schon gar nicht hinter dem Stacheldraht der Hochsicherheitszone einer Kaserne der Bundeswehr an den »Zauberberg«. Ein satirisches Gegenstück zum »Tod in Venedig« sollte die Geschichte werden, in Krankheit und Tod mündet auch dieser Text.

Besitzer des kleinen Häuschens war in den zwanziger Jahren mehrheitlich der Kunsthändler Georg Martin Richter, ein Garten gehörte dazu, ein Wäldchen und auch eine Bootshütte – und ein Grammophon, das Richter dem Schriftsteller geschenkt hatte und das nicht nur in dem Roman eine beträchtliche Rolle spielt: Musik und gelesener Text als geballte »Fülle des Wohllauts« wurden rühmend in späteren Zeiten als zukunftsweisende Technologie von dem Bertelsmann-Manager Frank Wössner zu Felde geführt, auch wenn der seinerzeit einiges durcheinander brachte. Aus dem Helden des Romans Hans Castorp wurde ausgerechnet in unseliger Anlehnung an die Stadt mit dem Doppelnamen ein Hans Castrop, und der berühmte Schauspieler, welcher dem Geschehen auf diesem neuen Wunderwerk, das den geheimnisvollen, noch nie gehörten Namen »CD-Rom« erhalten sollte, hieß in Wössners Rede einmal Heinrich und nicht Martin Benrath.

Was man freilich ebenfalls nicht glauben möchte, ist, dass ein solch mächtiger Mann nicht nur über Bodyguards verfügt, die mit ihm auf die Toilette gehen, um auch dort über den Body ihres Herrn zu wachen, sondern die darüber hinaus so gebildet sind, dass sie ihm von hinten zuflüstern können: »Castorp, Herr Wössner, Castorp, nicht Castrop heißt der Mann in Thomas Manns ›Zauberberg‹.« Da fühlt der kleine Mann seine Stunde gekommen, der neben dem großen pinkelt – unverfroren und vor allem ungefragt setzt er hinzu: »Und wenn wir schon dabei sind: Der Schauspieler heißt Martin Benrath!« Da wird er aber böse, der große Mann. Jede Art von pinkelnder Männersolidarität ist ihm fremd. Böse sagt er zu dem kleinen: »Und das werden Sie jetzt wahrscheinlich auch noch publizieren?!« Hatte wirklich gute Ideen, der Mann.

Thomas Mann war auch begeistert von seiner technischen Innovation, dem Grammophon, und spielte sich, seiner Frau und dem Hausherrn und Spender Richter unaufhörlich die Tannhäuser-Ouvertüre, Boheme, Aida und so weiter vor. Frau Gemahlin war nicht so begeistert, aber vor allem deshalb, weil sie in dem Grammophon bloß eine Abspeisung des Herrn Richter vermuten konnte; der Blödmann hatte doch glatt die 10 000 Mark Einlage an dem Haus seitens der Manns bei der Steuer angegeben, und darüber gerät eine gebürtige Starnberger-See-Anrainerin naturgemäß in »größten Zorn«. Thomas Mann aber notiert in sein Tagebuch: »Neues Motiv für den Zbg., gedanklich und rein episch ein Fund.« Zwar nicht das Original, aber ein vergleichbares Modell steht in der literarischen Gedenkstätte, das erste literarische Museum auf militärischem Gelände, wie auch vermutlich nirgendwo anders in einem späteren Hochsicherheitstrakt eine »Walpurgisnacht« geschrieben worden ist, das fünfte der sieben Kapitel des »Zauberberg«. Am Montag, den 3.5., schreibt Thomas Mann in sein Tagebuch: »Wurde bis abends mit dem Schluß des V. Kapitels, der mich noch nicht befriedigt, nicht ganz fertig ...« Am Dienstag, 10.5., schließt er in der Laube das Kapitel doch ab und gönnt sich etwas: »Ging mittags nach Tutzing ... mit Freude über die Schönheit des Weges.«

Außerdem wird in dem Haus des Namensgebers der Kaserne gedacht, Erich Fellgiebel, General der Nachrichtentruppe, Mitverschworener Stauffenbergs am 20. Juli 1944. Ganz unmittelbar und bewusst schließt dieser Teil der Ausstellung an die Schlussfrage in Manns »Zauberberg« an: »Wird aus diesem Weltfest des Todes noch einmal die Liebe steigen?« »Ein guter Tag, an dem Sie hierher kommen«, so begrüßt Oberstleutnant Steinborn seine Gäste, denn es ist zufällig ein 20. Juli, »der 55. Jahrestag des Hitler-Attentats«. Bei solchen besonderen Anlässen kann man das Vergnügen haben, zwischen Dirk Heißerer und einem leibhaftigen Oberstleutnant der Bundeswehr sitzen zu kommen.

Thomas Mann schreibt in Feldafing, Lothar-Günther Buchheim malt es in die Tropen hinein oder die Tropen nach Feldafing. Buchheim schreibt: »Vom Zeitsprung, von langer Jetreise und von Tropenmalaisen erschöpft, gehe ich über den Feldafinger Golfplatz zum See hinab. Ich bin nach einem halben Jahr Südsee und Pazifik wieder in Bayern.« Buchheim verschlägt es den Atem: »Der See blinkt quecksilbern. Ahornbüsche blowen auf wie Granateinschläge rings um bronzen leuchtendes Grün.« Es ist der pure Expressionismus, der dem Sammler des Expressionismus entgegenschlägt: »Gelb, rot züngelnde Flammen bis hinab ans Wasser. Die große Buche ein einziges Feuer. Die Knorzeiche glost bräunlich rot. Schwarze Äste sprießen wie verkohlte Dachsparren aus glühenden Büschen heraus – ein einziger Cinemascope-Breitwandbrand ...« Und etwas Eigentümliches geschieht. Die Tropenlandschaft, nach der Buchheim auf Guam, auf Ponape vergeblich gesucht hat, hier liegt sie: Feldafing und seine Tropen, die Feldafinger Tropen. Und umgekehrt: Der Bahnhof von Feldafing, von Buchheim gemalt, liegt weit weg, nicht im Landkreis Starnberg, nicht im wirklichen, der Bahnhof von Feldafing liegt in den Tropen. Die gute alte Himbsel-Route, sie führt durch die Tropen und durch Königreiche und durchs Kaiserreich, mit Direktanschluss an Bad Ischl und an Guam. Während sich die Zuckerrohrarbeiter in ihren weißen Hosen mit den Macheten in den Händen als Golfspieler entpuppen ... Der Föhn ersetzt spielend den Rausch der Sakao-Wurzel. Der Landschaft gegenüber weiß sich Buchheim dankbar, er ist am Ziel, sie hat ihn als Heimkehrer aufgenommen.

Anders verhält es sich mit den Menschen, den Mitmenschen, seinen Mitbürgern, mit den Feldafingern. Lothar-Günther Buchheim, Autor von »Das Boot«, führte eine jahrelang andauernde, regelrechte Schlacht gegen diese »verschnarchte Villenkolonie«. Dann als nach Bernried Ausgewanderter mit dem Architekten Günther Behnisch, von dem auch die Zeltarchitektur des Olympiageländes in München stammt, dem er leider sagen muss: »Mein Museum ist das nicht.« Sein Ziel, ein optisches Abenteuer, mit dem klar wird, »dass Kunst immer aus Kunst entsteht, und nicht aus dem Vakuum«, wird nicht verwirklicht. Die Asiatica, die Zirkusabteilung, die Sammlung afrikanischer Exponate vermitteln sich nicht mit den Bildern der Expressionisten, was deren Ausdrucksmöglichkeiten, ohne sie zu erklären, in Teilen erklärt hätte, sondern verteilen sich belanglos nebeneinander, separat, teils beliebig, teils zusammengestopft, murrt die Kritik. Es gibt aber auch geniale Momente, etwa dass Ernst Ludwig Kirchners »Akt auf blauem Grund« genau dem »schlafenden Pechstein« ins Auge schaut, wenn es dieser nicht geschlossen hätte. Der leise lächelnde Mund trifft auf einen leicht schmollend schlafenden. Der geöffnete Schoß der Frau auf den in den Liegestuhl hingefläzten des Mannes. Blau auf Rot.

Vielleicht stand aber doch in Feldafing sein eigentliches Museum, das »Museum der Phantasie«, ein kurioses Gesamtkunstwerk ohne den Anspruch, »Deutschlands schönstes Museum« sein zu wollen; manche und nicht nur Feldafinger behaupten das.

Immerhin, wer es nicht mit einer Badeanstalt verwechselt, sieht vielleicht einen Dampfer des »Boot«-Autors Lothar-Günther Buchheim, einen Dampfer, der zum überwiegenden Teil auf dem Land liegt, aber mit seiner Bugspitze immerhin in die See ragt, zumindest in den Starnberger See. Und vom Bug aus, wenn man ihn betreten darf, ausnahmsweise, wenn es der ehemalige U-Boot-Offizier und jetzige Kommandant Lothar-Günther Buchheim erlaubt, dann kann man Seeshaupt sehen, und eigentlich den ganzen See hinauf und hinunter.

Im Übrigen werden die Feldafinger von Ortsfremden, insoweit sie aus dem Norden kommen, gerne in ähnlicher Weise verballhornt wie etwa die Ruhpöldinger, nämlich als Feldäffinger. Noch schlimmer mit ihnen geht nur Buchheim um. Für ihn sind Feldäffinger gleich »Gullyratten«, einfach weil sie sein Museum nicht haben wollten. Die Feldafinger selber, zumindest die älteren unter ihnen, sprechen ihr Feldafing schon ganz anders aus, als man etwa noch in Starnberg spricht: »Foiddafing« sagen sie oder »Begging« für Pöcking. Satirische Zeitgenossen behaupten, dass in Feldafing jeder zu Haus ist, der sich wohl fühlt in einem »Fluidafing«.

Die offizielle Kultur ist überall falsch, sagt Dilip Chitre in der Villa Waldberta.

Garatshausen
Waterkant am Starnberger See

Vielleicht hat Garatshausen das schönste Bad am ganzen Starnberger See, weil es nämlich kein Bad ist, zumindest kein offizielles, das Eintritt kostet, aber man kann trotzdem baden. Und es gibt einen Kiosk und in dem Kiosk gibt es Würstl und Bier und Ansichtskarten, manchmal sogar eine von Hans Albers, in dessen Haus heute nicht mehr vom »Blauen Engel« die Rede ist, sondern das Bayerische Fischereiwesen logiert. »Die Würschtl waarn fertig«, ruft der junge Kioskbetreiber, wenn man zu den Glücklichen gehört, die sich welche bestellt haben, und vor dem Kiosk gibt es

Stühle und Bänke, auf denen es fast immer einen Platz gibt und vor den Stühlen und Bänken eine Wiese und vor der Wiese einen Steg, der in den See hinausführt, und vom See aus schaut man mitten in die Berge, in die Benediktenwand zum Beispiel.

Eine Zeit lang wurden in dem Kiosk am Garatshauser Bad tatsächlich noch neben den Ansichtskarten vom Starnberger See solche mit dem Porträt von Hans Albers verkauft, so dass sich schon mancher gewundert hat, was das soll: Hans Albers nebst den bekannten Postkarten mit vier briefmarkenkleinen Motiven vom Starnberger See? Aber es ist eben so gewesen, dass Hans Albers sein Anwesen fast unmittelbar neben diesem Kiosk am Garatshauser Bad gehabt hat.

Geschichten werden erzählt von ihm, noch immer. Zum Beispiel dass er, vom Heimweh geplagt, unten in seiner Bootshütte, sich Lieder vorgespielt hat von der Waterkant und darauf gewartet, dass ihm mit dem Ruderboot seewärts Nachschub gebracht wird, zum Trinken. Damit man es oben nicht merkt, in der Villa, in der eine Dame residierte, die man heute als Gefährtin des Lebens bezeichnen würde. Sein Liegestuhl steht noch immer in dem Bootshaus, auch noch ein zweiter. Gelegentlich kam Heinz Rühmann herüber, vom Ostufer, weil zu zweit, da trinkt es sich noch besser. Kam die »Seeshaupt« vorüber, ließ der Kapitän das Horn tuten: bayerische Referenz für den Herrn von der Waterkant. Das Bootshaus hat das einzige reetgedeckte Dach weit und breit. Ein letztes Mal hat er sich mit seinem Cadillac um den See fahren lassen – dann gab die Leber den Kampf um ihren Besitzer auf, so wird es erzählt.

Tutzing
Wandel durch Annäherung

Die 1950 gegründete Evangelische Akademie residiert in einem alten Schloss, das schon viel gesehen hat. Bayerische, ungarische, schwedische und preußische Adelige gehören zu den ehemaligen Besitzern, es war Landsitz einer Patrizierfamilie aus München, Herrschersitz eines Grafen über seine Hofmark – und schon im 19. Jahrhundert einmal Treffpunkt für eine literarische Welt. Im Park findet sich ein römischer Steinsarkophag in der Nähe eines Steinbeckens, über dem noch immer hin und wieder getauft wird. »Geboren werden und sterben, besitzen und verlieren, ankommen und Abschied nehmen«, das kommt an diesem Ort zusammen, so beschreibt es Claus-Jürgen Röpke, der Direktor der Akademie, in seiner Einstimmung zu dem Band »Schloss und Akademie Tutzing«.

Dichter kommen in die Evangelische Akademie, feine Adresse geistiger Liberalität, Denker, Politiker, viele, die etwas zu sagen haben, Theologen natürlich. Die Dichterin Marie Luise Kaschnitz erregte 1951 mit ihrem »Tutzinger Gedichtkreis« viel Aufsehen durch ihre neue Art, mit Gott zu reden. Sie hadert mit Gott, so wie sie mit Menschen hadert. »Zu reden begann ich mit dem Unsichtbaren«, sagt sie und schreibt es so. Und so schreibt sie weiter: »Anschlug meine Zunge das ungeheure Du,/Vorspiegelnd altgewesene Vertrautheit./Aber wen sprach ich an?« Der Mann hört nicht, einen riesigen Sterbenden nennt sie Gott, einen, der sich »an tödlichen Abschieden« satt trinkt. Die Dichterin findet von ihm »keine Fußspur im Sande«, sie selbst fungiert als sein Gedächtnis, weil ihr sonst nichts übrig bleibt.

»Das verlorene Lachen« musste erst wiedergefunden werden, eine eigene Tagung war ihm im Juni 1951 gewidmet. Walter Kiaulehn zitiert Jean Paul: »Der Dumme lacht über den Idealisten, der Kluge lacht über beide, der Weise lacht über alle drei, der Heilige lacht über den Weisen, der Engel lacht über den Heiligen, und Gott lacht über alle.«

Sozialdemokraten hadern gemeinhin nicht so sehr mit Gott, obwohl sie angesichts so mancher Wahlergebnisse guten Grund dafür hätten, Sozialdemokraten sind, seit sie auch von irdischen Utopien Abschied nehmen, eher Pragmatiker. In der Evangelischen Akademie hat Egon Bahr die Formel »Wandel durch Annäherung« öffentlich formuliert, mit der später Willy Brandt eine völlig neue Außenpolitik der Bundesrepublik Deutschland formt, die neue Ostpolitik. Einer seiner Nachfolger, Gerhard Schröder, kommt später auch nach Tutzing, aber er liest nur eine Rede ab, die man ihm geschrieben hat, und vielleicht liest er sie selber zum ersten Mal, jedenfalls liest er moralethisch, was eigentlich keiner kennt; keiner kann wissen, was moralethisch ist, aber keiner wundert sich, keiner hat es gemerkt, weil alle geschlafen haben. Vielleicht sollte man zu Fragen des Moralethischen nicht unbedingt einen Kanzler einladen, aber das hat natürlich Tradition in diesem Hause. Adenauer war da, Brandt war da, Helmut Schmidt, auch Franz Josef Strauß, der 1961 als Bundesverteidigungsminister fast devot Willy Brandt die Hand schüttelt, während Brandt, seinerzeit noch Regierender Bürgermeister von Berlin, in dem Moment fast noch steifer ins Jackett fällt als sonst schon.

Das Holz der Bootshäuser ist in ein Braun und Grau übergegangen, als stünden sie schon Jahrhunderte so da – vor allem an Tagen, an dem der Himmel so tief auf die Wellen herunterhängt, dass gar keine Berge mehr dazwischen Platz haben. Dann sind auch kaum Menschen da, und es sieht aus, als bräuchte man keine Zeit in diesem kleinen alten Seehafen, nur das bisschen Raum. Ein Grauschnäpper setzt sich auf den Strahlenkranz der goldenen Statue der Mutter Gottes vor dem alten Seehotel, das schon lange leer steht, die Wellen schlagen an die Pfosten der Bootshäuser, die Gräser am Ufer wiegen sich im Wind – Maria schaut über den See.

Ein Weg am Ufer entlang heißt »Brahmsweg«, weil Brahms hier gewesen ist. Auch ein Stein ist ihm gewidmet, dem man entnehmen kann, dass Brahms »in Tutzing 3 Werke« komponiert hat. Man muss sich schon auskennen in seinem Werk und auf die Frage »Lieben Sie Brahms?« mit »ja« antworten, um Bescheid zu wissen; sonst bleibt nur ein weiterer Filmtitel zum Zitieren: »Schießen Sie nicht auf den Pianisten!« Oder man weiß es halt wirklich, dass hier, im Vogl-Pavillon direkt am See, die Haydn-Variationen op. 56 a entstanden sind und die Streichquartette op. 51 und die »Acht Lieder und Gesänge« op. 59.

So gut wie Brahms oder Richard Wagner einst, hält sich in unseren Tagen Klaus Voormann in dieser Gegend auf. In den sechziger Jahren hat er in der Band von Manfred Mann gespielt und ist aus den Siebzigern auf fast allen Soloalben der Beatles zu hören, bei John Lennon, bei George Harrison, bei Ringo Starr. Und als Graphiker hat er das Cover für die LP »Revolver« von den Beatles gestaltet: Pop-Art verpackte von da an die Pop-Musik. So ganz nebenbei erzählt er das, im Park der Evangelischen Akademie Tutzing sitzend, mit Blick über den See zum Pocci-Schloss hinüber; da fallen dann auch die verschiedensten Namen, die man aus den Konzerten, den Zeitschriften der Zeit kennt, zum Beispiel ist von »Eric« die Rede. Blitzschnell huscht es einem durch das Hirn, wen einer, der schon mit den Beatles zusammen gespielt hat, mit »Eric« meinen könnte. Vorsichtshalber sagt man es nicht, aber er meint natürlich Eric Clapton damit. Und er erzählt von Paul und von John und von George und von Ringo – so ganz beiläufig, wie andere vielleicht vom Huber Sepp erzählen oder von Evi Meier. Und erzählt von den Anfängen der Beatles in Hamburg, in den Kellerbars der »Großen Freiheit« …

Ein Mann mit Gitarre gesellt sich dazu, ein Riese, einer dieser freundlichen Riesen dieser Welt, er heißt Carl Carlton, ein Mann, der mit Leuten von Bob Dylans »The Band« zusammen gespielt hat, Joe Cocker auf der Gitarre begleitete, der setzt sich einfach quasi als Zugabe zu Klaus Voormann dazu und spielt, und es macht ihm Spaß, einfach so. Wie er nach Tutzing kommt? Er spielt gerade mit Peter Maffay eine neue CD ein, Peter Maffay lebt auch in dieser Gegend, die man einen Landkreis nennt, Starnberg zugeordnet. Und warum er sonst in Dublin lebt? Ronnie hat ihn darauf gebracht. Ronnie: who? Na klar, Ronnie Wood von den Rolling Stones. Der ist sein Nachbar jetzt. Und dieser Mann, der Nachbar von einem der Rolling Stones ist, sitzt also in einer Pizzeria in Tutzing und es ist alles das Allerselbstverständlichste von dieser Welt. »What do you want to be?«, hat ihn ein Freund gefragt – »a Musician or a Pop Star?« Eine Musiker möchte er sein – so einfach ist das. Am Ufer des Starnberger Sees erzählt er seine große Vision: mit einer Dreimastbark voller Musiker den alten Sklavenweg von Westafrikas Küste über die Karibik in den Mississippi nachfahren – und die Entwicklung dieser Musik nachspielen, mit Musikern, die an diesem Weg leben. »The route« nennt er diese Vision. Keith macht mit.

»Keith: who?«, möchte man fragen. Natürlich: Keith Richard von den Rolling Stones. Und Ry Cooder und der Sohn von Ry Cooder.

Klaus Voormann findet zwar auch, dass die Kollegen von den Rolling Stones eine phantastische Rockband sind, aber im Wesentlichen eben aus Mick Jagger und Keith Richard bestehen – der Rest sind Begleitmusiker. Während die Beatles: Das ist das geniale Zusammenspiel von vier unterschiedlichen Individuen, die genau zusammengepasst haben. Das ist vermutlich das Geheimnis der Beatles: in der an sich unvereinbaren Mischung von Paul Mc Cartney und John Lennon. Und dann erzählt Klaus Voormann die Geschichte seines Buches »Warum spielst Du Imagine nicht auf dem weißen Klavier, John?«.

Aus demselben Grund, wie es einen Brahmsweg gibt, gibt es eine Waldschmidt-Straße, aber den Waldschmidt kennen nicht mehr alle. Maximilian Schmidt, gen. Waldschmidt, geboren 1832, gestorben 1919, kam 1860 mit dem Erzieher von König Ludwig II., Professor Steiniger, und Felix Dahn an den Starnberger See, den er sogleich in einem eigentümlichen Nichtbairisch bedichtete: »Sunntafruah am Starnberger See/Z'Bernried und ommet in Seeshaupt/Hat's Sunntaamt zamg'läut ....« In der Autobiografie »Meine Wanderung durch 70 Jahre« wird sein Wunschtraum beschrieben, an der Landspitze in Tutzing einmal ein Schlösschen zu besitzen. Aus dem Traum wird zehn Jahre später das »Midgard-Haus«, in dem u.a. das österreichische Kaiserpaar zu Besuch sein werden, Moltke und Bismarck, und das auch noch andere feste Bewohner finden wird, z.B. Ina Seidel und Georg Kaiser im Jahre 1919, allerdings immer am Rande des finanziellen Ruins. Heute befindet sich ein Gasthaus darin, in das zum Beispiel Heinz Rühmann gern zum Essen gekommen ist.

Aber es gibt oder gab zumindest auch ein Bayern in Tutzing. Friedl Brehm hat in Feldafing in seinem Verlag Bücher gedruckt, von denen er geglaubt hat, dass sie notwendig sind. Aber verkaufen müssen haben die Bücher die Autoren selber. Saßen sie bei ihm zu Besuch in der Küche, kam es ihnen sonderbar weich und wacklig vor; das rührte daher, weil unter den Kissen und Decken die Bücher des Verlags gestapelt waren. Sein unkonventionell alternativer Verlag veröffentlichte solche Autoren wie Mitterer, Polt, Setzwein und andere; auch der »Edelgammler« und die Zeitschrift »Schmankerl« für eine neue bairische Mundart-Poesie erschienen dort. Es ist schon wieder eine Zeit lang her, seit man ihm die Blumensträuße in den Leichenwagen hineingelegt hat, weil man nicht gewusst hat, wohin damit auf einer Feuerbestattung, in der die Urne weggefahren wird. In Feldafing wollte man sein Denkmal nicht, jetzt steht es in Tutzing – auf dem Johannishügel im Süden Tutzings, ein Denkmal für Friedl Brehm. Bücher aus Stein sind da übereinander gestapelt, und in den Stein ist eingraviert »bayerischer Verleger und Reporter (1907–1985)«.

1971 war eine Tagung der Evangelischen Akademie dem Werk des großen Philosophen Ernst Bloch gewidmet. »Das Prinzip Hoffnung« braucht viel Geduld.

Starnberger See Ost

Percha · Berg · Aufkirchen · Aufhausen
Leoni · Rottmannshöhe · Bismarckturm · Biene Maja

Oben drüber

Gern erhebt der Mensch sich ein wenig über sich selbst, damit ihm nicht zu ebener Erde der Alltag seine Träume wegfrisst, er möchte aus seiner eigenen Suppenschüssel herausschauen können, wenigstens hin und wieder.

Möglicherweise liest er in solcher Stimmung die Werbung einer Firma für Ballonfahrten: »Vom Winde sich tragen lassen, sich über den Alltag erheben. Über der Schöpfung schweben, nicht wissen, wohin der Wind uns führt – geborgen im Weidenkorb – wie zu Zeiten Montgolfiers.« Das hat etwas, allein schon die Formulierung »geborgen im Weidenkorb« klingt nach Altem Testament und Gottvater, »über der Schöpfung schweben« eben. Seit langem schwärmen die Menschen von der Luftfahrt, auch noch ehe es diese so richtig gab. Der große Aphoristiker, Philosoph und Witzbold Johann Georg Lichtenberg erhebt sich geistig über das endlose »Besoldungsvermehrungsgeschwätz« und entführt sich aus solch bedrückender Enge mittels aerostatischer Maschinen in die Luft: »Man bedenke auch nur das Atmen der Alpenluft, das Baden, Plätschern und Schwimmen im Lichtmeere und in Gesellschaft der Morgensterne, während die Hälfte der Welt unter einem noch im Schlamme der Nacht ruht.«

Sein Schriftstellerkollege und Bruder im Geiste Jean Paul ist womöglich noch begeisterter: »Himmel! Du müßtest jetzt aufstampfen vor Lust darüber, wie das Luftschiff dahinsauset und zehn Winde hinterdrein und wie die Wolken an beiden Seiten als Marsch-Säulen und Nebel-Türme langsam wandeln und wie drunten hundert Berge in eine Riesenschlange zusammengewachsen, mit dem Gifte ihrer Lavaströme und Launen zornig zwischen den Ameisenkongressen und Menschen liegen – und wie man oben in der stillen heiligen Region nichts merkt, was drunten quäkt und schwillt.«

Am 17. Juni 1783 hat die Menschheit im Namen der Brüder

Montgolfier einen ersten Heißluftballon gestartet, aber noch ohne Menschen an Bord, im September dann mit Hahn, Ente und Schaf, die das Unterfangen überraschenderweise lebend überstanden, also stiegen im November des gleichen Jahres die ersten Menschen ein – und flogen 25 Minuten über eine Strecke von zehn Kilometern in eintausend Meter Höhe. Der König erhob die Höhenmenschen sofort in den Adelsstand, weshalb noch heute jeder Ballonfahrer nach seiner Jungfernfahrt unverzüglich geadelt wird, zum Beispiel in Heinrich, Edler zu Kempfenhausen, weil man in Kempfenhausen gelandet ist und mit Vornamen eh schon »Heinrich« heißt. Voraussetzung ist allerdings, dass man fortan nur noch vom Ballonfahren spricht und nicht vom Fliegen. Dafür gehört einem das bei der Ballonfahrt überfahrene Land, zum Beispiel der Landkreis Starnberg.

Vor dem Start melden die Wetterdienste per Funk ihre Werte: »Da Peißenberger hod an zwohundertfuchzga!« gibt dann der Pilot an seine Passagiere durch, die sich zwar darunter nichts vorstellen können, aber nie zugeben würden, dass sie sich darunter nichts vorstellen könnten. Sie nicken mit den Köpfen. Fachkompetenz in konkreten Zahlen ausgedrückt hat etwas maßlos Beruhigendes, auch wenn man nur Bahnhof versteht, tuschelnde Piloten hingegen sind etwas, was man nicht so besonders gerne hat, als fliegender Held, der man nicht sein mag, im Flugzeug schon nicht, und sonst schon überhaupt nicht.

So gesehen gefällt es einem nicht, wenn der eine Pilot zu seinem Kollegen sagt: »Irgendwia gfoid ma des heid ned: der Wind drand olle Augenblick!«, also dass ihm das nicht gefällt, dass der Wind jeden Augenblick dreht. Der Kollege fragt aber ungerührt nach dem Münchner Wetterdienst: »Und da Münchna?« Wieder weiß man nicht, was das jetzt wieder bedeuten soll, aber: »Da Münchna hod an Dreihundada!«

Das Prinzip ist im Prinzip ja wunderbar einfach: Weil heiße Luft leichter ist als kalte, muss man nur die kalte erwärmen, Ballon drüberstülpen, Korb darunterhängen und schon geht's los. Also gut, etwas berechnen, wie viel heiße Luft man braucht, um das Gewicht von Korb, Gasflaschen und Menschen in die Höhe zu bringen: »Du: ein Zentner, und du: zwei Zentner, ihr zwei also zusammen, macht zusammen dreieinhalb Zentner, der Rest in den anderen Ballon!« Und: Wetterdienst anrufen, ob Sturm droht. Steuern kann man nur durch Erhitzen, dann geht's höher. Oder man lässt es, dann geht es wieder runter.

Sehr ernst erklärt das der Pilot, den ganzen Vorgang, die Stirn dabei runzelnd, ganz so als müsste er selber ständig noch einmal beim Reden überlegen, ob das wirklich so geht. »So geht das, gell«, sagt er fast fragend am Ende die Passagiere.

Und dann hebt sich, leise, nahezu unbemerkt zunächst, der Ballon. Man schaut, schaut um sich und sieht – wie immer – zunächst Banales, Alltägliches, Blödes: eine Scheckkarte zum Beispiel, eine Scheckkarte aus dem Gras blinken. Das gibt's doch nicht, so was Blödes, was für ein Depp schmeißt seine Scheckkarte mitten in die Wiesen? Ein Begleiter der Ballonbetreiber-Gesellschaft, der am Boden bleibt, hat auch etwas blinken sehen, tritt hinzu, bemerkt, dass es sich offenkundig um eine Scheckkarte handelt, dreht das Teil vom Magnetstreifen auf die Seite um, die einen Namen enthält und liest vor: »Holzheimer!« »Ja«, sag ich, »das bin ja ich, ich wäre der Holzheimer!« Gleichzeitig gigantische Hilflosigkeit: Du weißt ja inzwischen, dass so ein Ballon nicht – »halloh, halloh! Moment mal!« – moderner Technologie folgt und du schreien kannst: »Ich habe meine Scheckkarte vergessen, also alles zurück!« – so geht das nicht.

Schon siehst du das Undosa von oben: Es muss in Japan liegen, und auch das Landratsamt: eindeutig Pagoden!

Wie weit man den »Bären« sieht! Von Gauting herüber!
Wie viel Wald um uns herum ist!
Wie fein die Würm sich schlängelt!
Wie sich der König gefreut hätte über so einen Anblick!
Wie ein Schneekönig als Ballonfahrer!
Wie mystisch die Roseninsel erst von oben ausschaut!
Wie nah auch die Isar ist hüben!
Wie nah der Heilige Berg ist drüben!
Wie schön, alles in einem Blick zu erfassen!

Allerdings ist einer auch schon einmal in den See gefallen, vor Kempfenhausen. Man tut in solchen Fällen, was man gelernt hat oder noch als Erinnerung im Kopf, obgleich man nie zugehört bei dergleichen Trockenübungen für den Fall, dass eine Katastrophe eintritt: Schuhe ausziehen, ans Ufer schwimmen usw. Aber was macht man, wenn man merkt, dass einer merkt, dass er die zweihundert Meter bis zum Ufer nicht mehr schafft, weil er kein besonders guter Schwimmer ist? Nichts, weil der Mann Gott sei Dank von selber das Richtige macht: Er schwimmt zum Korb zurück, weil der Korb ist aus Weidengeflecht. Und Weidengeflecht schwimmt, also geht auch nicht unter, wer sich an einen Korb aus Weidengeflecht hängt.

Dass sich aber ein ins Wasser gefallener Ballon wieder aufrichtet, von selber, aus dem Wasser heraus, kann keiner ahnen. Und dass eine kleine Brise daherkommt, die keinen Surfer aus dem Kies aufrichten würde, aber einen Ballon aus dem See wieder aufsteigen lässt, schon gar nicht. Aber es ist ein echter Albtraum für einen Piloten, der mit seinen ehemaligen Passagieren auf den Kieseln am Ufer von Kempfenhausen sitzt und er sieht seinen Ballon, wie er über ihn hinwegflieht. Und er hört einen Passagier, der aus dem Korb herausschreit wie am Spieß. Das sind so die Momente, wo dieser kleine leere Raum entsteht zwischen Magen und Bauchspeicheldrüse; wahrscheinlich war dieser Raum bei dem Kollegen Ballonfahrer viel größer als meiner, meiner war nur etwa scheckkartenformatig.

Aber es braucht der Mensch gar nicht unbedingt einen Fesselballon. Er schafft und gestaltet auch zu ebener Erde seine Welt um und um.

Percha
Oder: Der Endkampf zwischen Heidentum und Christentum

Alles darf man vermuten in diesem Landkreis: Troja und Olympia, Huosi, Agilolfinger und die Karolinger, Könige und Kaiser, Mönche und Flugzeugbauer, aber dass auch die Endschlacht zwischen Christentum und Heidentum hier stattgefunden hat, am Ufer des Starnberger Sees, das hätten nicht einmal diejenigen gedacht, die an alles denken.

Aber so hat es sich wieder einmal zugetragen in der Zeit, nachdem der trotzige Pippin, König aus Frankenland, das Kreuz über den Lech getragen, die heidnischen Götter, wie er meinte, mit Gewalt aus dem Lande getilgt und die bayerischen Dickschädel, soviel ihrer sich nicht wollten zur Taufe und in die geweihte Donau treiben lassen. So hat es sich zugetragen in dem weiten Feld zwischen Legende und Mythos, zumindest in dem Roman »Frau Perchtas Auszug«, den Friedrich Alfred Schmidt Noerr im Jahre 1928 im List-Verlag herausbrachte; inzwischen gibt es ihn in einer Neuauflage mit dem Titel »Perchta und Karl – Ein mythischer

Liebeskrimi vom Starnberger See«. Die Story ist natürlich die Gleiche. Karl der Große kommt aus Rom zurück in seine Heimat und will Schluss machen mit dem Heidentum der Gegend. Christen sollen sie werden, die Würmtaler, aber leider muss er deshalb gegen seine eigene Mutter kämpfen, die Elfen- und Geistergöttin Perchta.

»Danach wurde Karl nimmer froh«, heißt es allerdings in dem Roman. »Er verkündete anderen Tags in offenem Reichsrat die Verbannung Frau Berthas, seiner Mutter. Klage, Gericht und Urteil in einem sprach er da über sie, wegen Ungehorsams gegen den Schirmherrn des Glaubens. Und an Leib und Leben gestraft solle sein, wer Beistand gewähre der so geächteten Frau.« Karl verbietet jeglichen Perchtendienst und Perchtenbrauch. Justament an Ostern will er »dieses letzte Nest uralten Irrtums und teuflischer Abgötterei« ausräuchern und ausrotten, höchstpersönlich eilt er nach Percha am Würmsee, wo der heilige Hain der Frau Perchta bekannt ist.

Auch sprachlich wird es ernst. Es »dichtet sich, schwillt, schiebt auf dem Ranft den filzigen Rasen zuhauf, wühlt sich und wächst sich zurecht«, so lodert es in der Schlussphase von Noerrs Roman, nachdem es schon vorher zum Beispiel so in den Ohren des Lesers geklungen hat: »Grisdepperter Dalk! Eingefangen hab ich sie dir! Brenne die Braut! Stich sie durchs Auge, ins Mark! Greif ich den Christgott, dann: äschre ich ihn kalt!« Und so weiter. Am Karfreitag gewinnt Karl »auf wölbigen Matten den Blick über den See«. Der Blick bietet sich ihm so dar: »In der hellen Morgenfrühe zackten die rund bebuschten Hügelzungen den türkisdunstigen Tarlatan des Würmsees mit junggrün flammender Schere.«

Vor dem Showdown kommt es noch zu einem theologischen Diskurs. Die leuchtende Perchta singt in Frau Berthas Gestalt zur Seele des Sohnes:

»Welches Weges reitest du, Karl, in Ostaras heiliger Zeit?«
Antwort kam da aus Karl:
»Dies ist die Zeit des auferstandenen Christ!«
Antwort blitzte Frau Perchta:
»Ich bin Ostara. Ehe dein Heilgott war, war ich und mein schaffender Segen über der Frühlingsflur!«
Antwort kam da aus Karl:
»Ehe die Welt war und alle erschaffenen Dämonen, samt dir, du nächtige Elbin, war Er, der allmächtige Gott und der Christ ...« usw.

Perchta möchte, dass er sie in Frieden lässt, doch findet er, dass nur Frieden hat, wer Gott schaut. So genanntes Hornberger Schießen, was die Theorie betrifft.

Vielleicht hat sich mancher schon gewundert über den Felsbrocken, den man von der Autobahn aus sieht, aber jetzt weiß der sich Wundernde, dass es sich dabei um den Felsen der Göttin Perchta handelt, den sie gegen ihren Sohn geworfen hat. Aber der Felsen ist vom Kreuz gebannt worden und im Fluge auseinander gerissen, so dass man heutzutage eben nur noch einen Teil sieht. Die Heiden am Würmsee sehen schwarz: »Jagend über den See herein wälzte Gewölk, die schwarzen Schwaden. Donner polterte vom Horizont herüber mit stoßendem Wind. Rings antwortender Donner vermurrte drunten im Grund ...« Aus der Brust der toten Göttin entwindet sich eine Taube, zum Zeichen ihrer posthumen Christwerdung, den Leichnam bringt Karl nach Freising in den Dom, doch ihrer alten Gegend hilft das wenig: »Unheil folgte Frau Perchtas Auszug dicht auf dem Fuß. Aller Segen wich weithin von Leuten und Land. Dörrende Sonne mürbte in jenem Frühjahr Scholle und Halm. Plötzlich, im ersten Sommer, versiegte für immer der See vom Mühlthal herab bis zu Frau Perchtas geschändetem, lange noch rauchendem Heiligtum auf dem Buchenfeld. Schaurig geschwärzt und drohend bezeichnete nur noch der Fluchstein, wie er den Händen Frau Berthas entfiel, den seitdem gemiedenen Ort. Ehrfucht gab dem Block bei den Menschen den Namen: Bis zum heutigen Tage heißt er: Der Hohe Stein. So liegt er noch jetzt ober Percha. Trotzt weit hinaus über mooriger Mulde.«

Fünfzig Jahre lang lebte Friedrich Alfred Schmid Noerr in Percha, in der »Villa Sonnenhaus«, am 12. Juni 1969 starb er im Alter von 92 Jahren, Freund der Autoren Waldemar Bonsels aus Ambach und Gustav Meyrink aus Starnberg. Er empfand sich als »gelassener Beschauer im Daseinswirbel« – und das im Endkampf zwischen Heidentum und Christentum.

Und wenn du denkst, jetzt kennst du deinen Landkreis wirklich wie die berühmte Westentasche – als kennt schon jemand seine Westentasche, vorausgesetzt, man trägt überhaupt eine Weste –, dann kommst du an eine Wegkreuzung, sagen wir hinter Percha, und die Welt wird eben schon neu erfunden. Ein riesiges Kreuz steht zwischen Gestrüpp und eingezäunter Wiese in die Erde gerammt, das hast du noch nie gesehen. Es ist nicht aus Holz, es trägt keinen Christus, kein Mensch könnte, selbst wenn er das wollte, ihm zu Kreuze kriechen – wie kommt es dahin? Ein kleiner Bub auf seinem Radl ist der Einzige, den man fragen kann,

aber er weiß es auch nicht, was es mit dem Kreuz auf sich hat.
Aber er könnte einen Schlüssel besorgen, sagt er, für die Kapelle,
denn in der Nähe des Kreuzes steht auch eine Kapelle, außerhalb
der eingezäunten Wiese. Auf die Idee wäre man gar nicht gekommen, nach einem Schlüssel zu fragen, und schon gar nicht einen so
jungen Mesner namens Maxi. Der Schlüssel ist beinah größer als
der Bub. Das Innere der Kapelle ist noch seltsamer als das seltsame
Kreuz, man weiß nicht, was angebetet werden soll: die Plastikblumen, eine wasserleere Gießkanne oder einige Gegenstände, von
denen absolut nicht klar ist, ob sie etwas Anbetungswürdiges verkörpern sollen. Draußen auf den Äckern, vor der Kapelle, wüten
Traktoren wie die Hummeln über die Furchen. Unter einer mächtigen Eiche sitzt ein Vater und schaut seinem Buben zu, wie der
schon mit dem Traktor um die Eiche herumdonnert. Auch Maxi
hält es so, nachdem man ihm den Schlüssel zurückgegeben hat,
fröhlich winkt er zurück. Was für ein Glück, ihm über den Weg
gelaufen zu sein! Was für ein Glück, welche Wege es hier gibt!

Kempfenhausen
Der nächste Endkampf

Im Kempfenhausen hätte gleich der nächste Endkampf ausgetragen werden sollen, jener der Nibelungen.

Ausgerechnet an einem Karfreitag kommt aus Wien verzweifelt und krank ein kleiner Mann nach München, er ist auf der Flucht, auf der Flucht vor seinen Gläubigern, er irrt durch die Stadt. Es ist der Karfeitag des Jahres 1864, genauer der 25. März, und bei dem Mann handelt es sich um Richard Wagner, doch findet er einen Retter. Sein Retter ist König Ludwig II., er bietet ihm die 1855 von dem Starnberger Posthalter und Gastwirt Andreas Pellet erbaute Villa an, Wagner kommt im Sommer, und verschiedene Schicksale nehmen ihren Lauf. Der König wollte, dass Richard Wagner in Kempfenhausen den »Ring der Nibelungen« fertig stellt. Am 29. Juni dieses Jahres trifft Cosima, seinerzeit noch nicht Wagner, an demselben Orte ein, und schon in der gleichen Woche wird, wie es heißt, »der Bund besiegelt«.

Zwar erinnert eine Tafel an den Aufenthalt Wagners, doch kämpfen unterdessen an dem Ort Schüler um ihre Noten – dennoch schreibt man den Ort noch immer mit »e«.

Berg
Wer den König einen »Lausbua« nennen darf

In Berg verlebte Ludwig die sonnigste und düsterste Zeit seines Lebens – wie in einem Ring berühren sich hier Anfang und Ende«, schreibt Luise von Kobell in ihren »Erinnerungen«. In Berg verlebte Oskar Maria Graf seine Kindheit, die so hart war, dass er von ihr jenen Sozialismus davontrug, der ihm in den Rücken eingeprügelt worden war. Aber es gab auch Berührungen der Familie Graf mit dem König.

Immer ein bisschen eine Sache des Glücks, ob man bei Ihrer Gnaden auch wirklich Gnade erwarten darf. Aber so leutscheu, wie er oft dargestellt wird, war der König gar nicht, zumindest in seinen jüngeren Jahren nicht. Oskar Maria Graf erzählt in seinem Buch »Das Leben meiner Mutter« eine Begegnung des Königs mit einem Mitglied der mütterlichen Familie, dem wegen seiner Kleinwüchsigkeit so genannten »Zwerg«: »Eines Tages begegnet dem Zwerg auf halbem Weg zum Seeufer die königliche Karosse. Der König beugte sich aus den himmelblauen Sammetpolstern und blickte durch das Wagenfenster.« Und dann geschah etwas, schildert Oskar Maria Graf das Geschehen, »das sich noch nie ereignet hatte«: »Der blasse, dunkelbärtige, hochgewachsene Monarch und sein ordensbesternter Begleiter stiegen aus und näherten sich dem seltsam verunstalteten Menschenkind, das die beiden Männer ohne Scheu mit trägen, leeren Blicken anglotzte.« Der König fragt den Zwerg: »Wo bist du denn her? Wie heißt du denn?«, und der König beugt sich also hinunter zu seinem kleinen Untertanen, aber der will nicht, stößt sogar mit seinem Ellenbogen gegen seinen König, von dem er natürlich nicht weiß, dass es sein König ist. Aber der König weiß, dass er einen Untertanen vor sich hat und möcht seinen Namen wissen: »Sag schön deinen Namen, bitte!«, sagt der König noch einmal, der doch als so reizbar bekannt ist, aber der Zwerg, der eigentlich eine Zwergin ist und, vom Oskar Maria Graf aus gesehen, eine Tante, will immer weniger, auch nicht beim Kutscher, den der König bittet, ob er vielleicht mehr Erfolg hat. Der Zwerg »schimpfte, fing an zu jammern und schließlich zu weinen, und von all dem, was er aus sich herausplapperte, war nur »Lau'bua! Ruah lo'n!« zu verstehen.

Somit ist Ludwig II. gewiss einer der wenigen Könige dieser Erde, den ein Untertan ungestraft »Lausbub« hat nennen dürfen, und dass ihn, den Zwerg, der König in Ruh lassen soll. Auch das hat der König, der ohnehin seine Probleme mit dem Bayerischen gehabt hat, nicht verstanden. Aber anderntags seinen Kabinettssekretär in die Bäckerei Graf geschickt, und dass der König Anordnung gegeben hat, dass der Bäcker sein Gebäck an Majestät liefern dürfe, mithin »Hoflieferant« wäre.

Und im ganzen Dorf Berg ging es herum, dass »der König und sein Kabinettssekretär im schattigen Wiesmaiergarten an einem weißgedeckten Tisch mit der Stellmacherin und dem Zwerg Kaffee tränken«.

Wieder sagt die Zwergin »Lau'bua« und »Na-na' ia Of«, was ihre arme Mutter immer hätte übersetzen sollen, aber in alles möglich andere umänderte als die korrekte Übersetzung »närrischer Tropf« wiederzugeben, wo doch der König »ein sehr legerer Mensch sei, grundgut und natürlich wie selten einer, und ein überaus stattliches, bildsauberes Mannsbild«. Schließlich lobt auch der Zwerg den König: »Magl, Höni hod mi schenkt ... hauta Mens ...« »Ja«, wird dem Resei bestätigt, »unser König ist ein braver, guter Mensch!«

Sein Vater jedenfalls lieferte fortan Semmeln an seine Majestät, und zwar weiche, weil seine Majestät keine guten Zähne hatte – und Majestät lieferte ein gerahmtes Bild von sich selbst mit eigenhändiger Unterschrift, auch wenn er darauf etwas starr schaut und er in Zivilkleidung abgebildet ist mit einem steifen Hut.

Aufkirchen
Anschließend Enthüllung des Denkmals

Die Vorgeschichte seiner Heimatgemeinde Berg, Oskar Maria Graf nicht zu ehren, ist im Grunde fast schon so gut, dass er sie selber geschrieben haben könnte, aber sie ist auch schon hundert Mal erzählt worden und braucht an dieser Stelle nicht wiederholt zu werden. Zu seinem hundertsten Geburtstag aber war es so weit. In dem hölzernen Wartehäuschen für die Busse oben in Aufkirchen hing auf einmal neben der Ankündigung »Loisachfest in Wolfratshausen am Maibaum um 14.00 Uhr, Samstag 2. Juli 94 mit Bayerischem Dreikampf« ein Plakat: »Zum 100. Geburtstag von Oskar Maria Graf. Festakt anlässlich der Namensgebung der Schule und des 100-jährigen Bestehens des Alten Schulhauses am 20.07.94 um 10.00 Uhr in der Turnhalle der Volksschule. Anschließend Enthüllung des Denkmals.«

Es steht an der Stelle, von der man auch zur Sternwarte des Professor Jutz gehen kann, die er gar nicht nach sich benannt haben wollte, aber der Beschluss der Gemeinde war einstimmig: Die vormals »Oberbayerische Volkssternwarte« heißt jetzt nach dem Professor Jutz. Es geht ihm nicht anders wie dem großen Regisseur der Weltmeisterelf von 1954, Fritz Walter, der auch bei jedem Heimspiel von Kaiserlautern ins »Fritz-Walter-Stadion« gehen musste. Jutz geht in die Jutz-Sternwarte. Mit ihm zusammen kann man den Ring des Saturn sehen und sämtliche Monde des Jupiter und die Venus sowieso, die sieht ein jeder, denn die ist hell wie eine Stalllaterne, sagt der Herr Professor; im Krieg haben sie drauf geschossen, weil sie gemeint haben, es wäre ein feindliches Flugzeug. Wenn aber die Leut kommen, auch wenn dicke Wolken sich über dem See ballen, sind sie schon etwas enttäuscht, wenn der Herr Professor nach oben zeigt: »Wieso?«, fragen dann die Leute, »Sie haben doch ein Fernrohr?!«

Er hat eines mit achtzigfacher Vergrößerung und eines mit hundertsechzigfacher Vergrößerung. Da sieht man auf einmal, dass viele Sterne, die man für einen Stern gehalten hat, viele Sterne sind, ein ganzer Sternenhaufen auf einmal, ein eigener Kosmos sozusagen. Und was man so abstrakt im Kopf hatte von der Unendlichkeit, die man ohnehin nicht versteht: Hier wird sie noch unendlicher und selber wird man noch unbedeutender, mit all dem, was man für so wichtig gehalten hat – ein Würschtl angesichts der Galaxien, die sich eine um die andere hintereinanderreihen, wenn man das so sagen kann. Man kann es natürlich nicht, man ist schon direkt froh, dass es so etwas gibt wie eine »Heimatgalaxie«, quasi ein Starnberger See im gesamten Universum. Und wie vertraut einem der Mond ist! Immerhin ist es doch derselbe Mond, den ein Brecht als »Moon of Alabama« besingt; den haben sie auch im Exil besungen in Amerika, wo sich die alten Bekannten zum Teil wiedergefunden haben. Voller Freude haut Graf in seiner Lieblingswirtschaft in New York dem vergleichsweise dünnen Brecht zwischen die Schulterblätter, dass dem vor Schreck die Zigarre wegbröselt.

Vor den Bergen brennen mächtige Feuer, die Johannisfeuer, in die man auch gern mit dem Fernrohr hineinschauen würde, aber das traut man sich natürlich nicht zu sagen, wenn von Höllenplaneten die Rede ist, die eine Hitze zwischen 450 und 500 Grad entwickeln und einen Druck, vergleichbar mit 900 Meter Tiefe, in die man hinuntertauchen würde. Doch errät einer der Astronomen den Wunsch und schwenkt sein Teleskop aus der Milchstraße direkt in das Johannisfeuer, dass man gleich Angst kriegt, man könnte sich die Finger verbrennen. Andererseits stellt sich dadurch eine Relation her, die doch wieder greifbar ist: Zwischen Jungsonnen, entstehenden Himmelskörpern, stellaren Kindergärten, 170000 Lichtjahre von uns entfernt und mit einer Masse, die unsere schöne liebe Sonne um eine halbe Million mal übertrifft – und einem Holzstoß, der angezündet wird, weil eben die Sonne, unsere Sonne, sich wieder einmal wendet.

In manchen Fällen tut es auch ein Ofenrohr, mit dem man ins Gebirge schauen kann, in dem Fall ist es die Benediktenwand. Die Straße an der Schule scheint mitten in sie hineinzuführen. In das rundgeschnitzte hölzerne Eingangsdachl der alten Volksschule steht in schöner Handschrift eingeschrieben: »VOLKSSCHULE AUFKIRCHEN«. Und im Windfang findet sich eine Erinnerung an den berühmt gewordenen Schüler: »In dieses Haus ging als Bub Oskar Maria Graf zur Schule, der Schriftsteller aus Berg. Er besuchte von 1900 bis 1907 die deutsche Werktagsschule zu Aufkirchen a.W., von 1907 – 1910 die deutsche Sonn- und Feiertagsschule zu Aufkirchen am Würmsee.«

Die Linde mit der Rundbank außen herum, von der es diese berühmten Fotos von Stefan Moses gibt, die den noch einmal zu Besuch im Hof seiner alten Schule weilenden Oskar Maria Graf zeigen, diese Linde gibt es zwar noch, aber die Bank ist zwischenzeitlich einem Fahrradunterstand gewichen, der aber auch schon wieder verschwunden ist; das wäre vielleicht allein schon keine schlechte Installation gewesen. Aber die Schule ist jetzt ein Kindergarten und nur zur Feier des Tages hat man das alte Klassenzimmer, in das der kleine Oskar gegangen ist, wieder so hergerichtet, wie es ausschauen hätte können, zu der Zeit, in der die »Erlebnisse aus meinen Schul- und Lehrlingsjahren« angesiedelt sind mit dem Titel »Dorfbanditen«, wo sein bester Spezi in der Werktagsschule der Kramerfeichtmartl gewesen ist, weil man sich auf den absolut verlassen hat können.

Aber an diesem 20. Juli 1994, gegenüber der Bushaltestelle in der kleinen Wiese, die sich in der Umkehrschleife der Straße befindet, erhebt sich knallrot aus dem grünen Gras ein verhülltes, aber geballtes Etwas, das in auffälligem Kontrast zu den weiß-blauen Rauten der aufgezogenen Fahne des Freistaates Bayern steht. Auffällig klein aber ist dieses Etwas, das da unter der roten Plastikplane verharrt: Hat man ihn nicht größer haben wollen, seitens der Gemeinde? Ein Lupfen des Geheimnisses aber ist unmöglich, die Plane ist von allen Seiten mit schweren Steinen festgehalten, da geht nichts. Außerdem stehen zu viele Leute herum, vor allem auch viele Kinder. Es ist wie an Weihnachten. Und Ostern zugleich.

Annemarie Koch, die Tochter Grafs, wünscht sich: »Es soi ja koa gwamperte Feier wern, sondern wos Lustiges! Ich habs nicht so mit die ergreifenden Momente«, sagt sie. Bisher hat sie sich nur Perlach eingehen lassen, weil in Perlach, da gibt's ein Graf-Stüberl und einen Oskar-Maria-Graf-Ring gibt es auch.

Ein junger Zeitungsmensch hat von gar nichts eine Ahnung gehabt und wird von der Tochter des Oskar Maria Graf auf die Bücher von Oskar Maria Graf verwiesen: »Da steht alles drin!« Aber dazu hat der Zeitungsmensch keine Zeit mehr gehabt; »da hätte er viel zu tun«, sagt er. Ob sie ihren Vater geschätzt habe, will er von seiner Tochter Annemarie wissen, er ist hartnäckig. »Was für eine Frage!«, schimpft das Annamirl. Ihre Großmutter hätte auf die Frage, ob sie ihren Mann geliebt hätte, geantwortet: »I hob scho miassn!« Aber das versteht der Zeitungsmensch natürlich wieder nicht, schon rein sprachlich nicht, aber sonst auch nicht.

Der Landrat sagt auf der Feier, dass er sehr froh ist, dass die langen Auseinandersetzungen nun in ein Denkmal münden. Der Herr Ministerialrat vom Kultusministerium, ein sportiver Mittvierziger, der gerade dadurch, dass er jedes Bedenken an seinem Amt durch seine Person zerstreuen möchte, höchstes Bedenken erregt, beginnt seine Ansprache mit einer Wendung an die »Hochwürdige Geistlichkeit«. Er spricht von der Achtung vor der Schöpfung und parkt seinen Staats-BMW so vor dem Zugang zur Schule, dass die Schüler nicht mehr durchkommen. Am Tisch der Ehrengäste treffen sich die Herren dann als routinierte Weißwurstesser. Der Verleger R. S. Schulz gewinnt die Runde und lässt sich als Erster mit dem Mercedes durch die Menge hindurchpflügen, sein amtliches Kennzeichen: STA-R 1 – nein, halt das ist der Landrat, der auch schon wieder zum nächsten Termin muss; er empfindet sein Kennzeichen nicht als peinlich, er findet das witzig.

Hat Oskar Maria Graf je einen Wagen besessen? Einen Koffer hat er besessen, auf dem sitzt er jetzt. Max Wagner hat ihn hingestellt, noch immer in der Emigration auf einem Koffer sitzend und doch gleichzeitig über den Starnberger See schauend. Die Hände auf die Knie gestemmt, so dass sich die Schultern unter dem Trachtenjanker entschlossen spannen, wodurch die Trachtenjacke aber schon gleich gar nichts Folkloristisches erhält, so sitzt er da in seiner kurzen Lederhosen: Ein Denkmal, auf dem der Dargestellte in bayerischer Tracht zu sehen ist, das könnte schön peinlich werden, ist es aber nicht. Dieser Mann da auf dem Koffer – wäre er nicht zugleich auch wieder ganz bescheiden: Eine Trutzburg an Gesinnung könnte man ihn nennen, an aufrechter Gesinnung, die sich nichts und niemandem verpflichtet als der eigenen inneren Überzeugung. Mit der kann man hin und wieder falsch liegen, macht nix, dann gibt man es halt zu. Aber noch als Denkmal ruft er seinen alten Dorfbanditen nach: »So! Was is jetzt nachher?!« Ein bissl raunzig kommt das heraus.

In der Oskar-Maria-Graf-Schule, wie die Schule jetzt heißt, wird auf zwölf Bildern das Leben des Schriftstellers von der Kindheit in Berg bis zum Exil in New York dargestellt. Auch diese Bilder stammen von Max Wagner, es sind Siebdrucke auf Aluplatten, die wie ein Memory an der Wand hängen. Sie zeigen nacheinander eine Brezn, ein Krankenbett, Feuer, Koffer, Schiff, Das Leben meiner Mutter, Lederhosn, Bier, Radi, Lederhosn, Friedenstaube.

Sein Atelier hat Max Wagner in Starnberg, da steht auch noch die Rohform eines anderen Entwurfes für ein Oskar-Maria-Graf-Denkmal, das ebenfalls nicht schlecht gepasst hätte: Da hätten sie geschaut die Aufkircher, die Berger, wie er sie anschaut, ihr alter Mitbürger, mit tief heruntergezogenen Mundwinkeln: »Oh mei! Ihr seid's halt immer noch die gleichen!« Aber der Wagner Max sagt, dass das so nicht gegangen wäre, als Denkmal, weil es mehr bloß so eine Karikatur ist.

Neben Oskar Maria Graf stehen der Herr Karl des Wiener Kabarettisten Helmut Qualtinger, der Sigi Sommer, der zumindest als junger Autor des Romans »Und keiner weint mir nach« zu Recht da steht, und auch der Ludwig Thoma, der alte Thoma, wie er schon bös geworden ist, noch böser womöglich als vorher schon, mit mordsausgestellten Aufschlägen seiner Trachtenjoppe, mit mordsausgestellten Hirschhornknöpfen im Aufschlag der Trachtenjoppe – aber über seine Sprache hat gerade Oskar Maria Graf nie etwas kommen lassen; was den kunstvollen Umgang mit der bairischen Sprache betrifft, da hat es kaum einen größeren gegeben als den Thoma Ludwig.

Und auch der Qualtinger knarzt herum, als Travnicek, der mit seinem Freund beim Apotheker ist: Rezept hat er, Medikament hat er, alles für die Gastritis von seinem Freund, aber der hat gar keine Gastritis. Da wird er aber bös, der Travnicek: »Was? Sie haben gar ka Gastritis? Was red i dann mit Ihna, Sie Nebochant?« Ein Nebochant ist ein kleinkarierter Mensch, ein Unsympath, und so nebochantisch schauen einen auch der Thoma an, der Graf in diesem anderen Entwurf.

Früher auf dem Schmalzhof, seinem früheren Atelier, ist unter anderem der »Bruder Darwins« entstanden, offenbar an einem schwierigen Punkt der Evolution angelangt; so kalt ist es im Winter in dem Atelier gewesen, dass dem Bildhauer der Gips weggeplatzt ist und dementsprechend schaut er auch aus, der Bruder Darwins, aber er passt so gut zum Stand der Evolution. Sonst stehen und hängen viele Masken in dem Atelier; afrikanische Masken, die ihnen der Kunstlehrer im Internat von Metten gezeigt hat, sind eine Offenbarung für ihn gewesen, erzählt Max Wagner. In der Nacht hat er sich in den Kunstsaal eingeschlichen und noch einmal alle Dias durch den Projektor gelassen und seitdem lassen ihn die Masken nicht mehr los. »Der niederbayerische Neger« hat ihn der Lehrer genannt, so kann man sich täuschen, die Herren Lehrer, dabei könnte man das auch als Anerkennung verstehen: »Der niederbayerische Neger«, aber das hat der Lehrer nicht.

»Ich werd euch euren Schwindl austreiben, ihr Lausbuben«, schimpft der Lehrer in Grafs Erzählung »Schulferne«, aber es gelingt ihm bei diesen Dorfbanditen nicht. Mit dem Kramerfeichtmartl heckt der Oskar etwas ganz besonders Feines aus, nämlich einen ewigen Schwur mit dem Baronsbuben Alfred. »In Treie fest«, hat der Oskar sehr schön gesagt, weil er das von seinem »Vater seinen Veteranen- und Kriegskalender« gewusst hat. Sie haben dazu im Kramerfeicht seinen Kornacker einen runden Platz ausgetreten, in den sich der Alfred hineinlegen hat müssen, mit verbundenen Augen. Zum Schwören hat der Alfred den Mund ganz weit aufmachen müssen und, erzählt Oskar Maria Graf: »Ich bin herenthalb und der Martl is drenterhalb vom Alfred seinem Kopf gestanden, alle zwei haben wir das Hosentürl aufgemacht und zu bieseln angefangen, direkt in das offene Maul vom Baronsbuben.« Und obgleich der Alfred nie der Hellste gewesen ist und dem Lehrer auf die Frage nach der Hauptstadt von Deutschland geantwortet hat »Die Vogesen«, ist er auf und davon wie ein Narrischer. Die Geschichte geht nicht gut aus:

»Damals haben wir die ärgsten Prügel bekommen. Der Vater hat uns gehaut, der Lehrer und der Pfarrer, und beinahe hätte uns der letztere nicht zur Firmung zugelassen, weil er gesagt hat, eine solche sauische Todsünde wischt sich nicht so schnell ab. Ich mag gar nicht mehr erzählen, wie man uns von da ab aufgesessen ist, und heute noch, wenn uns einer zum Raufen bringen will, schreit er einfach: ›Mäubiesler!‹ Diese Schande hat uns nicht verlassen.«

Durch Berg, wenn man mit dem Annamirl geht, deutet sie noch heute auf den Riesenklotz, wo einmal das Schloss Elsholz gestanden ist, in dem der Alfred gelebt hat, vis-à-vis vom Kramerfeicht und sagt: »Da hat der aus der Gschicht mit die Mäubrunzer gwohnt!« Obwohl sie so ein Wort überhaupt nicht in den Mund nimmt, sondern nur bei ihrem Vater gelesen hat. »Hundsgrippin warns, elendigliche.«

Aufhausen
Oder: Sternstunden der Menschheit

Stefan Zweig kann nicht überall gewesen sein, abgesehen davon, dass sich bei ihm die Sternstunden nur ganz oben abgespielt haben, also noch oberhalb der oberen Zehntausend – unter Napoleon macht es ein Stefan Zweig nicht. Für ihn selbst war allein ein Ernst Toller Grund genug, nicht in die USA zu emigrieren: »Da ist doch schon Toller!« Da ist für einen Zweig kein Platz mehr, also ging er nach Brasilien ins Exil und bringt sich dort um.

Oft aber spielen sich Sternstunden der Menschheit ganz im Verborgenen ab, weitab vom so genannten Getriebe der Welt, auf dem Heimrath-Hof in Aufhausen zum Beispiel, Oberlandstraße 23, Heimat der Großmutter und der Mutter Oskar Maria Grafs, geborene Heimrath, Therese Heimrath, geboren 1857, am 1. November 1857, als das vierte von neun Kindern.

Und da sitzt die Enkelin der Therese Heimrath, auf einem Bankerl unter dem Balkon, auf ihren Stecken gestützt, und schaut in den Garten und es ist, als wären anderthalb Jahrhunderte einfach stehen geblieben. Ein paar Felsen bilden eine kleine Terrasse, durch eine Lücke führt ein Wasserröhrl und über dem Wasserröhrl ist ein Fußabdruck im Felsen zu sehen, ein »Teufelstritt«, sagt der alte Böhm und lacht und freut sich: »Wie in der Frauenkirch in München!«

Der vorerst letzte Besitzer spielt sein Spiel mit dem Namen, der sich mit dem Hof verbindet, und er spielt sein Spiel vor allem auch mit denjenigen, die diesen Namen vereinnahmen, im Literaturhaus zum Beispiel, im Zentrum der Landeshauptstadt München. »OMG was here« steht in roten Buchstaben auf einem geschlossenen schwarzen Fensterladen, aus dem feuerrot ein Teufel herausschaut, hinter dem es hoch hergeht mit den Flammen, ebenfalls alles aufgemalt, und mit dem süffisanten Hinweis versehen: »Neue Adresse. Literaturhaus. Munich.«

Im atelierartigen Inneren der Scheune ein eigener Entwurf für den Todesmarsch der KZ-Häftlinge, der auch an diesem Hof vorbeigeführt hat: das Hakenkreuz mit Fußknochen versehen, die ausgemergelten Häftlinge darunter, barfuß.

Und natürlich hängt auch ein großes Porträt von Oskar Maria Graf an der Wand, eine Fotografie stark vergrößert, unter einem Kruzifix lehnt sie, grün eingerahmt, nicht mit Lorbeer, sondern mit diesem Kunstgras, wie man es auch im Bierzelt zur Dekoration verwendet, da kennt der alte Böhm nichts. Und der Oskar schaut zur Seite, ziemlich skeptisch eine Augenbraue hochgezogen, das runde Hütl wie immer etwas aus der Stirn gewischt, was leicht kampflustig ausschaut, der Mund ein wenig geöffnet, gleich wird er etwas zu sagen haben.

Nicht viel, aber recht deutlich schon. Seine Tochter Annemarie wenn man reden hört, meint man ohnehin auch ihn selber sprechen zu hören und durch beide hindurch noch einmal die Großmutter beziehungsweise die Mutter, die Heimrathin halt, und überhaupt alle, die aus der Gegend sind, von der die Großmutter immer gesagt hat: »Es is ois a oids Herkommen und ewigs Dableim!«

Und so redet auch ihre Enkelin, längst selber Großmutter unterdes, fort: »Aiso naa, es is ein Umstand, fürchterlich, no ja; schlecht is übertrieben!« Oder, in etwas abgemilderter Form: »Es geht scho, a bißt ekelhaft hoid!« Und als Resümee abschließend: »Ich persönlich kann nix ändern, aber immerhin!« In der Stube gibt es auch Hinterglasbilder mit religiösen Motiven, auch mit Heiligen, eine allerdings als »Ficktoria« geschrieben, aber recht scheinheilig mit rosa Rosen eingefasst, der Heiligenschein freilich mehr ein keckes Hütl – »holzgetäfelt« wäre ein bisschen der falsche Ausdruck: Aus Brettern sind sie halt, die Wände. Bevor man in die Stube tritt, hängt rechterhand eine Fotografie der Therese Heimrath, das Braun des Fotos ist vollkommen identisch mit dem Braun der Bretter, an denen es hängt, links von der Tür eine Radierung ihres berühmtes Sohnes. Dass der nicht nur berühmt ist, sondern auch Geld verdient mit so etwas wie Schreiben, hat ihr nie eingeleuchtet. Auf eine entsprechende Frage hat sie einmal geantwortet, dass sie glaubt, der tragt Zeitungen aus. Das war das Einzige, womit sich ihrer Vorstellung nach Geld verdienen ließe.

Und das Annamirl liest den Anfang von »Das Leben meiner Mutter«: »Die Heimraths lebten seit Jahrhunderten auf dem einsamen Bauernhof in Aufhausen …«, so dass auf einmal im Heimrath-Hof die Geschichte des Heimrath-Hofes entsteht: der gemauerte Ofen, die holzgetäfelten Wände, die alten Krüge auf dem Sims über dem Ofen – und man als Zuhörender das Gefühl bekommt, noch einmal am Beginn jener Geschichte selbst dabei zu sein, die Mythos geworden ist, und zugleich auch noch zu jenem Zeitpunkt gegenwärtig zu sein, an dem der Mythos sich erstmals erzählt.

Und der alte Böhm holt Nachschub von seinem köstlichen offenen Italiener für die leer getrunkenen Weinkrüge, und für die leer gegessenen Teller das selbst gebackene Brot, das Brotklee enthält, der eigens aus Meran geholt werden muss, wo es einen letzten Naturkostladen gibt, dem noch ein letzter Bauer, der so etwas noch anbaut, den Brotklee liefert.

Und das Annamirl liest weiter: »Die alte, breite Fahrstraße, die vom hochgelegenen, weithin sichtbaren Aufkirchen in südöstlicher Richtung talabwärts läuft, führt am Hof vorbei, rinnt kurz darauf in einen weit ausgedehnten Fichtenwald und erreicht schließlich nach langen Windungen durch eine triste Moorgegend, in welcher nur wenige niedere, winklige Häuser armer Torfstecher stehen, den ansehnlichen Marktflecken Wolfratshausen ...«

Und draußen wird es dunkel, die Zeit des Königs, der nicht gern unter den Menschen weilte. »In Aufhausen ließ er meistens halten und sich ein Glas Wasser reichen«, heißt es im »Leben meiner Mutter«. »Beim Heimrath schlugen sich die Knechte um diese Ehre, allerdings schien ihnen mehr an der Belohnung zu liegen, denn jedesmal gab es dafür einen Silbertaler.« Aus dem Wasser für den König ist auf dem Heimrath-Hof der Wein vom alten Böhm geworden, und der Silbertaler besteht in der Sternstunde dieses Abends.

Niemand in der Gegend will später an den Tod des Königs so recht glauben, zumindest nicht in der offiziellen Version. Wahrscheinlich, so berichtet Graf die Erzählungen seiner Mutter und anderer Zeitzeugen, sei der König schwimmend über den See gekommen und entflohen und werde eines Tages wieder kommen und Strafgericht halten über seine Widersacher, aber da warten seine Bayern vergeblich. »Na ja, sein tut es etwas«, sagt das Annamirl und lacht dieses Lachen, das noch von ihrem Vater herrührt – ein altes Herkommen bleibt für einen Augenblick ewig da.

Leoni
Oder: Wenn es um die Wurst geht

Wie viele Orte gibt es, die nach einem Opernsänger benannt sind? Nicht viele. Leoni gehört dazu, vormals Assenbuch, aber dann kam Giuseppe Leoni nach Assenbuch und sang nicht nur, er kochte und er kochte vor allem sehr gut, so dass die Leute, die gut essen wollten, nicht gesagt haben: »Gemma nach Assenbuch«, sondern: »Gemma zum Leoni.«

So wurde aus Assenbuch Leoni und auch ein Schiff wurde so getauft, so dass der Satz des Karl Valentin gar nicht so absurd ist, wie er klingt: »Am linken Ufer des Sees liegt eine Leoni, kurz genannt Leoni.«

Die Herausgeber der Historisch-Kritischen Gesamtausgabe von Karl Valentins Werken schreiben in ihrem Kommentar, dass mit Leoni eine Wurst gemeint wäre, die Lyoner. Das kommt davon, wenn man eine Historisch-Kritische Gesamtausgabe herausgeben möchte: von Karl Valentin! Und von allem anderen einmal abgesehen nicht einmal bairisch kann. Und keinen Opernsänger namens Leoni nicht kennt. Wenn es um die Wurst geht, sollte man vielleicht doch einen Einheimischen fragen.

Aber den Leoni gibt es natürlich nicht mehr, auch sein Haus nicht, weil es Menschen, denen es um Immobilien geht, immer um die Wurst geht, und dann wird der Leoni abgerissen. An der Stelle steht jetzt etwas, was sich »Seehotel« nennt, aber der Ort heißt noch immer Leoni.

Was aber macht man, wenn man ein großes schönes Dampfschiff namens »Maximilian« für dreihundert Fahrgäste auf dem Starnberger See sein eigen nennt, aber es kommt fast niemand, um damit zu fahren – nicht einmal die Münchner? Denn wer kann sich schon eine Kutsche leisten, nur um damit mal so einen Ausflug auf dem Starnberger See zu unternehmen? Dann muss man eben eine Eisenbahnlinie errichten, damit man Passagiere für sein Schiff bekommt. Dazu bedarf es eines Visionärs, der zugleich finanziell wie praktisch-organisatorisch mit beiden Beinen auf dem Boden steht – und sehr durchsetzungsfähig ist, selbst gegen den eigenen König, der zunächst keine Eisenbahn durch sein bevorzugtes Jagdgebiet im Süden Münchens haben will.

Der königlich-bayerische Baurat Johann Ulrich Himbsel ist so ein Mensch. Er hat in der Region Pionierarbeit für den wirtschaftlichen und touristischen Aufschwung betrieben. Auf ihn geht die erste Dampfschifffahrt auf dem Starnberger See aus dem Jahre 1851 und die Eisenbahnlinie München–Starnberg 1854 zurück. Er selbst hat sich in Leoni niedergelassen, 1827 in einem Sommerhaus im klassizistischen Stil (es steht jetzt im Garten von »Haus Buchenried«), 1842 ein Stück weiter südlich, in einem großangelegten Hof in stilisiert bäuerlichem Stil. Sein Haus wurde zum Künstlertreffpunkt. Es wird zum Schnittpunkt zwischen sichtbarem Zeichen der Industrialisierung einerseits und einem Treffpunkt der Künstler andererseits; im Stil oberländischer Landhäuser errichtet, ist es mit frechen witzigen Fresken verziert: Johannes der Täufer mit den Gesichtszügen des Baurats Himbsel steigt aus dem Jordan, der ziemlich genau so ausschaut wie der Starnberger See, und auch das Gebirge hinter dem Jordan muss in Oberbayern liegen. Im Inneren des Hauses finden sich Wandmalereien von Künstlern allererster Adresse: Moritz von Schwind und Carl Rottmann, auch Kaulbach und Lebsche malen das Treppenhaus aus, in verschiedenen Programmen: Tageszeiten, Jahreszeiten, Monatsbildern – und in den Gemälden spiegeln sich die Maler selber, fröhlich tanzen sie mit ihren Freundinnen, etwa mit der jungen Hofopernsängerin Carolin Hetzenecker, der »Nachtigall von München«, bunt gemischt mit allegorischem Personal, häufig natürlich Nymphen, in deren Kreis Graf von Pocci frisch gefangene Renken schwenkt.

Abends leuchtet die Sonne durch ein Hinterglasbild im Nazarener-Stil, das im Winkel des Hauses eingelassen ist, in die Stube – in diesem Licht schwebt ein Jesuskind im roten Hemd mit ausgebreiteten Händen herein, umgeben von einem Blumenkranz. Dennoch wird Himbsel seines Lebens nicht mehr recht froh, als 1854 seine Frau und sein Sohn an der Cholera sterben. Zwei Jahre später lässt er einen Kreuzweg errichten, der von Leoni bis zur Wallfahrtskirche St. Mariä Himmelfahrt nach Aufkirchen hinaufführt. Den Rest seines Lebens bis 1860 verbringt Himbsel als Kapitän auf seinem eigenen Schiff.

Rottmannshöhe
Ein Erfinder virtueller Landschaften auf seiner Höhe

Die »Rottmannshöhe« oberhalb von Leoni ist nach dem Maler Carl Rottmann (1797–1850) benannt, der dort seinen Lieblingsplatz hatte und eine Bank aufstellen ließ. Nach seinem Tod ergänzten seine Verehrer die Bank um ein Denkmal: »Diesen Denkstein errichteten die Künstler Münchens dem berühmten Landschaftsmaler Carl Rottmann, geb. den 11. Januar in Handschuhsheim bei Heidelberg, gest. den 6. Juli 1850 in München, welcher diese Höhe so gern besuchte und sie wegen ihrer Naturschönheit und prachtvollen Aussicht als sehenswerthesten Punkt am Starnberger See bezeichnete.«

Die Insel Capri hat er gezeichnet, mit Bleistift auf graugrünem Papier, die legendäre Vulkaninsel Santorin in der Ägäis mit Aquarellfarben auf vergilbtem, etwas stockfleckigem Papier, einen Sonnenuntergang über dem Chiemsee, ziemlich kühn und waghalsig für die Zeit, denn es ist weder Sonnenuntergang noch Chiemsee zu erkennen. Marathon und Athen hat er gezeichnet, von dem er gesagt hat: »Versäumte ich aber auch nur eine Zeichnung von Athen, so würde ich zeitlebens untröstlich sein.« Er kennt den Eibsee so gut wie die Bucht von Genua, Palermo, den Ätna und den Hohen Göll, Oberaudorf und das Colosseum in Rom. Je älter er wird, desto mehr haben seine Bilder etwas von einer Fata Morgana an sich, ob Epidaurus oder Murnau. Aber die Rottmannshöhe bleibt die Höhe des Carl Rottmann schlechthin.

Dort stand auch das Hotel »Rottmannshöhe«, ein zur Jahrhundertwende beliebter Künstler- und Literatentreff. Der Naturalist Michael Georg Conrad schrieb zum Beispiel dort den 1889 erschienenen dreibändigen Roman »Die klugen Jungfrauen«. Das heißt, das Gebäude steht da immer noch, aber es treffen sich dort so wenig Künstler wie noch jemand »Die klugen Jungfrauen« liest.

Die Kurgäste von der Rottmannshöhe sind mit der Bahn von ihrer Höhe an den See herunter und am Ufer entlang spazieren gegangen bis nach Berg hinüber, wo sie sich dann Semmeln gekauft haben beim Bäcker von Berg, in der Bäckerei Graf. Annemarie Koch-Graf erinnert sich noch heute, dass sich ihr Vater aber immer schön lustig gemacht hat, über die Patienten: »Die narrischen Luada, die narrischen«, hat er immer einigermaßen geschäftsschädigend über diese speziellen Kunden hergezogen.

»Die Hoffnung ist dem Leben was dem Reisenden eine frohe Aussicht«, schreibt Rottmann seiner Frau, doch geht das Leben des Malers von lichten Landschaften »finster und trostlos«, wie es heißt, zu Ende. Das Leben eines Malers, der dem König die Arkaden des Hofgartens ausgemalt hat, mit reinen Landschaftsfresken, die nichts als einen idealen Süden gezeigt haben.

Bismarckturm
Dem Vernichter bayerischer Autonomie zu Ehren

Theodor Fischer hat in Planegg eine eigentümliche Waldkirche gebaut, ganz aus Holz, von starker meditativer Ausstrahlung – und das neben der Urologischen Klinik des Herrn Doktor Castringius, der wirklich so heißt. Die Kirche ist ein Zentralraum mit einfachen, aber sehr intensiven Bildern aus der Heiligen Schrift ringsherum, so dass man etwas von der Schlichtheit, Kargheit, wenn nicht Leere des Heiligen Landes spüren kann. Gezackt wie ein Blitz fährt der Jordan durch eine Gegend, die wie ausgestorben scheint; niemand auch, der sich von seinem Ufer in Richtung auf die kleine Kapelle bewegen würde. Der Berg Golgatha zum Beispiel ist nichts als eine menschenleere, ins Nichts abfallende Klippe mit drei windschiefen Kreuzen auf dem Gipfelplateau. Das geöffnete Heilige Grab liegt in der gleichen fahlgrünen Landschaft, mit äußerst spärlichem Bewuchs, der dem Jugendstil kaum eine Chance gibt; in den wolkenlosen Himmel steht geschrieben: »Was suchet ihr den Lebendigen bei den Toten?« Jesus ist fort, die Engel sind fassungslos. Aber leider hat Herr Fischer gemeint, auch einen Bismarckturm entwerfen zu müssen – vielleicht um noch Schlimmeres zu verhindern? Zum Vorbild hat er sich ein unweit von Trier gefundenes römisches Grabmal aus dem dritten Jahrhundert genommen, aber das merkt keiner, der es nicht zufällig gelesen hat.

Muss es etwas Hässliches auch geben, damit das Schöne noch deutlicher als Schönes wird? Altes Prinzip, zum Beispiel im Yin-Yang-Symbol veranschaulicht oder in der Theorie des Michelangelo, dass ein Kunstwerk nie ganz vollkommen sein soll, um nicht die Götter oder den einen Gott herauszufordern, die allein das Recht auf absolute Schönheit haben – so eine andere Seite jedenfalls ist im Landkreis der Bismarckturm. Ausgerechnet Bismarck, Vernichter bayerischer Autonomie, wird hochgestemmt auf die Höhe des Starnberger Sees, hoch über das Kreuz von Ludwig II., von dem nur Böswillige in monarchistische Stammtischrunden hineintrumpfen, dass es schließlich der Ludwig war, der Bayern an Bismarck verscherbelt hat und damit an Preußen. Aber ein deutsches Eck muss her oder ein Kyffhäuser über dem Starnberger See!

1890 vom Malerfürsten Lenbach angeregt, Verein gegründet, Prinzregent Luitpold als Protektor gewonnen: Ein Scheusal nimmt Gestalt an. Paul Heyse, der viele pompöse Texte geschrieben und trotzdem den Nobelpreis gewonnen hat, steuert eine Bismarck-Hymne bei, Richard Strauss den Festmarsch. Bismarck stirbt, 1898, ein Jahr vor der Einweihung des Turmes. Der Vorsitzende des Münchner Bismarckvereins, Wilhelm von Pechmann, hält eine Rede, die sich schwer in nationaler Wolle gewaschen hat. Die »Saat zur Wiedererrichtung des deutschen Reiches« hätte Bismarck gelegt, in »männermordenden Schlachten«, kein Wunder, dass so ein

Ort später die Nazis anlockt, die heroische Architektur passt dazu, Lagerfeuer, Fackelzüge leuchten wie immer die bekannten Träume der Faschisten aus: Aus dem »Blut und Eisen« Bismarcks wird »Blut und Boden« der Nazis.

Kommt man von Allmannshausen herüber und weiß, dass hier Hans Johst gewohnt hat, im Zieglerweg 15, hat man vielleicht schon ein ungutes Gefühl. Der Mann hat den Nazis Heldendramen geschrieben wie den »Schlageter«, dass sie ihn gleich zum Präsidenten der Reichsschrifttumskammer befördert haben und er hatte auch sonst gute Ideen im Sinne des Regimes, zum Beispiel Thomas Mann im KZ Dachau zu internieren.

Durch Assenhausen aber wenn man spaziert, denkt man sich noch gar nichts Arges, weil Assenhausen noch etwas hat, als wäre die Zeit stehen geblieben, vor Bismarck schon, längst. Aus dem achtzehnten Jahrhundert stammen zwei Höfe, fast vollständig in Holzbauweise errichtet; in der Wärme duften die schweren Balken und eine Nase voll nehmend bleibt der Wanderer stehen. Auch die kleine Kapelle ist aus dieser Zeit und bildet mit den Höfen eine vollkommene Einheit, ein Oberbayern, wie es im Buche steht – nein, einen Bismarckturm erwartet man wirklich nicht, wenn man die schmale Straße weitergeht und rechterhand eine weite Wiese erblickt, durch die eine Allee führt zu an sich wunderbarem Ausblick.

Links vom Turm zeichnet sich die vertraut geschwungene Himmelslinie zwischen Herzogstand und Heimgarten ab, etwas rechts davon erhebt sich die Hohe Kiste, die jeder erkennt, der sonst keinen Gipfel benennen kann, weil sie wirklich wie ein Kistl auf der ganzen Bergkette sitzt, rechts davon Krottenkopf, Dreitorspitze, Alpspitze, davor das Ettaler Mandl und hinten schließlich die Zugspitze. Eine solche Aussicht hat man von der Höhe und die Höhe wäre so schön – ohne diesen Reichsadler, der da oben auf einer Kugel sitzt und die Kugel ist sozusagen der Gipfel an sinnloser Turmdummheit, weil man nicht einmal hinaufsteigen kann, auf den Turm, und noch weiter schauen, ins Karwendel zum Beispiel, und der Turm sitzt auf Loggien, als wären Loggien da, Türme zu tragen, und in die Loggien kann man auch nicht so einfach hinein und es sich eventuell gut gehen lassen, wozu Loggien gemeinhin einladen – nein, erst muss man sich über Freitreppen erheben, als wäre man selber ein Staatsmann, ein preußischer dazu.

In eine Tafel ist alles eingelassen, was man im Geiste Bismarcks für deutsche Kultur hält: Carl der Große, Friedrich Barbarossa, Wolfgang Göthe, Otto der Große, Beethoven, Dürer. Zum Ausgleich sind die Sitzbänke mit Parolen gegenläufiger Geisteshaltung bemalt, rot, mit Filzschrift: »Soziale Revolution«, »Kampf dem Kapital«, »Keine Macht für niemand«, »Nazis raus!« Auch Claudia Tieschky fallen in der *Süddeutschen Zeitung* andere Assoziationen zu dem Turm ein: »Mehr als ein Liebespaar der Umgebung hat Erinnerungen an den Ort, so dass heute die Heroik des Denkmals nicht nur für die Kiffer vom Ostufer von sanfteren Visionen überlagert ist« – es sei denn, ein Trommler nutzt mit seinen Bongos, den Orinoko mit dem Starnberger See verwechselnd, die Akustik der Bögen in der Loggia und vertreibt, dumpf pochend, endgültig alle anderen; nur Bismarck hält stand.

Biene Maja
Oder: Wanderschaft zwischen Staub und Sternen am Starnberger See

Es gehören nicht alle Ufer, wohl aber der See selbst in seiner Gänze zum Landkreis Starnberg, so dass alles, was sich auf dem See abspielt, auch in dieses Buch gehört, zum Beispiel diese seltsame Begegnung zwischen Ernst Wiechert und Schalom Ben-Chorin.

Ernst Wiechert hat ein Buch mit dem Titel »Das einfache Leben« geschrieben, seine innere Emigration leitete er mit seiner 1935 im Audimax der Universität München gehaltenen Rede »Der Dichter und die Zeit« ein, ein Jahr zuvor besucht ihn der 1913 als Fritz Rosenthal geborene jüdische Schriftsteller Schalom Ben-Chorin, auf dem Ruderboot von Bernried herüberrudernd, wo er unter falschem Namen lebte, um den Nationalsozialisten zu entgehen. Er trifft Wiechert beim Baden im Wasser, was er selbst so beschreibt: »Unter diesen Umständen mußte es bestimmt lächerlich wirken, dass ich in meinem Kahn zeremoniös aufstand (wobei ich halb das Gleichgewicht verlor) und mich verbeugend, sagte: ›Habe ich die Ehre mit Herrn Wiechert?‹ – ›Derselbe bin ich‹, sagte der Schwimmer und reichte mir die nasse Hand ins Boot.« Auch solche Dinge geschehen auf dem Starnberger See.

Und die Biene Maja gehört in dieses Buch, fliegt sie doch pfeilgerade vom Anwesen des Waldemar Bonsels ein Stück auf den See hinaus – das heißt früher musste sie einen kleinen Umweg nehmen. Im Sommer 1996 aber warf ein fürchterlicher Sturm, der auch die uralte Linde von Holzhausen am Hochufer des Starnberger Sees mit dem Marienheiligtum im Stamm auf dem Gewissen hat, einen mächtigen Baum auf ein Festzelt in einem Garten, dessen frohe Gesellschaft gerade noch mit dem Schrecken davongekommen ist.

Diesen Baum mochte wohl noch die Biene Maja angeflogen haben, denn er stand in dem Anwesen hinter dem wundersam geschnitzten ungarischen Eingangstor, durch das einmal Waldemar Bonsels täglich aus- und eingegangen ist. Ein paar Nachbarn stehen voller Schrecken in Wind und Regen um Baum- und Zeltruine, unter ihnen Sepp Bierbichler. In Gummistiefeln steht er vor dem Unglück, das Gesicht tief gefurcht, so wie er in Wien neben Angela Winkler als Ranewskaja am Burgtheater den Trofimov in Tschechows »Kirschgarten« gibt: Ihm ist die Existenz des Kirschgartens nicht wichtig, die Vergangenheit samt Besitz und Stellung bedeuten ihm nicht viel, und doch geht er nicht so weit wie Lopachin, der nicht nur den Kirschgarten fällen lässt, sondern der Ranevskaja auch noch ausmalt, wie die Bäume stürzen werden, wenn sie gefällt werden.

Und wer da feierte, war die Pumuckl-Verwertungsgesellschaft, in deren Büroräumen einst Waldemar Bonsels seine Bücher schrieb; Waldemar Bonsels: geboren am 21.2.1881 in Ahrensburg bei Hamburg, gestorben am 31.7.1952 in Ambach am Starnberger See. Der Titel »Wanderschaft zwischen Staub und Sternen« der von Rose-Marie Bonsels, Witwe und Nachlasswalterin, besorgten zehnbändigen Gesamtausgabe trifft den Kern von Bonsels Werk, umfasst den »ganzen Bonsels«: ein in metaphysische Bezüge eingebundenes, literarisiertes Vagabundentum, wie man so sagt. Die Landschaft am Starnberger See wird zur Grundfolie seiner »Mario«-Trilogie: »Mario und die Tiere« 1928, »Mario und Gisela« 1930 und »Marios Heimkehr« 1937. Einen Raum hat die Pumuckl-Verwertungsgesellschaft dem Bonsels noch gelassen, und wer also erfolgreich durch ganze Alleen, Arsenale, Heerscharen von Pumuckln als Seife, Pumuckln auf Waschlappen, Pumuckln auf T-Shirts hindurchgepflügt ist, der tritt in einen schönen großbürgerlichen Arbeitsraum, die »Biene Maja« liegt, handsigniert von ihrem Meister, noch auf dem Tisch.

Anklänge an mystische Erfahrungen, an östliche Weisheitslehren durchziehen sein ganzes Schrifttum: ein Denken in Gegensätzen, das im Vereinen von Gegensätzen mündet. Seine Erzählungen bergen »Helden und Verbrecher, Heilige und Kinder, Götter und Tiere« in sich, er selbst ist als Erzähler »alles und nichts«. Das Yin-Yang-Prinzip der Gegensatzpaare prägt die Struktur seines Schreibens, beispielhaft etwa im Wechsel von Licht und Schatten, von Erkenntnis und Trieb. Die Wanderungen seiner Vagabunden-Gestalten, die begleitet werden von Narren und Heiligen, von Auserwählten und von Geächteten, gelten der Erlösung.

Das Vagabundenleben hat ihn früh fasziniert, so sehr, dass er bereits im Alter von siebzehn Jahren das bürgerliche Elternhaus verlassen hat. In den »Notizen eines Vagabunden« finden diese frühen Erlebnisse und Erfahrungen ihren literarischen Niederschlag. 1903 lernt er als Mitglied der Basler Missionsgesellschaft Indien kennen, allerdings auch Doppelmoral und Verlogenheit einer christlichen Glaubensgemeinschaft. Stärkeren Eindruck in dem ihm fremden Land hinterlässt die Verbindung von Natur und Religion, die ihn ein Leben lang prägen wird. Auch nach dem Kauf des großzügigen Landhauses mit der parkartigen Anlage am Starnberger See bleibt Bonsels einer, der vornehmlich eine reisende Existenz führt: Südamerika 1924, Nordafrika 1928, Nordamerika 1935/36, in die Türkei 1938 usw.

In Bonsels Darstellung entsteht ein Indien, das seinem Denken in Gegensätzen, die sich vereinigen, entgegenkommt: rauschhafte Verschlingungen von Vergangenheit und Zukunft, Schicksal und Einzelwille, Raum und Zeit, Anfang und Ende, Gott und Mensch, Tag und Nacht, Reise und Tod, alles und nichts. Seine »Indienfahrt« ist nicht nur Wiedergabe rauschhaften Erlebnisses eines exotisch fremden Landes, sondern zugleich eine Zivilisationskritik, mit der eine Verherrlichung der erlebten reinen Natur ebenso einhergeht wie die Gleichberechtigung der in ihr lebenden Menschen mit den scheinbar überlegenen der Kolonialmächte. Die Auseinandersetzung zwischen einem naturreligiösen Ideal mit der zerstörerischen Zivilisation wird ihm zum zentralen Thema. Ihr setzt er die Meditation und Kontemplation entgegen, den Zustand der reinen Anschauung, der sich mit großer Seins-Gelassenheit und einem Sein-Lassen überhaupt verbindet, welcher der Welt der unablässigen Tätigkeit das Ideal des »Tuns im Nichttun« als andere, gesündere, reinere Seinsweise vorstellt. Naturmystische Gläubigkeit hat ihn freilich nicht davon abgehalten, sich der Protektion des Präsidenten der Reichsschrifttumskammer, Hanns Johst opportunistisch zu erfreuen.

Die Linde, oben in Holzhausen, wird mittlerweile unter der Reihe der »magischen Orte« geführt; ihr hat ein Schüler des Hans Werner Henze, Jörg Widmann, ein Musikstück komponiert mit dem Titel »Erinnerung an eine Linde«. Der Pfarrgemeinderat hat seinerzeit eine andere Erinnerungspflege betrieben und die gefallene Linde scheibchenweise abgegeben, gegen eine Spende, während unter ihrer ehemaligen Krone »tausendjährige Würstl« verkauft worden sind und Brezen. Die Madonna selber wurde gestohlen und ist nie mehr aufgetaucht; heute steht eine neue in gemauertem Schrein, etwas schief in der Ruine der geborstenen Linde – Wallfahrtsort für Menschen, die gerne von so etwas Kraft abzapfen, als wäre es eine Tankstelle.

Bonsels wäre im Prinzip der ideale Autor für Esoteriker, scheint aber von ihnen noch nicht so recht entdeckt worden zu sein. Literarisch sucht er seine Vorbilder in Dostojewski als Psychologe und Darsteller der Außenseiter, in Schiller als Lehrmeister der Ästhetik und in den Evangelien als Grundlage seiner Anschauung von Jesus Christus – eine beachtliche Mischung. »Ich glaube nicht an ihn, aber ich glaube wie er«, heißt es in den »Christus-Betrachtungen«, die in ihrem Wesen zum Teil eher an eine – auch tatsächlich geplante – Buddha-Darstellung erinnert.

»Die Biene Maja und ihre Abenteuer« (1912) bleibt sein größter Erfolg. Alles, was er an allumfassender Liebe literarisch festhalten wollte, schlägt sich in diesem Tiermärchen nieder: »... ich habe mein Leben so geliebt, daß ich Herzklopfen bekam«, sagt der Schmetterling zur Biene Maja. Auch die Vorstellung von Wandlung und Wiedergeburt findet ihren Niederschlag: »›Früher war ich eine Raupe‹, sagte Fritz.« Fritz ist der nämliche Schmetterling und hat wie die Biene Maja und alle anderen Tiere menschliche Namen und verfügt auch über deren Sprache. Im Witz vieler Dialoge wird die Gefahr kitschiger Peinlichkeit aufgehoben, die in diesem Bildungsroman einer Biene, die ihr Volk verlässt, eigene Wege geht und zuletzt doch wieder zur Gemeinschaft zurückfindet, tendenziell angelegt ist.

Die höchste Glücksmöglichkeit für den Menschen besteht in der Liebe. Diese Erkenntnis erwirbt die Biene Maja bei der Betrachtung eines menschlichen Liebespaares: »Ich weiß nun, daß die Menschen am schönsten sind, wenn sie einander liebhaben.« Bonsels hegte zeitlebens den Argwohn, der Erfolg seiner »Biene Maja« verdecke den Wert seiner anderen, ihm wichtigeren Bücher. Dennoch sind gerade in der »Biene Maja« zentrale Themen seines Schreibens an- und ausgesprochen, etwa wenn die Grille ihr Wissen vom Dasein als sehr begrenzt darstellt, jedoch für sich in Anspruch nimmt, »die ganze Herrlichkeit der Welt« zu fühlen.

Er sucht seine Leser auf eine Weltsicht hin zu orientieren, die auf eine Liebesordnung aufbaut, gegründet auf den Erkenntnissen von Christus und gleichermaßen Buddha, in deren Verschmelzung er eine dogmenfreie Verallgemeinerung sucht. Seine Gestalten sind Grenzfälle: Die Vagabunden nähern sich naturhaftem Wesen, wie umgekehrt in der »Biene Maja« die Tiere menschenähnliche Züge tragen. Blumen, Tiere und Gott mengen sich wie in »Himmelsvolk« auf gleicher Stufe untereinander.

Bonsels selbst sieht in einer Rückschau auf sein Werk seine Texte »mehr oder weniger alle unter die Kategorie von Märchen« fallen. Begraben ist er im Garten seines Hauses am Ufer des Starnberger Sees, eine Welt, die für ihn nicht nur heil gewesen ist, sondern das Paradies selbst. Auf seinem Grabstein steht der letzte Satz aus seinem Buch »Himmelsvolk«: »Wir sind alle aus der Freude geboren und kehren zu ihr zurück.« Und natürlich fliegen die Bienen über den Spruch hinweg, in Richtung See, drehen um, spätestens über dem Wasser, und kehren zurück, mit dicken Blütenpollen an den Hinterbeinen, nicht mit Staub.

Durch und hindurch
Oder: Land in Sicht

Wie in Zeiten vor der Säkularisation, wo man auch durch Bayern hindurchschauen konnte, etwa durch das Gebiet der Andechser hindurch, weil es einen modernen Flächenstaat nicht gab, und die Andechser so autonom waren wie heute vielleicht die Vereinigten Staaten von Nordamerika nicht. Die Andechser sind natürlich noch immer ungeheuer autonom, so autonom wie kaum jemand sonst im Land, nur in staatsrechtlicher Hinsicht halt nicht, noch nicht, noch nicht wieder.

Der Starnberger See gehört zum Landkreis Starnberg als ganzer, allenfalls die Ufer gehören zu anderen Landkreisen, nach Wolfratshausen etwa, oder nach Weilheim vielleicht, aber der See, der Starnberger See gehört zum Landkreis Starnberg, so dass man durch den Landkreis Starnberg hindurchschauen kann, allerorten und überall am See; immer ist Land in Sicht. Da schaut in Ambach ein Mann namens Bierbichler, ehemals Wirt daselbst, später dreimal zum Schauspieler des Jahres gewählt, quer über den Starnberger See, und die Abendsonne leuchtet ihm herüber vom anderen Ufer, vom Bernrieder Kamm – das hat sie vielen schon getan, aber dem Bierbichler leuchtet sie rosa durch die graue Haartolle des Philosophen Jürgen Habermas in seinen Wirtsgarten.

Ambach und das Ambacher Exil ist für den Schriftsteller Herbert Achternbusch gleich bedeutend mit dem »Bierbichlerhaus«. In der Einleitung zu dem Band »Das Ambacher Exil« (1987) steht die bedenkenswerte Frage: »Ob ich ein Exil erzeuge, solange ich lebe?« In der Gaststätte »Bierbichler« spielen viele seiner Texte, Filme und Bilder. Ein berühmt gewordenes Foto zeigt ihn auf der Terrasse dieser Wirtschaft, weiß gekleidet mit ebenso weißem Tropenhut, zu seinen Füßen, die nackt in Sandalen stecken, ein weißer Spitz und eine Flasche Bier.

Das Foto entstand bei Dreharbeiten zu dem Film »Servus Bayern«, der in Bayern, Grönland, Sizilien und in Tirol gedreht wurde. In dem Buch »Land in Sicht« literarisiert Achternbusch die abgebildete Situation: »Ich fahre jedes Wochenende nach Ambach und sitze beim Bierbichler im Biergarten. Neulich machte ich die

Augen zu und öffnete sie wieder, und wieder stand ein neues Weißbier da. Als das 30. zu bestellen war, sagte der junge, aber erwachsene Sepp, dass er mir das spendiert, da musste ich mich ehrenhalber mit der Behauptung: ›Möchst mich bsuffen machen?‹ entfernen.«

In »Servus Bayern« möchte der »Herbert« genannte Erzähler in Bayern »nicht einmal mehr gestorben sein«. Der Grund dafür ist in der großen Kälte des Landes zu suchen. »Herbert« hat einen Winter erlebt, der von 1945 bis 1959 gedauert hat, doch schlimmer noch: Die Menschen in Bayern haben so viel Eis in sich, wie es in ganz Grönland liegt. Trotzig beschließt »Herbert«, dass er dennoch so lange in dieser Gegend, die ihn kaputtgemacht hat, bleibt, bis man es ihr anmerkt.

Dem »Annamirl« merkt man es schon an, der Geliebten des »Herbert«. »Annamirl«, die fast wie im richtigen Leben auch im Buch und im Film »Annamirl« heißt, steht in der Küche der Wirtschaft »Bierbichler« in Ambach am Starnberger See, die fast wie im richtigen Leben auch im Buch und im Film »Bierbichler« heißt, in der das Annamirl Wirtin ist fast wie im ... und Schwester vom Josef Bierbichtler fast wie im ... usw., aber wenn man schon zwanzig Bücher und zwanzig Filme vom Herbert Achternbusch gesehen und gelesen hat und meint, man kennt das schon alles, weil es immer und ewig das gleiche »Herbert«-Ich ist, dann gibt es in »Servus Bayern« fünf oder zehn Minuten, in denen »Annamirl« wie eine bayerische Medea in ihrer Wirtsküche einen großen Monolog in die Welt setzt: »Und du säufst wieder den ganzen Tag in den Wirtshäusern umeinander, damit dir was einfällt zum Dichten. ... Ich bin doch für dich nur Umwelt. Da dich die Umwelt kaputtmacht, bleibe ich die einzige, an der du dich rächen kannst ... Du bist falsch. Du nimmst mich aus wie eine Weihnachtsgans. Wenn ich dir nichts mehr sage, dann kannst du schauen, wie du deine Bücher schreibst. Was ich heute sage, das tippst du morgen in die Schreibmaschine. ... Du schreibst auf meine Kosten. Es ist dein Glück, dass ich nicht schreibe. Den ganzen Tag geht von dir nichts weg als Kälten ...«, so spricht Annamirl Bierbichler, die Medea von Ambach. Sie ist sich fremd in der Lust und der Herbert braucht nicht glauben, dass sie ihn bloß anschauen braucht und dann kriegt sie schon ein Gefühl. Palmstränden sieht sie dabei jedenfalls nicht.

Da hätte das Annamirl Bierbichler schon auf die andere Seite des Sees wechseln müssen, nach Feldafing, dem Lothar-Günther Buchheim Tropen hinmalt, dass es eine Pracht ist, eine farbige. Und schaut man von diesem anderen Ufer wiederum in die Gegenrichtung nach Osten, aus den Fenstern des Museums des Lothar-Günther Buchheim durch die Figuren des Hans Schmitt hindurch über den See, schaut man pfeilgrad nach Ambach, und das ist eine gute Perspektive, eine sehr passende.

Große, schräge Vögel werfen ihre Schatten, mit langen, überlangen Schnäbeln ihre schiefen Schatten; ganz aus Holz sind sie gewuchtet, so hat sie der Schmitt Hans mit seinem einen Arm geschaffen, und mit großen Augen schauen sie erstaunt in die Gegend um den See. »Kofos« hat er sie genannt, »komische Vögel«. Stumm palavern sie über Scherz, Ironie und tiefere Bedeutung, wiederverkörpert von einem Operationsteam, gleichfalls aus roh behauenem und zusammengenageltem Holz, das über einem Patienten meditiert, der flach liegt wie das Land am Ufer. Vögel wie Operationsteam werden stumm sprechend sekundiert von einer ganzen Gruppe ausgeprägter Individualisten, so da sind: ein nackerter Indianer, Uhus mit echten Leuchtaugen, ein »1.« mit Schuhsohlen als Hut und Fliege, ein Bayer, der ausschaut, als hätte sich Oskar Maria Graf selber geschnitzt, ein Krokodilreiter – es gibt nichts, kein Material, das Hans Schmitt nicht brauchen hätte können, um Prometheus zu sein, der Geschöpfe entwirft nach eigenem Gusto: Holz, Leder, Metalldeckel, Drahtkabel, Stoff, Kronkorken bemalt und fertig ist »Gisela«, halt: Wecker vergessen als Schoß! An Holzwolle muss man immer ein gutes Haar lassen, kein Schnauzer ist fescher als eine Wurzelbürste, mit einem Blechdeckel bleibt kein Auge trocken. Und Schmitt ist Zange, Säge, Hammer, Nägel, Farbe und Schraube, so beschreiben ihn die, die ihn noch gekannt haben. Buchheim hat ihn früh gesammelt, zu unserem Glück.

Wäre aber nicht der Architekt Behnisch, der Schöpfer des luftigen Olympiadaches, auf die Idee gekommen, das Museum in ein Schiff zu setzen, in ein gestrandetes Schiff, dessen Bug jedoch in den Starnberger See hineinragt statt, wie es bei gestrandeten Schiffen eher üblich wäre, hinausragt – der Landkreis Starnberg hätte überhaupt keinen Anspruch mehr darauf, in ein Buch, das ihm gewidmet ist, das Buchheim-Museum aufzunehmen. Weil aber, wie gesagt, der Bug des schiffgewordenen Museums in den See hineinragt und der See zum Landkreis Starnberg gehört, gehört auch das Museum zum Landkreis, zumindest der Bug.

Man kann auch über den See gehen, der altbayerische Dichter Hans Carossa weiß es von einer jungen Frau, die er »Forelle« nennt, allerdings »ohne Nücken ist das Ding freilich nicht«, sagt die Forelle: »Wenn du kein Sonntagskind bist und das Wort nicht weißt, das du beim Laufen immer vor dich hinsagen mußt, helfen dir die flinksten Beine nichts ...«

Zusätzlich braucht man freilich noch drei Haselnüsse dazu, die man beim Laufen fest in der linken Hand halten muss, erst dann wirkt das Zauberwort.

Am Schluss von Achternbuschs »Unser Bayern« heißt es: Unser Dichter/Versuchte auf Grönland zu/genesen/Jedoch/Er trank sich zu Tode.« Man sieht dann noch einen Abhang mit heulenden Polarhunden, die schöner heulen als Beethoven. Einzig das Schreiben bleibt noch, das ihm vom Annamirl immerhin das Kompliment einbringt, dass er so kräftig liebt, wie er schreibt, und auch der Ort, in dem er lebt, ist in gewisser Weise froh über ihn: »Er hat wieder ein Buch geschrieben und niemand erschossen, das dankt ihm die Gemeinde.«

Das Zauberwort der Forelle heißt übrigens »Ogolur«.